An Krisen reifen

Buddhistische Perspektiven
für schwierige Zeiten

REGINE LEISNER

An Krisen reifen

Buddhistische Perspektiven
für schwierige Zeiten

THESEUS VERLAG

Theseus im Internet: http//www.Theseus-Verlag.de

Bitte fordern Sie unseren Gesamtprospekt an.

Die Deutsche Bibliothek – CIP Einheitsaufnahme
Leisner, Regine:
An Krisen reifen : buddhistische Perspektiven für schwierige Zeiten /
Regine Leisner. - Berlin : Theseus-Verl., 2000

ISBN 3-89620-145-X

Lektorat: Micheline Rampe

© 2000 by Theseus Verlag, Berlin

Umschlaggestaltung: Morian & Bayer-Eynck, Coesfeld
unter Verwendung eines Bildes © Hildegard Morian, Coesfeld
Gestaltung und Satz: Typografik und Design – Ingeburg Zoschke
Druck: Wiener Verlag, Himberg

Printed in Austria

ISBN 3-89620-145-X

Gedruckt auf alterungsbeständigem Papier
mit chlorfrei gebleichtem Zellstoff

Inhalt

Anstelle eines Vorworts

Liebe Leserin, lieber Leser,

die Flut der Ratgeberliteratur ist heute schier unübersehbar. Es gibt Bücher zu jedem Thema und in jeder beliebigen Auswahl. Kaum ist ein neues Problem erkannt, stapeln sich auch schon die Ratgeber dazu auf den Ladentischen. Auch zum Thema Krisen gibt es bereits einiges, sogar aus buddhistischer Sicht. Warum also *auch das noch*?

Was nützt einem überhaupt ein Buch, wenn es hart auf hart geht? Es wäre unseriös vorzugeben, dass einer akuten Krise mit bedrucktem Papier wirksam begegnet werden kann. Um von guten Ratschlägen profitieren zu können, müssen Sie aufnahmefähig sein. Solange das nicht der Fall ist, sind vielleicht erst einmal – je nach individueller Lage – andere Sofortmaßnahmen hilfreich: Gehen Sie spazieren, ins Kino, zum Friseur, Eis essen, hören Sie wohltuende Musik (Bach ist empfehlenswert, falls Sie das mögen), kaufen Sie sich etwas Nettes zum Anziehen, buchen Sie eine Urlaubsreise, melden Sie sich zu einem Malkurs an, besuchen Sie Freunde, tun Sie sich einfach etwas Gutes. Oder sprechen Sie mit einem Psychotherapeuten, einer Therapeutin und lassen Sie sich, wenn es nötig ist, von Ärzten/innen und Medikamenten helfen …! Aufgrund vielfacher Erfahrungen bin ich davon überzeugt, dass Psychopharmaka, wenn sie gezielt, sinnvoll und verantwortungsbewusst eingesetzt werden, zu den segensreichsten Erfindungen des zwanzigsten Jahrhunderts gehören. Obwohl selbst im Ernstfall eher eine kritische Patientin, teile ich doch nicht die Einstellung

11

mancher, die an der Schulmedizin und ihrem Instrumentarium kein gutes Haar lassen.

Was ist nun die Absicht dieses Buches und an wen wendet es sich? An alle, die bereits durch Krisen gegangen sind und wissen, dass sie ein Teil des menschlichen Lebens sind – und dass die vom Vulkan unter Gestank und Getöse ausgespiene Lava später zum fruchtbarsten Ackerboden wird; an alle, die wissen, dass ihnen auch in Zukunft schwierige Zeiten nicht erspart bleiben werden; an alle, die bereit und interessiert sind, vergangene und zukünftige Krisen als Teil des menschlichen Lernprogramms etwas genauer und vielleicht etwas furchtloser als früher unter die Lupe zu nehmen.

Meine eigene Qualifikation für dieses Thema besteht darin, dass ich sowohl im Überleben von Krisen wie auch in der buddhistischen Praxis einige Erfahrung habe. In meinen »wilden Jahren« war ich selbst von Depressionen gebeutelt, von Alkohol- und Tablettenmissbrauch gezeichnet, vom Selbstmord bedroht. Selbst als ich schon im Buddhismus meine spirituelle Heimat gefunden hatte, sah es lange Zeit so aus, als könne ich niemals längere Retreats (Meditationsphasen in Zurückgezogenheit) durchführen, weil ich bei jedem Versuch mit schöner Regelmäßigkeit in depressive Verstimmungen abstürzte und aufhören musste. Obwohl ich vor nunmehr fast 20 Jahren spontan Vertrauen zu der Lehre des Buddha fasste, bedeutete dies keineswegs ebenso prompt die Auflösung all meiner äußeren und inneren Hindernisse. Im Gegenteil, manchmal schienen sie sich noch zu vermehren. Und dennoch kann ich heute mit einer Gewissheit, die auf gelebter Erfahrung beruht, sagen: Der Dharma wirkt *sofort*, wenn es darum geht, neuen Mut zu schöpfen. Er wirkt als *Langzeitprogramm* (und zwar lebenslang), wenn es darum geht, tief sitzende Problemfelder Schritt für Schritt zu erkennen und aufzulösen.Und er führt uns, wenn wir wollen, weit über diese anfänglichen Ansätze hinaus …

Trotz der engen Beziehung zur buddhistischen Überlieferung ist dies kein buddhistisches Buch im engeren Sinne und schon gar keines mit missionarischem Anspruch. Mein tibetischer Lehrer pflegt zu sagen:»Um von den buddhistischen Erklärungen und Methoden zu profitieren, muss man kein Buddhist sein.« Ich selbst habe oft nach Vorträgen oder Seminaren von Teilnehmer/innen gehört:»Das klingt ja einfach nur wie gesunder Menschenverstand!« – ein wunderbares Kompliment. Sie brauchen also, um aus diesem Buch einen Nutzen zu ziehen, weder Buddhist/in zu sein noch zu werden. Ein grundlegendes, mehr oder weniger bewusstes Interesse an innerer Weiterentwicklung teilen wir ohnehin alle miteinander, und das genügt als Verständigungsbasis.

Ich habe versucht, ein nicht ganz einfaches Thema aus dem Blickwinkel einer 2500-jährigen religiösen Tradition zu behandeln – und damit gleichzeitig den Erfahrungen und Bedürfnissen der Menschen in unserer heutigen Welt zu begegnen. Dabei habe ich mich bemüht, sowohl auf exotische Techniken wie auch auf oft zu lesende, aber schwer nachvollziehbare Empfehlungen (»Sei einfach im Hier und Jetzt ...!«) zu verzichten und stattdessen ein fundiertes Arbeiten entlang der eigenen Erfahrung zu beschreiben, Schritt für Schritt und Atemzug für Atemzug.

Regine Leisner
Riedbach, im Januar 2000

Einleitung

Erinnerung. Ein heller, kalter Nachmittag im Vorfrühling. Ich laufe langsam, noch etwas unsicher durch die Nürnberger Altstadt – frei, endlich wieder frei. Frei von der Zentnerlast der Depression, frei vom tödlichen Karussell der Selbstmordgedanken, frei von der wochenlangen freundlichen Bevormundung in der Klinik. Ich habe mein Leben wieder selbst in der Hand. Das ist ein gutes Gefühl. Ich erlebe es ganz bewusst und nehme mir fest vor, es nicht wieder aufs Spiel zu setzen. Was war es eigentlich, das mir in dieser Zeit am meisten geholfen hat? Waren es die Ärzte, die Medikamente, die geschützte Umgebung? Sicher, auch. Aber am wichtigsten und wirksamsten waren die Erzählungen der Frauen.

Alkoholikerinnen, mehrfach rückfällig und auffällig geworden, nicht zum ersten Mal in der Klinik gelandet. Ich lernte drei oder vier von ihnen etwas besser kennen. Wir saßen lange zusammen im unpersönlichen Aufenthaltsraum, bastelten an irgendwelchen Handarbeiten, und ich hörte zu. Sie erzählten von ihrem Leben. Vom Trinken und dem Kampf ums Nicht-Trinken, von verlorenen Jobs und vom sozialen Abstieg, von überforderten Partnern und Familien, die sich trotzdem um Verständnis bemühten, von Nachbarn und Bekannten, die nichts wissen durften, von der Angst, irgendwann ganz unten zu landen und nicht mehr hochzukommen, vereinsamt und verwahrlost, auch von der Angst, entmündigt und verwaltet zu werden, von der Sehnsucht nach Liebe und der Sehnsucht nach dem Tod. Sie erzählten von dem endlosen Kampf um eine ganz normale, bürgerliche Existenz, der von einem Tag zum anderen nur bestanden, aber nie wirklich gewonnen werden kann.

Ich war damals neunzehn, zwischen Abitur und Studienbeginn in die Krise abgestürzt wie viele in diesem Alter, und ich hörte zu, mit offenen Ohren und weit offenem Herzen. Das gemeinsame Boot, in dem wir alle saßen, machte den Blick in eine mir sonst verschlossene Welt möglich, und etwas in mir wurde zutiefst davon berührt. Was kein Arzt geschafft hatte: Mein Wille zum Leben, zum Überleben, zum Selbstgestalten und Selbstverantworten wurde wieder geweckt. Ich begriff: Es kann sehr leicht passieren, dass jemand sein Leben so verbringt, als eine Folge von Klinikaufenthalten, mit mehr oder weniger erfolgreichen Phasen versuchter Selbstständigkeit dazwischen. Menschen leben so. Sie unterscheiden sich nicht grundsätzlich von mir. Will ich so leben? NEIN! Es muss eine Weichenstellung geben, die eine solche Entwicklung verhindert. Ich werde es herausfinden. Es wird von diesem Absturz keine Wiederholung geben. Nie wieder! Das war kein frommer Wunsch, sondern ein felsenfester Entschluss, an dem wohl sämtliche Schichten meines Bewusstseins beteiligt gewesen sein müssen. Dieses »Nie wieder!« wurde geradezu mein Mantra, und obwohl es anfangs nicht leicht war, schaffte ich es, dauerhaft einen gesünderen Weg einzuschlagen.

Ich weiß nicht, was später aus diesen Frauen wurde, unsere Wege kreuzten sich nie wieder. Aber ich werde ihnen mein Leben lang dankbar sein. Hoffentlich haben auch sie es geschafft, sich ein neues Leben aufzubauen.

Krise ist ein dehnbarer Begriff. Es gibt zwar allgemein gültige Definitionen, etwa aus medizinischer, psychologischer oder spiritueller Sicht, aber im Grunde hat doch jede/r von uns zu diesem Wort einen ganz eigenen Bezug.

Für die einen ist es vielleicht *der* große Zusammenbruch, der in der Vergangenheit – um einen hohen Preis – ihr Leben in neue Bahnen gelenkt hat, für andere mögen es eher alltägliche, aber immer wiederkehrende Schwierigkeiten sein, die Kraft kosten und an der Lebensfreude nagen. Gemeinsam dürfte uns allen sein, dass wir solche Erfahrungen als schmerzhaft und unerwünscht einschätzen. Es wäre zu schön, wenn jemand ein Rezept hätte, wie wir uns dauerhaft davor schützen können.

Aber wie könnte ein solches Rezept aussehen? Was könnte es enthalten? Vielleicht Empfehlungen wie diese: »Tun Sie dies, und lassen Sie jenes, dann kann Ihnen nichts mehr passieren.« »Schließ dich unserer Religion, Glaubensgemeinschaft, Weltanschauung an, dann bist du gerette.« »Finde heraus, wer an deiner Misere schuld ist (die Reichen, die Männer, die Weißen, die Schwarzen), und kämpfe sie nieder, dann wird es dir gut gehen.« Oder ganz banal: »Kaufen Sie dieses Buch, belegen Sie jenen Kurs, folgen Sie diesem Lehrer und jener Methode, und alle Ihre Probleme sind gelöst.«

Ich glaube das alles nicht. Wenn wir nach etwas *greifen* oder etwas *machen*, kann uns das vielleicht vorübergehend ein angenehmes Gefühl bescheren, was ja ganz in Ordnung ist, aber mehr sollten wir davon nicht erwarten. Tief greifende und dauerhafte Veränderungen berühren immer die Ebene des *Seins*. Das ist die Ebene, wo wir uns selbst zum Ratgeber, selbst zur Lehrerin werden, wo unsere eigenen Erfahrungen Grundlage der Betrachtung sind, wo wir selbst Schlüsse ziehen und Resultate beurteilen müssen. Natürlich brauchen wir Anregungen und Vorschläge von außen, aber wir allein sind diejenigen, die die Verantwortung für unser Leben tragen. Niemand kann uns das abnehmen. Das ist gleichzeitig beängstigend und beglückend.

So gesehen ist dieses Buch eine Einladung an alle, die sich mit den Schwierigkeiten und Krisen in ihrem Leben auf umfassende Weise auseinander setzen möchten. Die Methoden sind sanft, aber der Ansatz, sich selbst vollständig wahrzunehmen und ernstzunehmen, stellt eine echte Herausforderung dar. Wenn Sie Lösungen auf Knopfdruck wünschen oder erfahren möchten, wie Sie mit ein paar Tricks Ihre Probleme wegzaubern und sich in einen Zustand ungetrübten Wohlbefindens versetzen können, werden Sie vermutlich enttäuscht sein. Wenn Sie aber mit dem Satz:

Es geht nicht um das, was ich will oder nicht will,
habe oder nicht habe,
sondern um das, was ich bin;

etwas anfangen können oder zumindest bereit sind, sich darauf einzulassen, dann steht unserem gemeinsamen Abenteuer nichts im Wege.

Möglicherweise gehen Ihnen jetzt Fragen durch den Kopf: Wie komme ich an diese »Seinsebene« heran? Vielleicht ist das alles furchtbar schwierig und langwierig oder sogar gefährlich? Vielleicht kann ich das gar nicht? Vielleicht ist es mir auch viel zu anstrengend, gerade jetzt, wo es mir gar nicht gut geht. Keine Sorge! Wir alle sind schon mittendrin in diesem *Sein*. Es gibt da kein Können oder Nicht-Können. Der Unterschied liegt lediglich in der Wahrnehmung, in der Sichtweise. Wer die Bereitschaft mitbringt, entspannt, spielerisch und ganz ohne Leistungsdruck alte Denkgewohnheiten zu erforschen und neue auszuprobieren, den Blickwinkel zu erweitern und sich für Erfahrungen zu öffnen, verfügt bereits über die besten Voraussetzungen.

Ich kann Ihnen nichts sagen, was Sie nicht im Grunde Ihres Herzens bereits wissen. Die Rolle der Lehrerin, der Expertin, des Vorbilds möchte ich für niemanden spielen, denn das führt meiner Ansicht nach nur zu nach außen gerichteten Projektionen und zu Selbst-Entfremdung; echte Begegnung wird dadurch verhindert. Aber als *Mit-Übende* kann ich eine Zeit lang die Aufgabe übernehmen, Sie an Ihre eigenen Qualitäten und Ihre innere Kraft zu erinnern. Ich kann Ihnen Übungen vorschlagen und Hinweise zur Deutung von Erlebnissen geben. Andere Vorschläge und Hinweise mögen jedoch genauso wertvoll sein. Wenn Sie wollen, können Sie Lehren und Hilfestellungen aus vielen Quellen schöpfen, ja, aus allem, was existiert. Es liegt allein an Ihnen, was Sie auswählen, wann Sie anfangen, wie weit Sie gehen wollen und wann Sie sich eine Pause gönnen.

Ich rede damit nicht etwa der völligen Beliebigkeit das Wort. Sich selbst in umfassender, selbstverantwortlicher Weise anzunehmen und ernstzunehmen, erfordert mehr Mut, Zielstrebigkeit und Disziplin, als hinter jemandem herzulaufen, der einem sagt, wo's langgeht. Es gibt in uns ein intuitives Wissen, das uns weiterbringt, aber auch Impulse, die uns in die Irre führen. Wir müssen unter anderem herausfinden, wie wir das eine vom anderen unterscheiden können. Wir müssen auch herausfinden, wie sich ein gesundes Selbstvertrauen, frei von Über- oder Unterschätzung, anfühlt, woraus es sich speist und wie wir es aufrechterhalten können, auch wenn wir manches nicht im Griff haben. Und was den Austausch mit anderen angeht, gilt es festzustellen, was uns und ihnen gut tut und was nicht. Das alles und noch mehr benötigen wir, um uns mit unserem Thema auf eine fruchtbare Art und Weise zu beschäftigen.

Ich selbst beschreibe meine Erfahrungen ganz bewusst nicht aus sicherer Distanz. Während ich die einzelnen Absätze und Kapitel formuliere und mich in die Übungen versenke, bin ich bereit, erneut durch alle angesprochenen Prozesse zu gehen. Ich lade Sie ein, die Erfahrungen mit mir zu teilen. So kann, auf einer tieferen Ebene und leicht zeitversetzt, das Schreiben und Lesen zu einem Kommunikationsprozess zwischen uns werden, von dem wir alle profitieren. In gewisser Weise kann dies also, zeitgemäß ausgedrückt, ein interaktives Buch sein. Und das ist ganz ernst gemeint: Wenn Sie sich für gleichberechtigten Meinungsaustausch interessieren, sind Sie herzlich eingeladen, auf meiner Seite im Internet (www.Regine-Leisner.de) vorbeizuschauen. Ein Hauptanliegen meiner Arbeit war und ist die gemeinschaftliche Weiterentwicklung von gedanklichen Ansätzen und Übungen für ein sinnvoll ausgerichtetes, erfülltes Leben. Wir können uns dabei von der buddhistischen Lehre inspirieren lassen, ohne dass wir uns einer bestimmten Tradition, Schulrichtung oder Organisation verpflichten müssen.

Wie viel Buddhismus brauchen wir
für unser Vorhaben?

Der Buddha war kein Freund unnötiger Worte. Vom Reden um des Redens willen hielt er nicht viel. Diese Erfahrung musste so mancher seiner gebildeten Gesprächspartner machen, wenn er den Erhabenen aufsuchte, um ihn in einen gelehrten Diskurs zu verwickeln. Irgendwie landete das Gespräch meist sehr bald bei der persönlichen Situation des Fragestellers, beim Leiden und der Befreiung davon – dem zentralen Thema von Buddhas Lehre. War bei dem Besucher ein Erkenntnisprozess in Gang gekommen, dann konnte er in den Übungsweg eintreten, wenn er wollte. Aber nicht jeder tat das. Manche meinten sinngemäß: »Tja, es war sehr interessant, und ich bedanke mich ganz herzlich für Ihre wertvollen Ausführungen, aber ich habe da noch einen dringenden Termin und muss mich jetzt leider verabschieden«, worauf der Buddha, freundlich-gelassen und mit großer Höflichkeit erwiderte: »Wie es Ihnen beliebt, Herr Minister.«

Dass der Buddhismus dann doch so ein gewaltiges Lehrgebäude wurde, liegt zum einen daran, dass der Buddha 45 Jahre lang als Wandermönch durch Nordindien zog und überall gebeten wurde, den Dharma darzulegen; seine Lehrreden wurden später aufgezeichnet, und es ist noch ziemlich viel davon erhalten. Zum anderen hat in den ca. 2 500 Jahren nach seinem Tod der Buddhismus in zahlreichen Ländern und Kulturen Fuß gefasst, es entstanden Schulrichtungen und Traditionen und eine schier unüberschaubare Fülle von Kommentarliteratur. Gegenwärtig wächst auch im Westen das Interesse an seiner Lehre; allein im deutschsprachigen Raum erschienen in den letzten Jahren Dutzende von Einführungen in den Buddhismus.

Wir brauchen uns aber durch die Fülle des Angebots keineswegs entmutigen zu lassen. Für unsere Zwecke genügt es nämlich, wenn wir jeweils da, wo es thematisch angebracht ist, die passende Schublade öffnen. Am Ende werden Sie dann vielleicht feststellen, dass Sie sich – so ganz nebenbei – einen recht guten Eindruck von der buddhistischen Lehre verschafft haben, gewissermaßen »absichtslos«.

Das Gewebe der Wirklichkeit

Lediglich auf *einen* buddhistischen Begriff möchte ich bereits jetzt eingehen, weil er von grundlegender Bedeutung für alles folgende ist – und weil er leicht missverstanden werden kann: Karma. Die Lehre vom Karma bezieht sich auf den Zusammenhang zwischen Handeln und Erfahren. Die Kurzformel lautet: Unheilsames Handeln führt, früher oder später, zu leidvollen Resultaten, heilsames Handeln führt zu angenehmen Resultaten. Menschen, die von der christlich-abendländischen Kultur geprägt sind, haben oft Probleme, diesen Satz in seiner Einfachheit zu erfassen. Sie neigen dazu, einiges »draufzusatteln«: Schuld, Strafe und eine höhere Instanz, die die Strafen verhängt und vor der man sich rechtfertigen muss. Das ist aber alles nicht gemeint.

Wir kommen dem Verständnis näher, wenn wir statt handeln *wirken* sagen und von da aus die Verbindung zu dem Wort Wirklichkeit suchen. Die Wirklichkeit, die jede/r von uns täglich auf ganz individuelle Weise erfährt, ist etwas Gewirktes, wie ein Gewebe. Jetzt müssen wir nur noch herausfinden, a) wie dieses Wirken geschieht und b) wie wir in unserem Leben mit den bereits gewirkten Mustern klarkommen können. Wenn wir anfangen, die Zusammenhänge zu *sehen*, dann geht uns auf, welche Interpretationsspielräume unser Erleben aufweist und welche gestalterische Macht in unserem Handeln liegt.

Gewirkt.
Die Person, die ich bin.
Das Leben, das ich lebe.
Körper und Geist.

Schwächen und Talente.
Umgebung, Beruf, Familie, Rang.
Freunde und Feinde.
Kindheit, Jugend, Alter.
Gesundheit, Krankheit, Tod.
Wirken.
Stunde um Stunde, Tag um Tag.
Festhalten an mir selbst.
Greifen nach der Welt.
Verteidigen, anhäufen, sammeln, besitzen.
Mein Mann, meine Frau, mein Kind.
Meine Meinung, mein Club, meine Altersversorgung.
Wir hier – die dort.
Sicherheit suchen.
Kummer vermeiden.
ICH möchte glücklich sein.
Wie?

Der Buddha lehrte, dass unser gewöhnliches Verständnis von uns selbst und der Welt nicht nur beschränkt ist, sondern folgenschweren Irrtümern unterworfen. Von der Welt und allen ihren Erscheinungen, uns selbst eingeschlossen, haben wir uns ein Bild gemacht; wir erleben sie als verdinglicht, fest gefügt und voneinander getrennt. Wir selbst als isolierte Einzelwesen versuchen nun, uns in dieser Welt zurechtzufinden und nach Möglichkeit aus dem großen Kuchen ein Stück Glück herauszuschneiden. Diese Grundhaltung, diese Art zu agieren, prägt unsere gesamte Persönlichkeit und unsere Wahrnehmung. Sie bringt es mit sich, dass wir ständig mit anderen konkurrieren. Konflikte und Leiden, Schwierigkeiten und Krisen sind vorprogrammiert. Gelegentliche Glücksmomente können diese latente Bedrohung nicht aufheben. Aus dem so hoffnungsvoll Gewirkten wird eine drückende Fessel. Da wir keine Alternative haben, kämpfen wir uns immer weiter durch, so gut wir können.

Unser Handeln hat Folgen. Jeder Impuls, der in konkretes Tun umgesetzt wird, verändert die Umgebung, verändert uns selbst, beeinflusst die Zukunft. Was liegt also näher, als das weite Feld des eigenen Handelns näher zu erforschen? Wir können Motive untersuchen, Zusammenhänge aufspüren, Alternativen zum Gewohnten ausprobieren und uns die Resultate sehr genau anschauen. Das wäre ein sinnvoller Umgang mit dem Begriff Karma – spannender als jeder Krimi. Und genauso spannend ist es, die so genannte Wirklichkeit etwas näher unter die Lupe zu nehmen und anhand verschiedener Experimente der Frage nachzugehen, wie dieses Gewebe, das wir »die Realität« nennen und das scheinbar völlig losgelöst von uns besteht, tatsächlich existiert. Je nachdem, zu welcher Antwort wir letztlich gelangen, eröffnen sich uns unterschiedliche Freiheitsgrade.

Reden ist Silber, Üben ist Gold

Es gibt zwei Standardfragen, die bei jedem Vortrag über ein buddhistisches Thema gestellt werden, meist gleich zu Beginn einer Fragerunde. Nummer eins: »Wie steht es mit der Rolle der Frau?«, Nummer zwei: »Wie lässt sich das Gehörte praktisch anwenden?« Diese beiden Fragen illustrieren eindrucksvoll die Erwartungshaltung, die ein westliches Publikum heute gegenüber spirituellen Angeboten zeigt. Man könnte sie, salopp ausgedrückt, auf den Nenner bringen: »Kommt uns bloß nicht mit autoritären, patriarchalischen, pompösen, exotischen, intellektuell abgehobenen, komplizierten, nicht nachprüfbaren, nicht konkret anwendbaren Religionsmodellen. Wir sind nicht an einer Lehre interessiert, die erst im Jenseits verifiziert werden kann. Wir wollen nichts glauben müssen. Wo ist der greifbare Nutzen – jetzt sofort?« Wenn auch solche Meinungen manchmal etwas reflexartig geäußert werden, so darf man doch nicht vergessen, dass sich ein jahrhundertelanges Ringen um geistige Emanzipation in ihnen widerspiegelt.

Spirituelle Angebote müssen sich heute daran messen lassen, dass sie schlicht und persönlich gehalten sind, verständlich und praktikabel. Daraus ergibt sich dann aber auch, dass sie tatsächlich zum Praktizieren gedacht sind. Vom Hören oder Lesen über das Reden zum Tun ist es jedoch ein weiter Weg. Der erste Schritt ist vielleicht der wichtigste.

Erinnerung. Abends im November auf der regennassen Bundesstraße. Im Scheinwerferlicht tauchen rechts und links die kahlen Bäume auf, der Wind wirbelt die letzten braunen und gelben Blätter durch die Luft, eines bleibt am Rand der Windschutzscheibe haften. Eine ungemütliche Szenerie, aber ich fühle mich trotzdem rundherum wohl, wie immer auf der Rückfahrt vom Yoga-Abend. Gleichzeitig wach und entspannt, lebendig, wie neugeboren. Die Übungen für die Wirbelsäule sind das Beste, was ich meinem Schreibtischhocker-Rücken antun kann. Ich lächle in mich hinein, als ich daran denke, wie lange es gedauert hat, bis ich meine guten Vorsätze in die Tat umgesetzt und mich endlich einmal zum Yoga-Kurs angemeldet habe. Bücher gelesen, mit Leuten geredet, gute Ratschläge entgegengenommen: »Du solltest … du müsstest … schau dir doch mal deine Haltung an … kein Wunder, wenn du …« – Ihr hattet ja alle so Recht! Und trotzdem, wie lange dauert das, bis frau sich endlich aufrafft! Es gibt immer so viel anderes zu tun. Und die gut gemeinten Empfehlungen anderer bleiben eben doch nur Worte.

Dagegen die eigene Erfahrung: zu spüren, wie sich Muskeln dehnen, Wirbel aufrichten, der Körper sich mit Sauerstoff versorgt, wie Durchblutung, Beweglichkeit, Wohlbefinden sich verbessern … das alles kann man mit Worten genauso wenig vermitteln wie den Geschmack eines Apfels.

Ob wir Tango tanzen, Staubsauger verkaufen oder mit uns selbst Freundschaft schließen – die konkrete Übung ist durch nichts zu ersetzen. Es geht darum, neue Fähigkeiten zu entdecken, Fertigkeiten auszubilden und allmählich Sicherheit in ihrer Anwendung zu erlangen. Weil das so wichtig ist, habe ich meine Ausführungen immer wieder durch meditative Übungen ergänzt. Einige wurden für dieses Buch konzipiert, andere haben bereits über Jahre hinweg den Praxistest in Gruppen bestanden. Durch diese Übungen können Sie überprüfen, ob Sie dem Gelesenen zustimmen oder andere Wege gehen möchten. Die Übungen sollen Ihnen aber vor allem auch helfen, die Ebene des rein intellektuellen Verarbeitens zu verlassen und immer wieder zu Ihrem ganz persönlichen Erleben zurückzukehren.

Die Übungen eignen sich dazu, allein oder gemeinsam mit anderen, auf dem Kissen oder einem Stuhl sitzend, durchgeführt zu werden. Viele davon lassen sich auch im Alltag praktisch umsetzen. Ein reiches Betätigungsfeld bietet sich in Beziehung und Familie, Freundeskreis und Beruf. Beide Herangehensweisen ergänzen sich hervorragend und sind deshalb gleichermaßen zu empfehlen.

Sie benötigen weder Vorkenntnisse noch Meditationserfahrung. Die Übungen sind einfach und wurden absichtlich so konzipiert, dass Sie nicht in psychische Abenteuer gestürzt werden. Natürlich kann es sein, dass sich manchmal heftige Gefühle einstellen oder die Erinnerung an leidvolle Erlebnisse sehr intensiv wird, aber dramatische Konfrontationen sind nicht der eigentliche Zweck. Jede Übung kann und soll sofort beendet werden, wenn Sie sich damit nicht gut fühlen. Wir arbeiten hier mit den sanften Methoden des Erinnerns, des Nachempfindens, der Betrachtung, die zu einem vertieften Verständnis führen. Die geistige Grundhaltung, auf der alle buddhistisch inspirierten Übungen basieren, nennt sich Achtsamkeit oder Gewahrsein. Damit ist gemeint, dass wir uns zu jeder Zeit unserer momentanen Gedanken und Gefühle, unserer inneren und äußeren Befindlichkeit klar bewusst sind. Diese Bewusstheit erlaubt uns, innere Vorgänge in ihrem Entstehen und Vergehen deutlich wahrzunehmen, noch bevor der Automatismus des Wertens, Interpretierens, Reagierens einsetzt. Wahrnehmen heißt nicht, sich distanzlos mit allem, was da kommt, zu identifizieren, sondern es erlaubt uns, angemessen und konstruktiv damit umzugehen.

Ich spreche übrigens in diesem Zusammenhang absichtlich nicht von Meditation, sondern von meditativen Übungen. Meditation im klassischen Sinne erfordert genauere Anleitungen und geht in ihrer Methodik und Zielsetzung über das hinaus, was ein Buch vermitteln kann. Wenn Sie Meditation ausdrücklich zu Ihrer Praxis machen und regelmäßig intensiv üben möchten, sollten Sie sich von qualifizierten Lehrenden persönlich informieren und betreuen lassen.

I.
Dramen, Krisen, Katastrophen – wir können ihnen nicht entgehen

Es *darf* darüber geredet werden

Ob es wohl jemanden gibt, der von sich sagen kann: »Bei mir ist eigentlich immer alles glatt gelaufen«? Möglich. Allerdings müssen solche Menschen die ganz große Ausnahme sein, ich habe jedenfalls noch keinen von ihnen getroffen. Die übliche Reaktion auf das Wort Krise besteht vielmehr in spontanem, verständnisvollem Nicken und einem nachdenklichen Blick.

Der Siegeszug der Psychologie hat dazu geführt, dass Lebenskrisen deutlicher ins Blickfeld rückten. Das war früher anders. Noch vor wenigen Jahrzehnten orientierte sich die bürgerliche Existenz fast ausschließlich am Ideal bruchloser Kontinuität in Bezug auf die Einhaltung und Umsetzung der geltenden Normen. Ein ordentlicher Mann ernährte seine Familie und erfüllte seine Pflichten in Staat und Gesellschaft; eine anständige Frau führte einen vorbildlichen Haushalt und war jederzeit bereit, auf die Bedürfnisse des Gatten und der Kinder einzugehen. In viel stärkerem Ausmaß als heute wurde das Leben durch ein einheitliches Wertesystem bestimmt und am Rollenverhalten gemessen. Krisen und Dramen, die das glatte Bild störten, wurden mit beträchtlichem Energieaufwand verheimlicht. Wer nicht als Versager dastehen wollte, war gezwungen, nach außen hin um jeden Preis Haltung (»Contenance!«) zu wahren. »Doch wie's da drin aussieht, geht niemand was an …«, schluchzte der Operettenbuffo und traf damit das Lebensgefühl seiner Zeit.

Dann wurde (wieder)entdeckt, dass es so etwas gab wie eine Psyche. Schon seit den Zeiten des Aristoteles hatten die Menschen sich Gedanken gemacht über Geist und Seele, aber hauptsächlich im Rahmen der Philosophie und später der Religion. Die Vorstellungen blieben oft sehr abstrakt, und unter der Herrschaft der Kirche waren sie verbunden mit einem starren System von Dogmen und Vorschriften, das dem einzelnen genau seinen Platz zuwies. Erst gegen Ende des 19. Jahrhunderts kam eine neue Entwicklung in Gang: Psychoanalyse und Psychotherapie entstanden als Zweige der modernen Naturwissenschaften. Die Seelenkunde befreite sich bis zu einem gewissen Grad von Vorurteilen und Zwängen und wurde in ungeahntem Ausmaß *individuell*. Auf dem inneren Schauplatz spielte sich offenbar weit mehr ab, als die konventionelle Haltung wohlerzogener Bürger nach außen vermuten ließ, und zwar offenbar nicht nur in seltenen, krankhaften Ausnahmefällen, sondern bei den allermeisten Menschen, ja eigentlich bei allen; man musste nur genau genug hinschauen. Ganz allmählich setzte sich die Erkenntnis durch, dass Menschen in Schwierigkeiten und Krisen keineswegs als Versager anzusehen waren – und sie waren nicht länger isoliert und allein.

Heute gibt es die Vorstellung der bruchlosen Biografie praktisch nicht mehr. Ein »gelingendes Leben« (aktueller Modebegriff) wird weniger an der Anpassung an gesellschaftliche Normen als an der Erfüllung individueller Erwartungen gemessen. Die Idee, dass ein Leben verschiedene Entwicklungsphasen umfasst, die keineswegs nahtlos ineinander übergehen müssen, ist in unserem Denken verankert. Dass zu diesen Phasen auch Dramen und Krisen gehören können, wird allgemein akzeptiert. Es dreht sich nun vor allem darum, mit diesen schwierigen Zeiten »umzugehen« – allein und gemeinsam mit anderen. Die schier unübersehbare und stetig wachsende Anzahl von therapeutischen und spirituellen Einrichtungen, von Ratgebern und Selbsthilfegruppen macht deutlich, wie groß dabei das Bedürfnis nach Unterstützung ist.

Psychologie und Religion

Es erscheint mir nicht übertrieben zu sagen, dass die psychoanalytischen Arbeiten von Sigmund Freud, Carl Gustav Jung, Alfred Adler und ihren Nachfolger/innen das Weltbild in unserem Jahrhundert mit am stärksten beeinflusst und verändert haben. Im Zentrum des Interesses stand plötzlich das Selbstverständnis des einzelnen Menschen. Das Streben nach Individualität und Individualisierung spielte eine zunehmend bedeutsame Rolle im kollektiven Leben, und damit veränderte sich naturgemäß auch der Umgang mit Religion.

Bemerkenswerterweise fällt das Aufblühen der Psychologie mit dem rasant zunehmenden Interesse des Westens am Buddhismus zeitlich zusammen. Das ist sicherlich kein Zufall, denn auch im Buddhismus stehen das tiefere Verständnis und die heilsame Entwicklung geistiger Prozesse im Mittelpunkt. Die eigene Erfahrung wird wichtiger genommen als das Akzeptieren vorgegebener Lehren. Der Mensch erlebt sich selbst als Gestalter seiner Realität und als Verursacher seiner Erlösung.

Und dennoch bleibt der Buddhismus, wie alle spirituellen Lehren, nicht nur beim therapeutischen Ansatz im Sinne der Beseitigung psychischer Störungen stehen, sondern bietet durch seine meditative Komponente gleichzeitig den Zugang zu Erfahrungen der Transformation und Transzendenz. Die Praxis zielt nicht auf das Modifizieren von Umständen und Bedingungen ab, sondern auf einen grundlegenden Wandel des gesamten Seins.

Kein Leben ohne Leiden

»Was ist aber, ihr Mönche, die heilige Wahrheit vom Leiden? Geburt ist Leiden, Alter ist Leiden, Krankheit ist Leiden, Sterben ist Leiden, Kummer, Jammer, Schmerz, Gram und Verzweiflung sind Leiden, mit Unliebem verbunden sein ist Leiden, von Liebem getrennt sein ist

Leiden, was man begehrt nicht erlangen, das ist Leiden …« (aus der Längeren Sammlung der Lehrreden des Buddha, II, 9)

Seit der Buddha in Indien lehrte, sind zweieinhalbjahrtausend Jahre vergangen, aber die Allgegenwärtigkeit leidvoller Zustände und die vielfältigen Anstrengungen, sie zu überwinden oder vermeiden, prägen noch immer das Leben der Menschen. Schier endlos ist die Liste der Widrigkeiten, mit denen wir fertig werden müssen, sie reicht von alltäglichen Problemen bis zu den großen Umbrüchen, die keinen Stein auf dem anderen lassen.

Wir wollen uns hier sowohl mit Krisen im engeren Sinne befassen wie auch ganz allgemein mit schwierigen Lebenslagen, an deren Bewältigung uns besonders gelegen ist. Unter Krisen im engeren Sinne verstehe ich Entwicklungen, bei denen sich von einer Vorgeschichte bis zu einem Kulminationspunkt bestimmte schmerzliche Erlebnismuster immer mehr verdichten und verselbstständigen bis hin zum totalen Einbruch. Er ist gekennzeichnet vom Wegfall von Gewissheiten, von Kontrollverlust und Ohnmacht. Zunächst geht es nur darum zu überleben, später erfolgt dann eine Neuorientierung mit verändertem Bezugsrahmen. Zu einer solchen Krise kann es beispielsweise kommen, wenn eine langjährige Beziehung zerbricht oder wenn durch den Verlust des Arbeitsplatzes der Verlust der sozialen Stellung droht, wenn man/frau über längere Zeit hinweg mit psychischer oder physischer Gewalt konfrontiert ist oder den Übergang von einer Lebensphase in die nächste nicht verkraftet. In jedem Leben sind Licht und Schatten anders verteilt. Wir können uns dazu anhand einer meditativen Übung unser eigenes Existenzmuster vergegenwärtigen. Doch zunächst, da dies die erste der Übungen ist, einige Erläuterungen zur Methode und zum Vorgehen. Wenn Sie mit Meditation bereits vertraut sind, können Sie diesen Teil einfach überspringen.

Meditative Übungen:
Ein paar Worte zur Methode

Meditation ist ein Zusammenwirken von Körper und Geist. Je nach Tradition werden unterschiedliche Techniken geübt. Ein weiter Bogen spannt sich von der klassischen Atembetrachtung über die gegenstandslose Meditation bis hin zum Arbeiten mit Bildern und Vorstellungen. Gemeinsam ist ihnen allen, dass wir für die Dauer der Übung eine bestimmte Körperhaltung einnehmen, äußere Störungen so weit wie möglich ausblenden und unsere Aufmerksamkeit nach innen richten. Dabei bleibt die Wachheit und Bewusstheit dessen, was vorgeht, ununterbrochen erhalten, wir streben also nicht Trance-Zustände oder Visionen an.

Aus den östlichen Traditionen kennen wir als bekannteste Meditationshaltungen den Lotossitz, bei dem die Beine verschränkt werden. Jedoch ist im Westen kaum jemand dazu in der Lage. Das macht aber nichts. Es gibt verschiedene Sitzhaltungen, die ebenfalls den Zweck erfüllen, die Wachheit des Geistes zu unterstützen. Wenn Sie auf einem Kissen sitzen möchten, ist es wichtig, dass die Füße, so gut es geht, an den Körper gezogen werden und die Knie den Boden berühren, was durch eine entsprechende Höhe der Sitzunterlage zu erreichen ist. Wenn die Knie irgendwie in die Luft ragen, müssen wir unser Gleichgewicht über Sitzfläche und Wirbelsäule ausbalancieren, was zu Verspannungen im Rücken führen kann. Wenn wir dagegen mit dem Gesäß und den Knien gut auf dem Boden ruhen, sitzen wir auf dieser Dreiecksbasis sehr stabil, und eine gerade Haltung von Becken und Rücken wird unterstützt. Sehr gebräuchlich ist auch das Sitzen mit nach hinten abgewinkelten Unterschenkeln, eventuell unter Zuhilfenahme von Kissen oder einem Bänkchen.

Das Sitzen auf dem Boden hat zweifellos eine erdende, festigende Wirkung. Doch Sie können, wenn Sie das vorziehen, auch auf einem Stuhl sitzen. Das wichtigste ist dabei eine gerade, aufrechte Körperhaltung. Im Liegen können Sie nicht meditieren,

Sie schlafen einfach ein. Zur Entspannung und zur Beseitigung von Schlafstörungen sind Übungen im Liegen geeignet, aber nicht für meditative Zwecke.

Warum legen eigentlich alle Schulrichtungen so viel Wert auf die gerade Körperhaltung? Es gibt dazu viele Begründungen. Vom Energiefluss, inneren Kanälen und Meridianen ist die Rede, von Disziplin und Konzentration. Ich möchte darauf hier nicht näher eingehen. Mein Vorschlag ist nur: Probieren Sie es aus. Setzen Sie sich auf ein Kissen oder einen Stuhl und nehmen Sie kurz Ihre gewohnte Haltung ein (was für die meisten Menschen heißt: zusammengesunken, mit nach vorn sinkenden Schultern und rundem Rücken); spüren Sie in Ihren Körper hinein: Wie fühlt er sich an? Wie empfinden Sie Ihren Brustkorb, den Nacken, den Kopf und die Arme? Nach ein paar Minuten fangen Sie ganz langsam an, sich vom Becken her aufzurichten, bis Sie gerade, aber noch entspannt sitzen. Die Schultern sind etwas zurückgenommen, der Nacken aufgerichtet, der Kopf leicht nach vorn geneigt. Wie fühlt sich das im Vergleich an? Wie ist die Körperempfindung? Wie ist die Rückwirkung auf das geistige Befinden?

Die meisten Menschen, vor allem die notorischen Schreibtischhocker, leiden unter mehr oder weniger ausgeprägten Haltungsfehlern. Bei vielen Frauen kommt noch hinzu, dass sie schon von ihrer Sozialisierung her dazu neigen, die Schultern nach vorn zu nehmen und gewissermaßen den Kopf einzuziehen. Wenn das zur langjährigen Gewohnheit geworden ist, dauert es ein wenig, bis eine andere Haltung als angenehm empfunden wird. Wenn es Ihnen auch so geht, richten Sie sich immer wieder ein wenig auf, aber zwingen Sie sich nicht zu einer angespannten Haltung. Erlauben Sie sich, die Position zu finden, die Ihnen gegenwärtig angemessen erscheint. Versuchen Sie auch nicht, etwaige Schmerzen im Rücken und den Beinen längere Zeit zu ertragen. Ich weiß, dass das in manchen buddhistischen Traditionen anders und strenger geübt wird, und es gibt dafür auch gute Begründungen, aber ich halte trotzdem mehr davon, mit Körper und Geist freundlich umzugehen.

Noch ein paar Worte zur Umgebung: Es ist hilfreich, wenn wir unsere Übungen an einem ruhigen, sauberen, harmonischen Ort durchführen können, an dem wir uns wohl und geborgen fühlen. Obwohl wir unsere Aufmerksamkeit nach innen richten, spielt es auch eine Rolle, wie es um uns herum aussieht. Probieren Sie es aus, und prüfen Sie nach, ob es stimmt. Im Freien zu sitzen, kann sehr inspirierend sein, wenn wir beispielsweise die Betrachtung der äußeren Landschaft zu unserer Übung machen. Allerdings hat der Geist dann die Tendenz, in die Weite zu gehen und alle erreichbaren Reize aufzunehmen. In einem geschlossenen Raum kommen Sie leichter zu sich selbst. Um diesen Prozess zu unterstützen, benutzen wir bei den meditativen Übungen auch keine CDs mit Meditationsmusik oder Ähnliches. Tatsächlich besteht zwischen allgemeinen Entspannungsübungen und Meditation in unserem Sinne, die auf ein Arbeiten mit dem eigenen Bewusstsein abzielt, ein deutlicher Unterschied. Vieles von dem, was heutzutage unter den Begriff Meditation gefasst wird, hat nichts mit dem zu tun, worum es hier geht. Im Grunde müssten wir sogar Kerzen und brennende Räucherstäbchen zu den unnötigen Störungen rechnen, aber mit zunehmender Praxis benutzen wir solche Hilfsmittel zur Einstimmung am Anfang, lassen aber unsere Aufmerksamkeit nicht davon gefangen nehmen. Wenn wir allerdings merken, dass wir am optischen, geruchlichen, klanglichen Eindruck zu stark haften bleiben, sollten wir diese Mittel reduzieren.

Wie Sie mit den Übungsanleitungen am besten umgehen, werden Sie sicher selbst herausfinden. Sie werden sich vielleicht am Anfang enger an die Vorgaben halten, mit der Zeit aber die Aufmerksamkeit mehr und mehr auf die inneren Prozesse verlagern. Bei den ersten Übungen werden Sie wahrscheinlich den Text Satz für Satz durchlesen und dazwischen immer die Pausen einschalten, die Sie benötigen, um im Geist das Beschriebene nachzuvollziehen. Später können Sie dazu übergehen, den gesamten Übungstext am Anfang durchzulesen und dann aus der Erinnerung heraus damit zu arbeiten. Wenn Sie die Übungen mehrmals wiederholen möchten, können Sie den Text auch auf Kassette sprechen bzw. von jemandem, dessen Stimme Sie mögen, sprechen lassen, am besten gleich mit den entsprechenden Pausen. In Gruppen kann jeweils eine Person die Funktion des Sprechers oder der Sprecherin übernehmen. Am allerbesten ist es natürlich, wenn Sie nach einer Zeit der Eingewöhnung überhaupt keine Anleitungen mehr brauchen, sondern sich zu Beginn der Übung nur klar machen, worauf Sie hinauswollen, und dann ohne äußere Vorgabe durch die einzelnen Schritte hindurchgehen. Ich habe die Übungen in der Ich-Form abgefasst, um deutlich zu machen, dass sie letztlich in Eigenregie durchgeführt werden können und sollen.

Was den Ablauf der Übungen betrifft, so geht es vor allem darum, zu sich selbst, in den gegenwärtigen Moment, ins Da-Sein zurückzukommen. Aber sind wir denn da nicht ohnehin schon dauernd? Leider nicht. Überlegen Sie einmal: Wie groß ist, wenn Sie genau hinschauen, der Anteil an Ihren Gedanken, Gefühlen, Vorstellungen, der sich entweder auf die Vergangenheit oder auf die Zukunft oder auf einen anderen Ort bezieht? Wahrscheinlich liegt er bei über 95 Prozent. Das muss man sich mal so richtig klar machen. Nur den allergeringsten Teil unserer Aufmerksamkeit und geistigen Präsenz widmen wir dem, was unsere Gegenwart ausmacht. Die Aktivitäten in unserem Bewusstsein betreffen zum größten Teil Vorgänge, die hier und jetzt nicht real sind. Ich will das gar nicht werten, es geht einfach nur darum, diese Tatsache zur Kenntnis zu nehmen.

An mir selbst, so wie ich heute bin, schaue ich vorbei.
Leben, Erleben, Gegenwart findet nicht statt.
Ich denke und fühle, fürchte und hoffe, plane und wiederhole,
was gestern war und morgen, vielleicht, sein wird.

34

Alle Tage – immer woanders, nie bei mir selbst.
Der Film im Kopf
verstellt mir den Blick
für den spannendsten aller Momente: das Jetzt,
für jemanden, den ich kennen lernen sollte: mich selbst.

Wir können üben, zu uns selbst zurückzukommen und in der Präsenz zu *sein*. Das wird unser Lebensgefühl beträchtlich verändern. Eine Erfahrung im gegenwärtigen Moment bewusst wahrzunehmen ist etwas ganz anderes, als reflexartig in die immer gleichen Reaktionsmuster zu verfallen: Was bedeutet das? Wie muss ich reagieren? Was erwarten die anderen von mir? Was denken sie über mich? Was ist vorher geschehen? Was wird sich daraus in der Zukunft entwickeln? Kann ich mich schützen? Was soll ich sagen? Welches Gesicht muss ich machen? Solche Wirbel im Geist prägen zu einem großen Teil unser Erleben. Aber das muss nicht zwangsläufig so bleiben. Wir können mit verschiedenen Arten der unmittelbaren Wahrnehmung experimentieren, und das eröffnet uns ganz neue Räume und beschenkt uns mit einer zunächst noch schüchternen, dann immer lebhafteren Entdeckerfreude.

Ich propagiere nicht, dass wir nur um uns selbst kreisen sollen. Aber wenn wir uns die Aufmerksamkeit nicht schenken, die uns erlaubt, mit uns selbst wieder stärker in Kontakt zu treten, dann werden sich auch Kontakt und Austausch mit anderen nicht vertiefen, und wir werden nicht in der Lage sein, die Welt furchtlos zu betrachten und zu berühren. Wir selbst sind der Ausgangs- und Angelpunkt all unserer Erfahrungen. Das zu leugnen hieße, die Religionen in einem wichtigen Punkt falsch zu verstehen. Die Überwindung der leidvollen Ich-Begrenzung hat zur Voraussetzung, dass wir uns selbst wahrnehmen, annehmen, wertschätzen und dann allmählich innerlich wachsen.

Ein großartiges Hilfsmittel, um zu uns selbst zurückzukehren, ist die Körperwahrnehmung. Wir achten auf unseren Atem, auf die

Sitzhaltung, auf die Berührung der Hände – und während wir das tun, können wir beim besten Willen nicht gleichzeitig mit unseren Gedanken irgendwoanders sein. Wenn sie trotzdem anfangen zu wandern, kommt uns sofort die Körperwahrnehmung abhanden. Dieses einfache Mittel ist unfehlbar in seiner Wirkung, deshalb beginnt jede Übung mit einer Atembetrachtung. Ist der Kontakt zu uns selbst und zum gegenwärtigen Moment hergestellt, können wir mit geistigen Bildern und Vorstellungen weiterarbeiten. Falls wir dabei merken, dass wir uns zu sehr in einem Film verlieren, können wir jederzeit zur Konzentration auf den Atem zurückkehren und werden sofort die förderliche Wirkung verspüren. Nicht umsonst ist die klassische Atembetrachtung die Grundform aller buddhistischen Meditationen und wird von Anfängern wie Fortgeschrittenen gleichermaßen hoch geschätzt. Lassen Sie sich nicht beirren, wenn Ihr gelangweiltes Bewusstsein zwischendurch nach anderen Reizen verlangt oder wenn Sie merken, dass Sie mit ihrer Aufmerksamkeit immer nur ein paar Sekunden beim Atem bleiben können und dann schon wieder abgelenkt sind. Kehren Sie, ohne zu urteilen und zu grübeln, einfach wieder zum Atem zurück. Es gibt keine bessere Übung.

Zum Abschluss: Übungen sind Hilfsmittel in einem ganz bestimmten Kontext, aber kein Selbstzweck. Sie dienen dazu, unser Bewusstsein geschmeidiger zu machen und Prozesse der Einsicht zu unterstützen. Wir benutzen dazu Vorstellungen, Bilder, Begriffe, Symbole etc. Aber das heißt nicht, dass wir an diesen Dingen festhalten sollen. So ist beispielsweise oft die Rede von den verschiedenen *Schichten* des Bewusstseins. Für die meditative Übung ist dieses Bild sehr nützlich, und wir können, wenn wir damit umgehen, zu guten Erfahrungen gelangen. Wir brauchen hierfür nicht zu diskutieren, wie das Bewusstsein organisiert ist und ob es solche Schichten wirklich gibt. Tatsächlich ist das eine Frage, deren Beantwortung sehr vom jeweiligen Standort abhängt. Für die meditative Übung ist es unerheblich.

Kommen wir nun zu der bereits angekündigten Übung. Nehmen Sie sich für jeden Absatz mehrere Minuten Zeit, so dass die gesamte Übung etwa eine halbe Stunde dauert. Setzen Sie sich entspannt und aufrecht hin, sammeln Sie Ihren Geist und lenken Sie die Aufmerksamkeit auf den eigenen Atem.

Meditative Übung: Lebensfluss

Ich achte auf den Rhythmus des Einatmens, des Ausatmens. Ich versuche nicht, ihn zu verändern, ich betrachte ihn nur. Ich fühle, wie sich beim Einatmen Brustkorb und Bauchdecke heben, beim Ausatmen senken. Ich spüre meinen atmenden Körper. Ich bin ganz hier.

Nun richte ich meine Aufmerksamkeit auf mein körperliches und geistiges Befinden – eine Momentaufnahme. Ich stelle fest, wie sich mein Körper anfühlt, ob ich verspannt oder entspannt, müde oder wach, hungrig oder satt bin, oder was sonst zu spüren ist.

Nun vergegenwärtige ich mir mein geistiges Klima. Wie fühle ich mich? Bin ich ruhig oder nervös, interessiert oder gelangweilt, heiter oder bedrückt? Wie ist mein momentaner Gemütszustand?

Ich mache mir bewusst, dass sowohl mein körperlicher wie auch mein geistiger Zustand ununterbrochen kleinen Veränderungen unterliegt. Die Momentaufnahme ist kein starres Bild, sondern eher ein Blick auf einen Fluss. Für die Kontinuität all meiner körperlichen und geistigen Vorgänge wähle ich das Symbol eines Flusses und lasse das Bild dieses Lebensflusses ganz von selbst in meinem Bewusstsein auftauchen und deutlicher werden.

Nun verfolge ich den Fluss, also mein eigenes Leben, ganz langsam zurück, zurück durch die Monate, Jahre und Jahrzehnte. Da gibt es viel zu sehen. Manchmal funkelt die Sonne auf dem Wasser, manch-

mal ist alles grau und neblig oder im Frost erstarrt, und manchmal toben die Stürme. Es gibt lange Phasen, da treibt der Fluss friedlich dahin, und andere, da staut sich das Wasser, findet keinen Abfluss und muss sich mühsam einen neuen Weg bahnen. Von verschiedenen Seiten werden »Einflüsse« aufgenommen, aber auch ich selbst gebe etwas ab, manchmal mehr, manchmal weniger.

Ich bleibe längere Zeit bei der Betrachtung des Flusses und merke schließlich, dass damit Gefühle verbunden sind. Es gibt Stellen und Phasen, an denen ich gern etwas länger verweile und deren Betrachtung mir wohl tut. Andere sehe ich nicht so gern, sie erinnern mich an Kummer und Verzweiflung, Zorn und Hass, vielleicht an Schuldgefühle und verpasste Gelegenheiten. Ich empfinde Unbehagen und Angst, möchte am liebsten nicht hinsehen und bin froh, wenn diese Stellen hinter mir liegen.

Wenn Sie spüren, dass die unbehaglichen Gefühle zu stark werden und Sie sich bedroht fühlen, dann verlassen Sie einfach diese Orte und wenden sich wieder erfreulicheren Phasen zu. Behalten Sie nur im Gedächtnis, dass es sie gibt und dass Sie jederzeit frei entscheiden können, ob Sie dorthin zurückkehren und sie genauer anschauen möchten oder nicht. Sie haben keine Macht über Sie. Wenn Sie sich sicher fühlen, gehen Sie durch den nächsten Absatz, ansonsten überspringen Sie ihn und machen mit dem übernächsten weiter.

Ich fange an zu verstehen, dass ich auch die dunklen, leidvollen Orte ruhig ansehen kann; ich fühle zwar noch den vergangenen Schmerz, aber er schlägt nicht über mir zusammen und kann mich nicht gefährden. Dies ist eine meditative Übung, ich befinde mich in einer stabilen, geschützten Position und entscheide selbst, was ich mir ansehen möchte. Ich erlaube mir nun, einen schwierigen Ort, etwa eine Flussbiegung im Schatten, etwas länger anzusehen. Ich lege dabei mein Hauptaugenmerk weniger auf den Ort selbst als auf die Über-

gänge. Ich stelle fest, dass auch die dunklen Stellen nicht losgelöst existieren, sondern sich auf irgendeine Art in das Gesamtbild einfügen. Der Fluss führt mich, Biegung für Biegung und Welle für Welle, dorthin, und er führt Biegung für Biegung und Welle für Welle wieder von dort weg. Ich sehe, dass sich sein Verlauf nach einer solchen gefährlichen Stelle deutlich verändert, dass sich ein ganz neues Szenario auftut.

Ich kehre nun flussabwärts zum gegenwärtigen Moment zurück, nehme meinen körperlichen und geistigen Jetzt-Zustand deutlich wahr, richte meine Aufmerksamkeit noch einmal kurz auf den Atem und beende damit wach und klar die Übung.

Eine solche Betrachtung, besonders wenn sie mehrmals wiederholt wird, liefert viel persönliches Material. Nehmen Sie sich reichlich Zeit, um sie in sich nach- und ausklingen zu lassen, um darüber nachzudenken und mit guten Gesprächspartner/innen darüber zu reden. Tagebuchschreiber/innen sind hier im Vorteil, denn noch während des Aufschreibens liefert das Unbewusste weitere Bilder, Gedanken und wertvolle Hinweise. Sehr hilfreich zur Verdeutlichung innerer Prozesse kann hier auch die ergänzende Arbeit mit dem I Ging oder dem Tarot sein, entsprechende Erfahrung vorausgesetzt.

Als Beispiel und kleine Anregung, wie eine solche Nachbereitung aussehen könnte, greife ich einige Punkte der Übung auf, die Anlass zu besonderen Überlegungen bieten.

● *Krisen und dunkle Phasen als integrale Bestandteile unseres Lebens:* Wir unterschätzen manchmal unsere Fähigkeit, unliebsame und schmerzliche Erinnerungen einfach zu vergessen. Selbst wenn wir versuchen, sie uns gezielt ins Gedächtnis zu rufen, liefert uns der interne Speicher zunächst nur ein paar Standardbeispiele. Erst wenn wir etwas länger und gründlicher nachforschen, kommt mehr Material ans Licht. Die Fähigkeit, belastende Erfahrungen in der Versenkung verschwinden zu lassen, hat eindeutig Vorteile. Wahrscheinlich wäre es sonst noch schwieriger, unsere psychische Stabilität aufrechtzuerhalten. Zu einem späteren Zeitpunkt, wenn die Voraussetzungen zur Analyse besser sind, ist es jedoch sinnvoll, die Erinnerung noch einmal wachzurufen, um im Nachhinein konstruktiv mit dem Erlebten zu arbeiten und schmerzliche Eindrücke, die bisher nur verkapselt waren, heilen zu lassen. Verlangen Sie also nicht zu viel von sich! Es ist schon viel gewonnen, wenn wir uns dazu durchringen, Kummer und Schmerz als solche überhaupt erst einmal wahrzunehmen. Im Buddhismus wird uns nicht umsonst nahe gelegt, die spirituelle Praxis als Heilungsprozess und die Lehre als Medizin zu betrachten.

● *Das Umfeld:* Leidvolle Phasen, Krisen und Umbrüche sind in das Gesamtmuster unserer Existenz eingebettet. Sie fallen nicht vom Himmel, und wir sind keineswegs einem blinden Schicksal ausgeliefert. Wenn unser Lebensmuster in seinen Grundfesten bedroht und erschüttert wird, fragen wir im ersten Schrecken fast automatisch: »Warum gerade ich?« Wir werden dieser Frage und den Konsequenzen, die sich daraus ergeben (können), in den nächsten Kapiteln nachgehen. Einstweilen genügt es, wenn uns eine Übung wie die oben beschriebene an die Tatsache heranführt, dass Dramen und Katastrophen tatsächlich Manifestationen unseres eigenen Lebensflusses sind und etwas mit dem Gesamtmuster zu tun haben.

● *Manifestationen von Dynamik:* Menschen sind in sehr unterschiedlichem Maße Zwängen ausgesetzt. Das hängt nur zum Teil von Faktoren wie Wohlstand, gesellschaftlicher Stellung, Geschlecht, Beruf und dergleichen ab. Eines unserer Lernziele besteht darin festzustellen, dass unsere Handlungsspielräume fast immer wesentlich größer sind als wir denken. Allerdings kommt es auch vor, dass wir in einen Wirbel von Ereignissen geraten, die wir – im Moment – kaum mehr beeinflussen können. Es gehört schon ein bisschen Weisheit dazu, das eine vom anderen zu unterscheiden: zu wissen, wann kräftiges Paddeln angesagt ist und wann man sich einfach vom Strom ein Stück weit tragen lassen muss.

• *Erfahrung von Kontinuität:* Wie dramatisch es auch immer zuging – bis zum heutigen Tag ist es uns irgendwie gelungen, trotz gelegentlicher Einbrüche zu überleben, Schwierigkeiten zu überwinden und neue Erfahrungen zu machen. Die meisten von uns waren und sind in der Lage, mit ihrer Umwelt einigermaßen befriedigend zurechtzukommen. Das sollten wir nicht gering schätzen! Ein Bestandteil der buddhistischen Praxis ist es beispielsweise, ausdrücklich Mitfreude zu üben mit allem, was wir an Erfreulichem ausmachen können, bei uns und bei anderen. Das schärft den Blick, macht uns heiterer und freundlicher und verstärkt positive Tendenzen. Umgekehrt hilft es uns vielleicht, Ängste loszulassen, wenn wir uns einfach mal fragen: Was ist denn das Schlimmste, was uns passieren kann? Können wir dem *worst case* ins Auge sehen? Wir werden vielleicht schlimmstenfalls sterben, aber das müssen wir ja ohnehin. Bisher jedenfalls haben wir Krisen überstanden und werden sie wohl auch in Zukunft wieder überstehen. Sie haben uns *nicht* umgebracht.

• *Der mittlere Weg:* Zwei Arten von Verhaltensweisen sind es, die uns immer tiefer in die Verstrickung mit unerwünschten Geschehnissen hineinziehen: wenn wir zu gierig nach etwas greifen und wenn wir zu heftig gegen etwas ankämpfen. Gewohnheitsmäßig reagieren wir auf Dinge, die uns direkt angehen, emotional. Ganz gleich, ob die Emotionen positiv oder negativ sind, aufgrund ihrer energetischen Aufladung reißen sie uns mit. Wir verlieren unseren festen Bezugspunkt und tauchen kopfüber in die Ereignisse ein. Wie sähe eine gute Alternative aus? Verdrängen und Ignorieren sind auf die Dauer keine sinnvollen Lösungen. Als dritte Möglich-

41

keit und »mittleren Weg« bietet sich die geniale Methode des Betrachtens an: Wir verschließen nicht die Augen, sondern nehmen das zur Kenntnis, was uns betrifft – einschließlich unserer Reaktionen –, aber das klare Wahrnehmen und Anschauen schützt uns vor der sonst üblichen blinden Identifikation. Einige Übungen werden Ihnen dabei helfen, den enormen Unterschied zwischen diesen Verhaltensweisen herauszufinden.

● *Vernetzung:* Der Gesamtverlauf des Flusses wird von vielen Gegebenheiten bestimmt. Es gibt nicht nur unseren Willen als steuernde Instanz. Bei näherer Betrachtung erleben wir uns selbst als ein Wesen, das in ständiger Entwicklung begriffen ist und das mit allem, was existiert, auf das innigste verbunden ist. Geben und Nehmen, ein ständiger Austausch auf der physischen und geistigen Ebene lassen uns mit allen Lebewesen ein Netzwerk bilden. Wenn wir versuchen, unseren Lebensfluss in völliger Isoliertheit, getrennt von allen anderen, zu betrachten, stellt das eine Vergewaltigung der Realität dar.

● *Sensibilität:* Im Umgang mit den Bildern der Vergangenheit ebenso wie mit geistigen Prozessen überhaupt empfiehlt es sich stets, sensibel und behutsam vorzugehen. Unser Grundproblem ist, dass wir uns als vom Rest der Welt abgetrennt empfinden, und das bewirkt ein dauerndes unterschwelliges Unsicherheitsgefühl. Wenn irgendetwas in den Bereich unserer Wahrnehmung gelangt, was uns zu bedrohen und diese Unsicherheit noch zu verstärken scheint, dann verkrampfen wir uns in Angst und Abwehr. Deshalb ist es von größter Bedeutung, dass wir Geduld und Feinfühligkeit walten lassen, wenn wir anfangen, uns mit uns selbst auseinander zu setzen. Mit Brechstangenmethoden, Gewaltakten, Überdosierungen, kurz: mit allem, was zu Stress und Überforderung führt, würden wir uns selbst und unserem Vorhaben nur schaden.

• *Neuorientierung:* Wir haben gesehen, dass nach einem Strudel oder Wasserfall unser Lebensfluss einen veränderten Verlauf genommen hat. Ohne das eine wäre das andere nicht – zumindest nicht in der gegenwärtigen Form – denkbar. Wie auch immer wir das bewerten wollen, Veränderungen, die wir so nicht hätten planen können, haben eindeutig stattgefunden. Insofern kann eine Neuorientierung mit verändertem Bezugsrahmen geradezu als Geschenk der Krise betrachtet werden.

Aus der Bahn geworfen?

Der Blick auf den Fluss hat uns vor allem gezeigt, dass sich das Nachdenken über kritische Phasen schon nach kurzer Zeit ausweitet zu einem Nachdenken über unser ganzes Leben. Wir fangen fast automatisch an, unsere gesamte Biografie mit einzubeziehen. Wie wir Krisen einschätzen und mit ihnen umgehen, hat sehr viel damit zu tun, wie wir uns selbst einschätzen und mit uns umgehen.

Wenn wir etwas über unser Denken erfahren möchten, ist es oft nützlich, unsere *Äußerungen* etwas näher zu betrachten. Die Sprache verrät beim genaueren Hinhören mehr über uns, als uns zunächst bewusst ist. Wie drücken wir uns aus, wenn wir über Krisen in unserem Leben reden? Vielleicht so: »Ich wurde völlig aus der Bahn geworfen«, »Mir hat es den Boden unter den Füßen weggezogen«, »Ich bin total eingebrochen« oder ähnlich. Wir wählen Formulierungen, die darauf hindeuten, dass wir den Halt verloren haben, dass uns Gewissheiten abhanden kamen, dass wir uns ohnmächtig und schutzlos fühlten. Aber welcher Halt ist hier gemeint? Welcher Boden? Welche Bahn?

Wie definieren wir eigentlich unsere Existenz, und was erwarten wir vom Leben? Wie genau wissen wir überhaupt über diese Dinge Bescheid? Wann haben wir uns zum letzten Mal die Zeit genommen, uns mit uns selbst zu beschäftigen? Die wichtigsten

Daten über unsere Person können wir bei Bedarf sofort aufzählen, aber wie gut kennen wir uns wirklich?

Viele Menschen scheuen sich, ihre Aufmerksamkeit auf sich selbst zu richten. Sie fürchten, dass das, was dabei herauskommt, einer strengen Prüfung nicht standhält. Gefangen in autoritären Mustern, kreist ihr Denken um Begriffe wie Erfolg und Leistung, Schuld und Versagen. Keine allzu günstige Ausgangsbasis für jemanden, der mit sich selbst Freundschaft schließen will! Um sich selbst so zu akzeptieren, dass Veränderung im Sinne eines allmählichen, angemessenen Wachstums möglich ist, muss man/frau sich mit allen Licht- und Schattenseiten kennen lernen, ohne zu urteilen. Einen Schritt in diese Richtung zeigt die nächste Übung. Auch wenn wir sie mehrmals durchführen, liefert sie uns immer wieder neue Erkenntnisse und Einsichten in Bezug auf unser Lebensgefühl, unsere Ziele und Bestrebungen.

Unser Streben gilt primär dem physischen Weiterleben. Wir müssen atmen, essen, trinken, schlafen, brauchen den Kontakt mit anderen Lebewesen. Darüber hinaus gibt es noch eine ganze Reihe weiterer Bedürfnisse wie etwa den Wunsch nach Anerkennung, nach kreativem Ausdruck, nach gesicherten Strukturen oder so genannten höheren Werten, um nur ein paar zu nennen. Ihre Bedeutung wird individuell verschieden aufgefasst. Von der möglichst weitgehenden Erfüllung unserer zentralen Bedürfnisse hängt zum großen Teil unsere Lebensqualität ab. Manche unserer Wünsche widersprechen sich allerdings, was zu Zielkonflikten führt, die wir uns irgendwann bewusst machen müssen.

Aus der Summe aller Vorstellungen und Prägungen, Wünsche und Hoffnungen, Wahrnehmungen und Schlussfolgerungen formen wir bereits in jungen Jahren unser Selbstbild und eine Art Lebensplan. Darin sind zwar noch nicht alle Einzelheiten konkretisiert – beispielsweise, welchen Beruf wir ergreifen –, aber den Platz, den wir in unseren Bezugsgruppen und der Gesellschaft einnehmen wollen und werden, haben wir intuitiv bereits gewählt. Natürlich gibt es Varianten und deutlich voneinander unterschiedene Phasen. Wir können beispielsweise nach ein paar wilden Jahren eine Familie gründen und uns für ein relativ konventionelles Leben entscheiden. Oder wir können nach einer langen Zeit des Angepasstseins an tradierte Rollenmuster plötzlich einen großen Befreiungsschlag führen und uns für eine ganz andere Lebensweise entscheiden. Aber auf eine gewisse Art bleiben wir der Mensch, der wir waren, bleibt unser spezifischer Selbstausdruck, unser Herangehen an Menschen und Situationen mit erstaunlich geringen Modifikationen erhalten. Sehr deutlich können wir das erfahren, wenn wir nach langer Zeit alte Bekannte wieder sehen, etwa bei einem Klassentreffen. So vieles ist geschehen, und doch sehen wir immer noch die vertrauten Persönlichkeitsmuster. Obwohl uns dieses Muster bei uns selbst kaum bewusst wird, bleibt es doch offenbar über Jahre und Jahrzehnte hinweg stabil und ist für andere Menschen deutlich sichtbar. Auch das, was wir vom Leben erhoffen und erwarten, variiert weniger, als man gemeinhin glaubt.

Benutzen wir nun eine weitere Übung, bei der wir versuchen, uns unser Existenzmuster zu vergegenwärtigen. Nachdem zuvor die Prozesse und Phasen unseres Lebensflusses das Thema waren, geht es nun darum, das verbindende Element zu erfassen, welches dafür sorgt, dass der Flusslauf nicht ein Ergebnis blinden Zufalls ist, sondern ein authentischer Ausdruck dessen, was wir sind. Bei der letzten Übung stellten wir fest, dass die Eindrücke und Impulse, die wir von Körper und Geist geliefert bekommen, von Augenblick zu Augenblick wechseln. Wir schenkten diesen Veränderungen Beachtung und entwickelten daraus das Bild des Flusses. Nun gehen wir anders vor. Wir lassen die ständigen Veränderungen vorüberziehen, ohne ihnen zu folgen, und richten stattdessen unsere Aufmerksamkeit auf die »Hintergrundfarbe« unseres inneren Geschehens. Wir versuchen, die Grundgestimmtheit zu erspüren.

Meditative Übung:
Innere Grundstimmung

*Ich setze mich aufrecht hin, hole meine in alle Richtungen zerstreute
Aufmerksamkeit zurück zu mir selbst und mache mir mein momentanes Befinden bewusst. Dann achte ich auf meinen Atem. Ich konzentriere mich eine Zeit lang auf die Stelle der Oberlippe, an der ich den
Atem beim Ein- und Ausatmen ganz leise vorbeistreichen spüre. Ich
werde ruhiger, bleibe aber gleichzeitig wach und aufnahmebereit.*

*Nun richte ich meine Aufmerksamkeit auf meine innere Atmosphäre.
Wie fühlt sie sich an? Lichtvoll und heiter oder schmerzlich-dunkel,
eng und kantig oder weit geschwungen, entspannt und optimistisch
oder angstvoll und gestresst? Wenn es eine Mischung ist, welche Elemente herrschen vor? Ich kann meinem Bewusstsein erlauben, die
Atmosphäre in Bildern auszudrücken – etwa als Landschaft oder Teppich –, aber das muss nicht sein. Am Anfang ist der atmosphärische
Eindruck eher flackernd, von vielen unterschiedlichen Impulsen und
Färbungen geprägt. Ich bleibe eine Weile bei der reinen Betrachtung,
bis sich ein Gesamteindruck stabilisiert.*

*Nun mache ich mir klar, dass dieser atmosphärische Eindruck gerade
heute, gerade jetzt in dieser Stunde gilt. Gestern war die innere Stimmung anders, morgen wird sie wieder anders sein. Die vordergründigen Stimmungen wechseln von Tag zu Tag, von Situation zu Situation.*

*Nun gehe ich mit meiner Wahrnehmung durch diese Schicht hindurch
und versuche, die dahinterliegende, feinere Schicht der Grundstimmung meiner gegenwärtigen Lebensphase zu erspüren. Wie würde ich
sie beschreiben? Ich kann versuchen, sie in Bildern oder Worten auszudrücken. Oder ich kann mich auf diese Schwingung wortlos ein-
stimmen, sie wahrnehmen, ohne daran festzuhalten.*

Auch diese Schicht ist durchlässig, und dahinter (oder darunter) liegt die Grundstimmung dieses Lebens. Mit einer immer feineren Wahrnehmung fühle ich mich in sie ein. Was finde ich vor? Welchen Geschmack, welche spezifische Atmosphäre hat die Existenz dieser einen, ganz besonderen Person, die »ich« bin? Mag ich sie? Fühle ich mich in dieser Atmosphäre wohl? Kann ich dieses Leben im tiefsten Herzen annehmen? Ich bleibe eine Zeit lang bei dieser Betrachtung.

Nun kehre ich durch die verschiedenen Schichten der inneren Gestimmtheit zurück zum gegenwärtigen Befinden von Körper und Geist und konzentriere mich wieder auf den Rhythmus meines Atems, bevor ich die Übung beende.

Es ist nicht ganz einfach und erfordert Zeit und Geduld, immer feinere Bezirke des Bewusstseins zu erfassen. Gelingt es aber, kann das zu überraschenden Ergebnissen führen. Spontan und intensiv werden die Übenden sich der Bedeutung dieser Entdeckung bewusst, und manche staunen darüber, dass sie so lange leben konnten, ohne diesen wesentlichen Umstand, der ihr ganzes Erleben durchdringt und färbt, zur Kenntnis zu nehmen.

Die dreiteilige Abstufung zwischen der Gestimmtheit des Tages, der gegenwärtigen Lebensphase und der gesamten Existenz ist eine nützliche, aber natürlich beliebig modifizierbare Einteilung. Sie können stattdessen auch die Gestimmtheit der letzten Woche oder seit Ihrem letzten Geburtstag wählen. Wesentlich ist nur: Je weiter der betrachtete Zeitraum gespannt ist, desto tiefer müssen wir in den eigenen Geist hinabtauchen, desto feiner müssen wir wahrnehmen, um seine grundlegende Gestimmtheit zu erfassen.

- Die Betrachtung des *Tages* liefert vielleicht greifbare Ergebnisse wie: »Ich muss noch dies und jenes erledigen und spüre deshalb einen lästigen Druck.« »Heute bin ich ziemlich gut drauf.« Oder: »Ich fühle mich so niedergedrückt, weil ich urlaubsreif bin und morgen Neumond ist.«

- Untersuchen wir die innere Stimmung unserer derzeitigen *Lebensphase*, stellen wir vielleicht fest:»Ich bin auf der Höhe meiner Möglichkeiten.« Oder:»Es wird noch etwas dauern, bis ich die Schwierigkeiten der letzten Zeit völlig überwunden habe.« Aus der Vielzahl der Elemente sind es meist nur wenige, die die geistige Atmosphäre besonders beeinflussen. Es lohnt sich, ihnen Aufmerksamkeit zu schenken und nach ihrer Herkunft und Berechtigung zu fragen, denn sie haben viel damit zu tun, wie wir Erlebnisse verarbeiten und auf sie reagieren.

- Was die grundlegende Gestimmtheit unseres *Lebens* angeht, so können wir herausfinden, dass unsere Existenz durchdrungen ist von einer völlig individuellen, anderen kaum mitteilbaren Gestimmtheit, einer spezifischen Temperatur, einem ganz bestimmten Aroma. Sie lässt uns Sätze sagen wie:»Ich bin ein Mensch, der ...« Oder:»Im Leben ist es nun mal immer so, dass ...« Für unser Selbstverständnis und den Verlauf unseres Lebensflusses ist die Grundstimmung unserer Existenz, sozusagen unser inneres Klima, von größter Bedeutung. Bin ich eher skeptisch oder zuversichtlich, extrovertiert oder zurückhaltend, selbstbewusst oder ängstlich? Bin ich ein Mensch, der den zupackenden Umgang mit der physischen Realität genießt, oder eine Person, die sich mehr in abstrakten geistigen Bezirken zu Hause fühlt? Würde ich die Grundstimmung als weiblich oder männlich bezeichnen und mit welchen Konnotationen?

Ein kleiner Nachtrag zur Übung: Schließen Sie noch einmal kurz die Augen, und rufen Sie sich die Betrachtung der grundlegenden Gestimmtheit Ihrer gesamten Existenz in Erinnerung. Richten Sie nun Ihr Augenmerk auf die Art und Weise, wie Sie diese Gestimmtheit angesehen haben. Wie war das? Objektiv-neutral, wie ein Wissenschaftler durchs Mikroskop blickt? Mit innerem Vorbehalt, großem Sicherheitsabstand und »spitzen Fingern«? Oder mit einer Haltung des Annehmens, der Freude und Wertschätzung?

Festzustellen, *wie* Sie Ihre geistige Atmosphäre betrachten, ist mindestens ebenso wichtig wie die Betrachtung als solche. Wenn Sie merken, dass Sie das, was Sie da vorgefunden haben, nicht akzeptieren, ja, nicht einmal anschauen mögen, dann sollten Sie sich dieses Problem als erste und wichtigste Aufgabenstellung für später vormerken. Wenn Sie das Energiemuster, das Ihr Dasein ausmacht, ganz oder teilweise ablehnen, lehnen Sie damit sich selbst ganz oder teilweise ab. Jedoch: Unser Leben besteht darin, mit diesem Material zu arbeiten und auf dieser Grundlage der Welt zu begegnen. Wenn wir religiöse Begriffe verwenden wollten, könnten wir sagen: Es ist heilig. Auf jeden Fall aber ist es unsere ureigenste persönliche Ausstattung und Ausgangspunkt für tieferes Verständnis und Weiterentwicklung.

Die Kraft der Überzeugungen

Je tiefer und unausgesprochener bestimmte Überzeugungen in unserem Bewusstsein vergraben sind, desto schwieriger ist es, sie zu erkennen und zu verändern. Der geschäftige Alltag hindert uns meist daran. Nur wenn wir mit unserer vollen Aufmerksamkeit ganz genau hinschauen, werden wir überhaupt gewahr, dass solche Färbungen vorhanden sind und wirken. Deshalb ist es auch so schwierig, eine schnelle Antwort zu finden, wenn andere oder wir selbst uns fragen: »Was für ein Mensch bist du eigentlich? Warum bist du so?« Und wie oft haben wir schon erlebt, dass wir mit Beschlüssen und guten Vorsätzen kläglich scheiterten – sie waren, wenn wir beim Bild der Schichten bleiben wollen, zu weit an der Oberfläche angesiedelt und wirkten nicht tief genug, um auch die Grundstimmungen zu verändern.

Wenn wir meditative Übungen wie die obigen durchführen, werden wir fast immer erleben, dass sie uns auch im Nachhinein noch stark beschäftigen. Die Übung selbst regt Prozesse an, die – manchmal über Tage und Wochen hinweg – ausklingen wollen.

Das ist gut so. Wir treten in einen fruchtbaren Dialog mit den weniger bekannten Teilen unserer Persönlichkeit. Dadurch lernen wir unser Potenzial besser kennen, was für alle weiteren Schritte von Vorteil ist – und außerdem eines der letzten großen Abenteuer ...

Mit Hilfe der Übungen »Lebensfluss« und »Grundgestimmtheit« haben wir einen Eindruck davon gewonnen, dass das, was wir gewohnheitsmäßig als eine bestimmte Person, eine fest vorgezeichnete Lebensbahn, eine stabile Basis für Erfahrungen ansehen, in Wirklichkeit ein unendlich fein verflochtenes Zusammenwirken pulsierender Prozesse ist. Wir konnten feststellen, dass sich mit der Betrachtung auch das Lebensgefühl ändert. Wenn wir davon sprechen, dass wir durch eine Krise aus der Bahn geworfen wurden, dann liegt dieser Ausdrucksweise ein ganz bestimmtes, an festen Begriffen und Objekten orientiertes Denken zugrunde, das den Verflechtungen und ständigen Veränderungen wenig Beachtung schenkt. Vereinfacht ausgedrückt: Wenn wir in Bahnen denken, verläuft unser Leben in Bahnen – und daran halten wir fest.

Krisen und überhaupt alle Situationen, die in irgendeiner Weise emotional aufgeladen sind, weisen uns vor allem anderen darauf hin, dass das Leben nicht Statik, sondern Dynamik ist. Es ist unmöglich, sich diesem Tatbestand auf die Dauer zu verschließen. In seinem Drang nach Weiterentwicklung und Veränderung, nach kreativer Umsetzung neuer Einsichten und Beseitigung erstarrter Modelle ist der Mensch zu fast allem fähig. Er lässt sich, wenn es nicht anders geht, sogar auf dem Scheiterhaufen verbrennen. Es ist schmerzlich und tragisch, dass es nicht die Höhepunkte, sondern eher die Tiefpunkte sind, die uns zu jenem dauerhaftem Nachdenken veranlassen, das die Basis für Veränderungen bildet. Wenn wir beim Roulette die Bank sprengen oder zur Bundeskanzlerin gewählt werden, treibt uns das wahrscheinlich noch nicht der Philosophie in die Arme. Finden wir uns aber als ehemals erfolgreicher

Immobilienspekulant plötzlich im Gefängnis wieder oder erleben wir, wie unsere Familie auseinander bricht, sieht die Sache schon ganz anders aus.

Bei der Betrachtung des Lebensflusses mit seiner Dynamik sowie beim Erspüren der inneren Grundstimmung haben Sie sich vielleicht schon gefragt: Woher kommt das eigentlich? Welche Kraft bewirkt diese Resultate? Warum ist mein geistiges Klima gerade so und nicht anders geartet? Damit kommen wir zu einer entscheidenden Frage, bei deren näherer Untersuchung einige der grundlegenden Erklärungen des Buddhismus sehr hilfreich sind.

Die Frage nach den Ursachen

Für alle relevanten Erfahrungen in unserem Leben gibt es aktuelle *Auslöser*, und es gibt tiefere *Ursachen*. Die Betrachtung der Ursachen führt uns wieder zu dem Begriff »Karma«, der uns bereits in der Einleitung begegnet ist. Karma heißt Tat oder Handlung und umfasst sowohl körperliche wie auch sprachliche und geistige Aktivitäten. Indem wir zielgerichtet handeln, verleihen wir einem inneren Impuls Ausdruck. Je stärker dieser Impuls, desto kraftvoller ist die Handlung. Handeln ist also nicht nur das Ausführen marionettenhafter Bewegungen ohne innere Beteiligung, sondern es ist mit der Freisetzung von Energie verbunden, sowohl in physischer wie auch in psychischer Hinsicht. Jede Aktivität erzeugt Veränderungen in der physischen Realität, auf jeden Fall in unserem Körper und meistens auch in der so genannten Außenwelt. Und genauso selbstverständlich erzeugt jede Aktivität auch Veränderungen in unserer geistigen Landschaft. Gerade dem letzteren Umstand sollten wir viel mehr Bedeutung beimessen, denn die Konsequenzen sind weit reichend.

Auswirkungen des Handelns

Achte auf deine Gedanken, denn sie werden Worte.
Achte auf deine Worte, denn sie werden Handlungen.
Achte auf deine Handlungen, denn sie werden Gewohnheiten.
Achte auf deine Gewohnheiten, denn sie werden dein Charakter.
Achte auf deinen Charakter, denn er wird dein Schicksal.
(Talmud)

Die Absicht, die geistige Haltung und die emotionale Beteiligung, mit der wir eine Handlung ausführen, hinterlassen einen Eindruck in unserem Bewusstsein. Weitere Einflussfaktoren, die Tiefe und Gewicht dieses Eindrucks bestimmen, sind Art der Handlung, Art der Durchführung, die mit einbezogenen Lebewesen und Objekte, die Vollständigkeit der Ausführung und die innere Befriedigung, vor allem aber die Häufigkeit. Jede einzelne Handlung hinterlässt eine Spur; wenn wir sie aber Tag für Tag wiederholen, wird daraus eine tief eingegrabene Spurrille.

Was aber ist nun unter Spur oder Eindruck zu verstehen? Und was soll daran so wichtig sein? Wenn eine Handlung begangen wurde, dann, so könnte man meinen, bleibt von ihr bestenfalls eine Erinnerung zurück; die Vergangenheit ist tot, und das Leben geht weiter.

Aber so ist es nicht. Die Handlungen der Vergangenheit wirken in die Gegenwart hinein, sie bleiben für unser Erleben relevant. Wenn wir nach dem Bindeglied suchen, stoßen wir zwangsläufig auf das Bewusstsein, das zwischen Vergangenheit und Gegenwart eine Kontinuität herstellt. (Schließlich ist die Vorstellung eines linearen Zeitverlaufs eine bloße Konvention, auf die wir uns in dieser Kultur geeinigt haben.) Aber das dürfen wir uns nicht wie ein Gefäß vorstellen, angefüllt mit den verschiedenen Eindrücken und Erinnerungen. Das Bewusstsein stellt vielmehr eine Art Programm dar, das – auf der Basis bisher verarbeiteter Eindrücke – Wahrnehmungsreize verarbeitet, interpretiert und sie in einer möglichst plausiblen Weise zu einem verständlichen Geschehen ordnet. Da kristallisieren sich dann vertraute Vorstellungen und Objekte heraus wie »ich«, »du«, »unsere Wohnung«, »die Welt«.

Auf der Basis bisher verarbeiteter Eindrücke ... Das bedeutet: Jede Spur einer energetisch aufgeladenen Handlung, jede tiefe Erfahrung *ist* ein Stück fortgeschriebenes Bewusstseinsprogramm und somit mitbestimmend für künftige Interpretationen und Reaktionen. So wirkt vergangenes Handeln sehr nachhaltig in die Gegenwart hinein und gegenwärtiges Handeln in die Zukunft. Und damit sind wir wieder bei unserer Grundgestimmtheit, unserem inneren Klima angelangt.

Ein Beispiel verdeutlicht, wie es zu einer solchen Prägung kommen kann: Nehmen wir an, ich bin ein Mensch, der beim Autofahren leicht ärgerlich wird und viel schimpft. Dadurch bildet sich in einer gar nicht mal so tiefen Schicht meines Bewusstseins schnell eine Gewohnheit. Das bewirkt, dass ich bei immer geringeren Anlässen immer heftiger schimpfe. Am Anfang habe ich nur in mich hineingebrummelt, aber nun ist es schon so weit, dass ich anderen Fahrer/innen ein wütendes Gesicht zeige und bei geöffnetem Fenster ziemlich laut werde. Die direkten Rückwirkungen sehen so aus, dass andere zurückschimpfen, vielleicht noch lauter als ich, dass mein Geist von Zorn überschwemmt wird, der meine Gedanken negativ färbt, mich in üble Laune bringt und mir den ganzen Tag verdirbt. Meine Konzentration im Straßenverkehr verschlechtert sich, vielleicht verursache ich einen Unfall. Oder ich steige, immer noch ärgerlich, aus dem Auto und schnauze die nächstbeste Verkäuferin, Kundin, Kollegin an. Das ist aber nur die Sofortwirkung. Was passiert auf einer tieferen Ebene? Welche Eindrücke werden abgespeichert? Wie sind die Bedingungen und Begleitumstände meines Handelns? Emotionale Beteiligung, Wiederholungsfaktor, Eskalationsfaktor ... kein schönes Bild! Die einzelnen Situationen werden Erinnerung und bald darauf vergessen. Aber es bleibt ein energetischer Eindruck von Ärger, Konflikt,

Unfrieden, Unruhe, Enge, Angst, wie eine unsichtbare, unterirdische Strömung. Zusammen mit vielen anderen Strömungen trägt sie zu meiner Grundstimmung in der momentanen Lebensphase bei und wird Teil meiner Grundstimmung für das ganze Leben. Wie fühlt sich ein so geprägtes Bewusstsein an? Wie reagiert es auf das, was das Leben so bringt? Die Antwort liegt auf der Hand.

Unsere persönliche Gestimmtheit auf allen Ebenen ist ein Ergebnis dieses ständigen Prozesses. Wenn wir ihn zurückverfolgen bis in unsere Kindheit oder sogar bis in angenommene frühere Existenzen, dann drängt sich uns die Einsicht auf, dass unsere Handlungen uns zu dem gemacht haben was wir sind. Wir sind ein Produkt unserer Handlungen. Oder noch radikaler: Wir *sind* unsere Handlungen.

Ruft die Beschreibung dieser Zusammenhänge eine Resonanz in Ihnen hervor? Wenn das der Fall ist und Sie dem gern weiter nachgehen möchten, kann die folgende Übung zur Unterstützung dieser Erkenntnisse nützlich sein.

Meditative Übung:
Handlungen formen Persönlichkeit

Ich setze mich aufrecht hin und kehre mit meiner Aufmerksamkeit zu mir selbst und zur gegenwärtigen Situation zurück. Ganz bewusst nehme ich mein körperliches und geistiges Befinden wahr und konzentriere mich dann eine Zeit lang auf meinen Atem. Dieses Mal achte ich besonders darauf, dass beim Wechsel zwischen dem Ein- und Ausatmen die Aufmerksamkeit nicht abreißt.

Nun schaue ich zurück auf die letzten zwei bis drei Tage und versuche, mich an eine meiner Handlungen zu erinnern, die sehr stark emotional aufgeladen war, positiv oder negativ. Ich greife bewusst eine Handlung heraus, an der ich innerlich besonders beteiligt war. Indem

ich die Erinnerung wachrufe, empfinde ich erneut, wenn auch in ab-
geschwächter Form, die Atmosphäre dieses spezifischen Moments.

Und nun schlage ich die Brücke zum gegenwärtigen Augenblick. Was
ist jetzt noch von dieser Handlung in mir lebendig? Wirkt ihr energe-
tisches Muster nach? Wirkt es in die Gegenwart hinein? Wirkt es nur,
wenn ich es mir bewusst ins Gedächtnis rufe, oder auch unbewusst,
wenn ich gar nicht daran denke? Ist mein derzeitiger Zustand in ge-
nau dieser Weise vorstellbar ohne diesen vergangenen Eindruck? Oder
wäre heute irgendetwas anders, wenn ich diese Handlung nicht ausge-
führt hätte?

Nun übertrage ich das Resultat dieser Betrachtung auf meine allge-
meine Lebenssituation: Wäre mein körperliches und geistiges Befinden
das Gleiche, auch ohne die Spuren der zahlreichen Handlungen, die
· *meine Biografie ausmachen? Ist das überhaupt vorstellbar? Ich bleibe*
eine Zeit lang bei dieser Betrachtung, bis ich eine klare Vorstellung
von der Bedeutsamkeit und gestaltenden Kraft meiner Handlungen
gewonnen habe.

Nun lasse ich die Übung ausklingen, kehre zurück zur Wahrnehmung
meines Befindens und beende die Übung mit einer kurzen Atem-
betrachtung.

Wenn Sie diese Übung gern mehrmals durchführen möchten,
können Sie sie auch folgendermaßen abwandeln: Sobald die Wirkung einer einzelnen Handlung auf Ihr Körper-Geist-Kontinuum
für Sie nachvollziehbar geworden ist, gehen Sie zeitlich weiter
zurück und beziehen immer mehr Handlungen mit ein, also nicht
nur die emotional stark aufgeladenen, sondern auch alltägliche
und vor allem häufig wiederkehrende, und zwar so lange, bis sich
die künstliche Trennung zwischen Handlung und Auswirkung
auflöst und Sie die gestaltende Dynamik Ihres Handelns als eins
mit Ihrem gegenwärtigen Sein erfahren. Aber, Achtung: Diese –

wie jede andere – Übung braucht einen klaren Kopf! Sie sollte nicht begleitet sein von Verwirrung und einem verschwimmenden Ich-Gefühl! Wenn sich unklare Geisteszustände einstellen, dann beenden Sie sie und kehren zurück zum Atem. (Sollte das häufiger vorkommen, dann ist das wahrscheinlich nicht die richtige Technik für Sie.)

Gewöhnlich sind wir eher geneigt zu glauben, dass wir von dem geprägt wurden, was andere mit uns getan haben, als von dem, was wir selbst taten. Viele Menschen suchen in ihren frühkindlichen Erfahrungen und den Konstellationen ihrer Primärfamilie den Schlüssel zum Verständnis ihrer selbst. Aber wenn wir genau hinschauen, sehen wir, dass die stärksten Eindrücke nicht durch die Wahrnehmung dessen ausgelöst wurden, was andere an uns herantrugen, sondern durch unsere eigenen Reaktionen darauf, seien sie geistiger, sprachlicher oder körperlicher Natur. Diese Erkenntnis kann schmerzlich sein, denn sie zwingt uns, Selbstverantwortung zu entwickeln. Sie kann uns aber auch aus einer nutzlosen, passiven Opferhaltung erlösen und neue Handlungsspielräume eröffnen.

Die Resultate unseres Handelns können wir also sowohl unter dem Aspekt der Sofortwirkung in Form greifbarer Effekte betrachten wie auch unter dem Aspekt des fortwirkenden Eindrucks. Die Dynamik aller von uns in die Welt gesetzten, fortdauernden Eindrücke ist eine der Grundlagen für die Annahme der Reinkarnation. Bezüglich der physischen Ebene wissen wir ja, dass Materie ständigen Veränderungen unterliegt, aber niemals verloren geht. In ähnlicher Weise, so lehrt es der Buddhismus, können wir uns das Auftreten geistiger Prozesse in Abhängigkeit von bestimmten Bedingungen und unter dem Einfluss einer richtungweisenden Dynamik vorstellen. Dieses Modell ist allerdings nur eine Annäherung. Es krankt ein bisschen daran, dass körperliche und geistige Faktoren als voneinander getrennte »Dinge« gesehen werden, doch das soll uns für den Moment nicht weiter stören. Wenn wir uns mit der buddhistischen Weltsicht anfreunden, werden wir immer wieder mit solchen annähernden Beschreibungen zu tun haben. In dem Maße, wie unsere Einsicht in die Natur der Realität sich vertieft, wandeln auch sie sich wieder. Dann haben sie aber ihren Zweck bereits erfüllt.

Mit der vorangegangenen Übung versuchten wir ein Gefühl dafür zu entwickeln, wie wir uns mit unserem Tun sozusagen selbst erschaffen. Das gilt für unser Bewusstsein ebenso wie für den Körper. »Ab vierzig ist man für sein Gesicht selbst verantwortlich«, sagt der Volksmund und bringt es damit auf den Punkt. Leider können wir in Ermangelung tieferen Wissens einzelne Handlungen aus früheren Existenzen nicht ebenfalls in die Arbeit mit einbeziehen, um so unsere eigene Programmierung lückenlos zu dokumentieren. In den kanonischen Texten heißt es, nur ein Buddha sei aufgrund seiner besonderen Fähigkeiten in der Lage, alle Reinkarnationen zu überschauen und die karmischen Entwicklungslinien fehlerlos auseinander zu sortieren. Moderne Versuche in dieser Richtung laufen meistens auf die üblichen Abfolge (Atlantis, Ägypten, Tibet) hinaus. Das mag einen gewissen Unterhaltungs- oder sogar therapeutischen Wert haben, aber allzu ernst sollten wir es nicht nehmen.

Für uns heißt es lediglich, frei nach Shantideva: »Wenn du wissen willst, wie dein vergangenes Leben aussah – kein Problem: Schau dir dein jetziges an, denn es ist das Ergebnis davon; wenn du wissen willst, wie dein nächstes Leben aussehen wird – kein Problem: Schau dir dein jetziges an, denn es ist die Ursache davon.« Wir werden also, solange wir nicht besondere psychische Kräfte zu aktivieren imstande sind, auf den Blick über die Existenzengrenze verzichten müssen. Dennoch hilft uns das Nachdenken über unsere Handlungen *in diesem Leben* und über das, was sie aus uns gemacht haben, ein Gefühl für die Wahrscheinlichkeit und Plausibilität des Karmagedankens zu entwickeln.

Vom Handeln zum Erfahren

Zahlreiche Handlungen in diesem und früheren Leben haben unser gegenwärtiges Existenzmuster geformt. Das betrifft nicht nur unsere körperliche Erscheinung und unseren Charakter, nicht nur die Art und Weise, *wie* wir mit Erfahrungen umgehen, sondern auch, *was* wir erfahren. Unsere gewohnte Sichtweise vermittelt uns ein ganz bestimmtes Bild: eine Person, die wir »ich« nennen, in einem Netzwerk von Beziehungen zu anderen Menschen, in einer ganz bestimmten Lebenssituation. Es ist kaum zu glauben, dass all das ganz unmittelbar etwas mit uns selbst, mit unserem von Handlungen geprägten Energiemuster zu tun haben soll, aber es ist so: Der Ort, an dem wir leben, unser Beruf, Nationalität und Geschlecht, kulturelle Bedingungen, soziale Einbettung, psychische und physische Ausstattung, der ganze Reichtum an Erlebnissen und Erfahrungen, nichts davon ist blinder Zufall oder der unerforschliche Ratschluss Gottes.

Wenn das alles, so könnten Sie fragen, mit *mir* zu tun hat, was ist dann mit all den anderen Menschen? Sind sie nur Statisten meines Lebensdramas? Sicher nicht. Wir sind jedoch mit der Tatsache konfrontiert, dass einerseits jedes Erleben immer völlig subjektiv ist und wir andererseits mit zahllosen Wesen einen kollektiven Erfahrungsbereich, die so genannte Wirklichkeit, teilen. Subjektives Erleben heißt: Zusammen mit Millionen anderer bezeichnen wir uns beispielsweise als Einwohner von Berlin, und dennoch meint jeder etwas völlig Unterschiedliches, ganz Eigenes, wenn er Berlin oder auch nur Stadt sagt. Oder: Ich teile meinen Alltag mit meinem Lebenspartner oder meiner Partnerin, wir sind uns so nah, wie sich zwei Menschen nur sein können. Und dennoch erlebt jede/r von uns die Beziehung auf eine völlig individuelle, unverwechselbare Weise. Wir können uns bis zu einem gewissen Grad verständigen, aber vollkommener Austausch, Durchdringung, Einheit sind nicht möglich.

Jedes Erleben ist subjektiv, und jedes Erleben hat ganz individuell mit uns selbst zu tun, sogar wenn seine äußeren Umstände viele andere Menschen gleichermaßen betreffen. Dies wird besonders deutlich bei traumatischen Großereignissen wie Kriegen und Naturkatastrophen. Wenn wir allein bedenken, wie viele Bücher und Berichte es über die Zeit des Zweiten Weltkriegs gibt! Bestimmte leidvolle Umstände waren jeweils von vielen gemeinsam zu ertragen, und dennoch gleicht keine Erzählung der anderen. Jede/r Betroffene wird auf ganz persönliche Art mit seinem oder ihrem Schicksal fertig.

Der schwierigste Aspekt dieses Themas ist der Umgang mit dem Leid. Wenn wir von Karma und Selbstverantwortung sprechen, heißt das nicht die Opfer von Gewalt verhöhnen? Dieses Missverständnis kann sich tatsächlich einstellen, wenn wir die Kategorien von Handlung und Erfahrung vermischen mit unserem abendländischen Erbe von »Schuld & Strafe«. Wir benötigen einen klaren Blick und einige Praxis im heilsamen Umgang mit leidvollen Erinnerungen, um zu verstehen, dass sich das Erkennen und Akzeptieren unserer eigenen Verantwortung für unser ganzes Leben, einschließlich Kummer und Schmerz, auf Dauer heilend und stärkend auswirkt. Es bedeutet nicht, dass wir passiv mit allem einverstanden sein und auf Gerechtigkeit verzichten müssen – im Gegenteil. Wenn wir klar bewusst unsere Handlungsfähigkeit mit allen Konsequenzen zurückgewinnen, können wir unseren Platz in der Welt besser einnehmen und uns auch in schwierigen Lagen angemessen verhalten, ohne von Angst, Hass und Bitterkeit gelähmt zu werden.

Ein bewegendes Beispiel: Die Tibeterin Ama Adhe schildert in ihrer Autobiographie ihre entsetzlichen Leiden in chinesischen Gefangenenlagern, in denen sie sechzehn Jahre ihres Lebens verbrachte. Sie wurde gefoltert und gedemütigt und entging nur knapp dem Hungertod. Grauen und Terror waren allgegenwärtig, von ihrer Familie überlebte niemand. Sie beschreibt ihr Schicksal sachlich, ohne Beschönigung, aber auch ohne Bitterkeit. Im buddhistischen Denken aufgewachsen und verwurzelt, empfindet sie es als selbstverständlich, dass die Ursachen ihrer Leiden auch in ihrer eigenen Vergangenheit zu suchen sind. Damit wird jedoch die Grausamkeit ihrer Peiniger nicht wegdiskutiert. Im Gewebe der Realität wirken immer verschiedene Faktoren zusammen, und sich damit auseinander zu setzen, hat sie stärker gemacht. Es gelang ihr tatsächlich, als Persönlichkeit ungebrochen zu überleben. Vor einigen Jahren hat sie ihre Lebensgeschichte als Buch herausgebracht, das auf der ganzen Welt gelesen wird und eine unüberhörbare Mahnung zum Frieden und der Verteidigung der Menschenrechte darstellt.

Eine Übung kann uns dabei helfen, unseren persönlichen Zugang zu diesem Thema zu finden. Viele von uns haben bereits festgestellt, dass es bestimmte Problemkonstellationen gibt, die uns mit gewissen Abwandlungen immer wieder begegnen. Treten sie dann erneut auf, beschleicht uns das fatale Gefühl: »Das kommt mir so bekannt vor!« Wir werden vielleicht immer wieder auf eine ähnliche Art zurückgewiesen, verlassen, betrogen, missachtet. Oder es werden immer wieder zu hohe Erwartungen in uns gesetzt. Wir spielen immer wieder ähnliche Rollen in Gemeinschaften. Oder wir haben immer wieder das Glück, aus scheinbar aussichtslosen Situationen mit einem blauen Auge davonzukommen. Warum passieren diese Dinge gerade uns? Wir scheinen sie magisch anzuziehen. Ganz gleich, was wir unternehmen, um ihnen zu entfliehen – auf die eine oder andere Art holen sie uns immer wieder ein.

Meditative Übung: Schwierigkeiten, die sich wiederholen

Ich setze mich aufrecht auf ein Kissen oder einen Stuhl, hole meine Aufmerksamkeit zurück zu mir selbst und richte sie auf den Atem. Ich nehme ihn ganz bewusst in mich auf, spüre, wie er sich im Körper verteilt und mein Leben erhält.

Nun betrachte ich im Rückblick mein Existenzmuster und untersuche, ob es im Kontakt mit anderen Menschen bestimmte Konstellationen oder Abläufe gibt, die sich in ähnlicher Form schon mehrmals wiederholt haben. Ich nehme mir Zeit und schaue diese Erinnerungen genau an, vergleiche sie miteinander und beobachte dabei meine Gefühle.

Nun formuliere ich Fragen dazu, zum Beispiel: »Warum mache gerade ich diese Erfahrungen? Was haben sie mit mir zu tun? Wie wurzeln sie in meinem Persönlichkeits- und Existenzmuster?« Ich versuche nicht, Antworten darauf zu finden, sondern beschränke mich nur darauf, die Fragen so klar und prägnant wie möglich zu fassen. Ich konzentriere mich darauf, bis der Fragenkomplex klar und deutlich, wie ein Energie-Paket, in meinem Bewusstsein steht.

Dann lasse ich das Fragenpaket los und übergebe es den tieferen Schichten meines Bewusstseins. Ich lasse es hineinsinken und entspanne mich völlig. In diesem stillen und entspannten Zustand bleibe ich, solange ich möchte, ohne Erwartungen, ohne Ungeduld. Wenn in meinem Geist eine Antwort aufsteigt, nehme ich sie entgegen. Wenn nicht, bleibe ich in der Stille und kehre dann allmählich zurück zum Atem und zu meiner gegenwärtigen Situation.

Die Erfahrung wird Ihnen bestätigen, dass die tieferen Schichten des Bewusstseins immer bereit sind, Sie bei der Suche nach mehr Klarheit und Erkenntnis zu unterstützen. Diese Bezirke sind jedoch uns gewöhnlichen Menschen nicht direkt zugänglich. Es gibt dennoch Möglichkeiten, sie in die Arbeit mit uns selbst einzubeziehen. Dazu müssen wir sensibel und offen sein. Hinsichtlich der Art der Antworten sollten wir uns von Erwartungen freimachen. Wenn Sie eine Übung wie diese mehrmals durchführen, werden Sie mit Sicherheit einen Zuwachs an Verständnis erzielen. Ganz gleich, ob die Antwort während der Übung erfolgt oder später im Traum oder durch etwas, was Ihnen ganz unerwartet im Alltag neue Einsichten vermittelt, ob sie in Worten, Gefühlen oder Symbolen erscheint – sie wird zuverlässig kommen.

Wir können also unsere Erfahrungen daraufhin untersuchen, warum wir sie machen und wie sie zu uns passen. Aber sie sind nicht nur ein inneres Drama, sondern sie spielen sich auch in der Außenwelt ab. Viele Menschen wirken dabei mit und sind gleichzeitig mit ihren eigenen inneren Dramen beschäftigt, in denen wir wiederum als Stichwortgeber, Bösewicht oder rettende Fee agieren. Außerdem benötigen wir eine Vielzahl von Requisiten, und so entsteht aus all diesen unendlich ineinander verschlungenen Handlungssträngen eine komplexe Realität. Das Internet ist gerade in unserer Zeit ein sehr gutes Beispiel dafür, wie so etwas im Prinzip vor sich geht.

Wenn wir dieses Schauspiel lange genug unvoreingenommen betrachten, dann stellt sich uns automatisch die Frage: Was bedeuten denn nun letztendlich »innen« und »außen«, »Vergangenheit«, »Gegenwart« und »Zukunft«, »ich«, »die anderen« und »die Welt«? Diese Fragen hat sich der Buddha auch gestellt und kam zu der Antwort: Alles, was wir über diese scheinbar so konkreten Phänomene sagen können, ist, dass sie im Zustand der Bedingtheit existieren. Also nicht allein und aus sich selbst heraus, sondern nur im Zusammenwirken mit anderen. Über diese Äußerungen zur Natur der Realität philosophieren und meditieren Buddhist/innen seit vielen Jahrhunderten.

Wie wir Erfahrungen abrufen

Wenn wir akzeptieren, dass unsere Erfahrungen etwas mit uns selbst und mit dem durch unsere Handlungen gewirkten Existenzmuster zu tun haben, dann führt uns das zu den nächsten Fragen: Warum ereignet sich eine ganz bestimmte Erfahrung gerade heute, gerade hier, gerade jetzt? Wie kommt es zustande, dass ich im Juli ein Preisausschreiben gewinne und mir im November ein

Bein breche? Was habe ich mit dieser Auswahl von Ereignissen zu tun?

Es ist zweifellos richtig, dass das riesige Reservoir vergangener Handlungen die Keime für zahllose, sehr unterschiedliche Erfahrungen enthält. Oder anders ausgedrückt: Unser Existenzmuster bietet eine große Bandbreite möglicher Erfahrungen. Wenn wir an einem beliebigen Wochentag durch die Stadt gehen, bedeutet das, dass unser energetisches Potenzial in ununterbrochener Folge mit Reizen in Berührung kommt. Aus diesen vielfältigen Kontakten können sich, je nachdem, ob und wie wir uns einklinken, unendliche Variationen neuer Erfahrungen ergeben. Das Einklinken ist jedoch nicht beliebig, sondern es hängt davon ab, was unser eigenes Muster bereithält und hergibt.

Ein passendes Beispiel dazu liefert die Geschichte einer älteren Verwandten meiner Eltern. Sie lebt in einer oberpfälzischen Kleinstadt als Hausfrau, Ehefrau und Mutter. In ihrem Leben gab es nie irgendwelche Besonderheiten. Eines Tages ging sie zur Sparkasse, um Geld abzuheben, und geriet in einen höchst dilettantisch durchgeführten Bankraub. Ein etwas konfuser junger Mann mit Gesichtsmaske nahm sie als Geisel und hielt ihr eine Pistole an den Kopf – eine Situation, in der sich fast jeder absolut passiv und ohnmächtig vorkäme. Der Räuber erhielt eine Tüte mit Bargeld, ließ unvermittelt sein Opfer los, stürzte aus der Bank, sprang in ein Auto und fuhr weg. Was hätten Sie getan? Die beherzte Dame folgte ihm durch die Tür und prägte sich die Nummer des gestohlenen Wagens ein. Zwei Stunden später war der Täter gefasst. – Eine schöne und wahre Geschichte, um sich über Handlungsbandbreiten, Persönlichkeitsmuster und das Einklinken in Situationen Gedanken zu machen.

Die Bandbreite der Erfahrungen die in den verschiedenen Lebensphasen abgerufen werden können, ist bei jedem Menschen außerordentlich groß. Der abgespeicherte Vorrat umfasst immerhin Handlungen und Eindrücke aus zahllosen Existenzen. Jede/r von uns hat im Prinzip das Potenzial für Himmel und Hölle in sich. Das bedeutet: Bei jeder Wendung unseres Lebensstroms kann sich vom grimmigsten Leiden bis zum größten Glück fast alles ereignen. Das hängt keineswegs davon ab, ob man ein so genannter guter oder schlechter Mensch ist, erfolgreich oder ein Versager, eine gereifte Persönlichkeit oder ein ahnungsloser Grünschnabel. Wie tagtäglich in den Nachrichten und Tageszeitungen zu verfolgen ist, werden sehr häufig auch leidvolle Erfahrungen abgerufen. Die Gründe dafür sind selten offensichtlich, und über Not und Schmerz in allen erdenklichen Varianten kann und will ich nicht mit ein paar glatten Worten hinweggehen. Aber trotz allem sind wir Kummer und Leid nicht hilflos ausgeliefert. Wir können daran reifen, Einsichten gewinnen und innerlich wachsen.

Mit einer Übung zum Abrufen von Erfahrungen können wir diesen Themenbereich abschließen. Es geht dabei um unsere Grundstimmung und eine Art unbewusster innerer Bereitschaft. Um im Einzelfall herauszuspüren, dass und wie wir eine bestimmte Erfahrung herbeigeführt haben, obwohl es zunächst so aussah, als käme sie unerwartet und überraschend von außen, benötigen wir Sensibilität und viel Übung. Wir können tatsächlich unsere Wahrnehmung darin schulen, Abläufe und Entwicklungen viel deutlicher wahrzunehmen als zu der Zeit, da wir nur Objekte und fertige Resultate sahen. Und vor allem können wir mit modifizierten Grundstimmungen und verschiedenen Handlungsalternativen experimentieren. Unsere geistigen Gewohnheiten haben uns ziemlich stark unter Kontrolle – von Freiheit keine Spur. Indem wir aber geschickt und ganz bewusst auch kleine Spielräume entdecken, nutzen und erweitern, können wir neue Erfahrungen machen. Die folgende Übung wird Ihnen helfen, lieb gewordene Interpretationen in Frage zu stellen.

Wir wählen dazu vor der Meditation eine Situation aus unserer Erinnerung aus, in der wir – unserer festen Überzeugung nach ohne eigenes Zutun – ungerecht behandelt wurden oder großes

Pech hatten. Vielleicht wurden wir bei einer Beförderung übergangen, von einem Freund verraten, von einer Freundin verlassen, bestohlen, beraubt, verleumdet, gemobbt – kurz, uns ist bitteres Unrecht geschehen. Wir sollten uns dieses Geschehnis klar ins Gedächtnis rufen. Falls wir feststellen, dass die Gefühle so heftig sind, dass es noch nicht bearbeitet werden kann, sollten wir für diese Übung ein anderes Beispiel wählen. Die Voraussetzung ist also: eine Situation mit deutlich wahrnehmbaren, schmerzlichen Gefühlen, jedoch so, dass wir noch damit umgehen können.

Meditative Übung: Erfahrungen abrufen

Ich richte meine Aufmerksamkeit auf den gegenwärtigen Moment, nehme bewusst mein Befinden wahr und betrachte dann meinen Atem. Ich mache mir bewusst, dass am Vorgang des Atmens Körper und Geist beteiligt sind und zu einem gemeinsamen Geschehen zusammenwirken.

Nun erinnere ich mich an eine Situation in meinem Leben, bei der mir Unrecht getan wurde. Ich rufe mir alle Begleiterscheinungen klar in Erinnerung und nehme dabei deutlich meine Gefühle wahr. Ich betrachte dieses Erlebnis in der Wiederholung ganz bewusst in der gleichen Weise, wie ich es vorher schon oft getan habe. Ich identifiziere mich mit mir selbst in der damaligen Situation, mit meiner Verletztheit und dem Alleinsein. Alles Üble kommt, so erscheint es mir, von außen auf mich zu. Wie heftig und spontan sind meine Reaktionen? Wie nehme ich die anderen Personen und das Umfeld wahr? Wie sind meine Körperempfindungen – Muskelanspannung, Puls- und Atemfrequenz?

Jetzt wechsle ich die Perspektive. Ich trete aus meiner Vorstellung von mir selbst heraus und betrachte die Szenerie aus einem anderen Blickwinkel, vielleicht von oben oder von der Seite. Ich sehe mir von außen zu, wie ich offensichtlich empfinde und agiere, betrachte mein Gesicht und meine Körperhaltung. Wie erscheine ich den anderen? Wie müssen sie mich wahrnehmen? Wie spielen wir unsere Rollen in diesem Drama? Welchen Anteil hat jede/r von uns am Gesamtgeschehen? Worin besteht mein persönlicher Anteil? Hätte sich, wenn ich mich anders verhalten hätte, der gesamte Verlauf ganz anders gestalten können, und wie?

Ich richte nun den Scheinwerfer meiner Aufmerksamkeit wieder mehr und mehr auf mich selbst, aber immer noch von außen, auf meine Rolle, auf die Stichworte, die ich gebe und aufgreife, auf die Signale, die ich aussende und aufnehme. Ich erfahre mich nicht mehr nur als passiv Erleidende/n, sondern als Mit-Agierende/n. Welche Gefühle löst das in mir aus? Wie verändert sich dadurch die Qualität der Situation? Ich gebe meinen Gedanken und Empfindungen genügend Raum und kehre dann zur gegenwärtigen Situation und zum Atem zurück.

Mit ziemlicher Wahrscheinlichkeit werden Sie bei dieser Übung feststellen, dass Ihr eigener Anteil am Auslösen von Erfahrungen, auch schmerzlichen, größer ist, als Sie bisher dachten. Auch in schwierigen Situationen sind wir keineswegs nur passive Dulder, sondern immer auch Mitgestalter. Wir haben uns in dieser Situation für eine bestimmte Verhaltensweise entschieden, und das war die Voraussetzung dafür, dass sie in einer ganz bestimmten Weise verlaufen konnte. Aus diesem Verlauf wiederum ergaben sich weitere Entwicklungen, die bis in die Gegenwart hineinreichen und die dazu beigetragen haben, dass sich das formte, was wir heute sind. Vielleicht versuchen Sie in einer eigenen Übung, die gleiche Situation anders ablaufen zu lassen, indem Sie in Ihrer Vorstellung Ihr eigenes Verhalten verändern. Der Fantasie sind da keine Grenzen gesetzt. Wie wäre der wahrscheinliche Verlauf und welche Entwicklungen könnten sich daraus ergeben? Wie könnten sie in die Gegenwart hineinreichen? Wie würde sich dadurch die Persönlichkeit, die Sie heute sind, verändern?

Gerade beim Abrufen schmerzlicher Erfahrungen ist es nicht leicht, sich den eigenen Anteil einzugestehen und sich für ein heilsames Umgehen damit zu entscheiden. Selbst Menschen, die sich bereits seit längerer Zeit mit Karma beschäftigen, haben oft eine ziemlich starre und beunruhigende Vorstellung davon. Die Gefahr, dass irgendwann auch leidvolle Erfahrungen an der Reihe sein werden und sie nichts dagegen tun können, empfinden sie wie ein Damoklesschwert, das über ihnen hängt. Die Beschäftigung mit diesem Thema bringt jedoch meiner Meinung nach wenig, wenn wir nicht zu einem anderen Verständnis gelangen. Mit groben Konzepte wie:»Wenn du dies getan hast, dann passiert dir jenes«, oder:»Ich muss gutes Karma ansammeln, um einen bestimmten Zweck zu erreichen«, kommen wir nicht weiter. Sie ermutigen uns auch nicht, freudig die Verantwortung für unser Handeln zu übernehmen. Mit solch schablonenhaftem Verständnis gerät man allzu leicht in eine Art passiver Schicksalsgläubigkeit. Die größte Schwierigkeit beim Nachdenken über Karma ist der scheinbare zeitliche Abstand zwischen Handlung und Resultat. Sie kann nur dadurch überwunden werden, dass wir uns selbst, unser gegenwärtiges Erleben, in die Überlegungen mit einbeziehen. Wir sind gewohnt zu denken: «Handlungen und Resultate liegen weit auseinander.« Aber genauso falsch oder richtig, aber vielleicht sinnvoller wäre es zu denken:»Handlungen und Resultate sind – von einem bestimmten Blickwinkel her betrachtet – eins.«

II.
Motor der Veränderung

Im I. Teil haben wir Dramen, Krisen und Katastrophen als unausweichliche Bestandteile jeder Existenz identifiziert, und wir haben ihre Ursachen und Bedingungen näher untersucht. Dabei wurde deutlich, dass der Mensch seine Bestimmung nicht durch stures Ertragen von Widrigkeiten erreicht. Es geht vielmehr darum, immer wieder aufs Neue Möglichkeiten der bewussten Gestaltung auszuloten. Dazu ist es nützlich, sich zunächst ein paar Fragen zu stellen. Die zentrale Überlegung kreist um das Thema: Welche Funktion haben Schwierigkeiten im Gesamtverlauf unseres Lebens?

Was wollen wir wirklich?

Aus der Vogelperspektive gesehen, würden wohl die meisten Menschen mit mir darin übereinstimmen, dass Krisen nicht nur ein unvermeidlicher, sondern sogar ein notwendiger Bestandteil des Lebens sind. Veränderung, Wachstum, Reife sind die Begriffe, die uns dazu einfallen. Andererseits: Solange Krisen oder schwierige Lebenssituationen uns in ihren Klauen haben, sind wir selten in der Lage, das Positive daran zu erkennen. Dieser Unterschied ist uns aber nicht immer ganz klar. Zuhörer/innen, die in einem buddhistischen Einführungsvortrag zum ersten Mal mit dem Thema des Leidens und seiner Beendigung konfrontiert sind, erheben oft temperamentvoll Einspruch: »Ich weiß gar nicht, ob ich mir die Beendigung des Leidens überhaupt wünschen soll. Das Leiden gehört schließlich zum Leben. Ohne Höhen und Tiefen, Auf und Ab, Glück und Leid ist es gar nicht vorstellbar. Die Kunst liegt darin, es in seiner ganzen Farbigkeit und Fülle anzunehmen. Ich möchte gar keinen lauwarmen Einheitsbrei.«

Einer solchen Aussage liegen eine ganze Reihe unausgesprochener Überzeugungen zugrunde, zum Beispiel:

— dass ein Zustand, frei von Leiden, nicht erstrebenswert ist;
— dass Dasein ohne schicksalhaftes Auf und Ab eintönig und langweilig sein muss;
— dass Freude nur erfahren werden kann, wenn Leiden als Kontrast da ist;
— dass schmerzliche Erfahrungen und Gefühle besser sind als gar keine;
— dass die uns vertrauten Emotionen als Würze des Lebens unentbehrlich sind.

Derartige Überzeugungen prägen eine ganz bestimmte Grundstimmung und bewirken, dass die dazu passenden Erfahrungen auch tatsächlich abgerufen werden. Wenn wir an die Notwendigkeit des Leidens glauben, werden wir immer weiter Leiden erfahren. Wenn wir einen Zustand des Friedens und des Glücks jenseits der Grenzen des Leidens für nicht vorstellbar und nicht erstrebenswert halten, werden wir uns ihm nicht annähern. Wir sind, auf lange Sicht gesehen, die Gestalter unserer Realität. Einerseits trifft es zu, dass wir uns den Krisen und leidvollen Erfahrungen, die kraft selbstgeschaffener Dynamik für uns anstehen, nicht entziehen können. Andererseits kann niemand behaupten, dass das auch in Zukunft immer so weitergehen muss. Der Buddha behauptet sogar geradezu das Gegenteil! Hier rühren die Inhalte des Buddhismus ganz klar an unsere gewohnten, oft unreflektiert vertretenen Grundüberzeugungen.

Es erscheint mir deshalb ratsam, dass wir uns mit folgenden Fragen beschäftigen: Was wollen wir wirklich? Was sind unsere Ziele? Was führt uns dorthin? Was führt von dort weg? Die Betrachtung und Bewusstmachung unserer Ziele sowie der Wege und Umwege, die dorthin führen, bringt es automatisch mit sich, dass wir unsere Überzeugungen und Grundstimmungen – wie etwa die oben genannten – überprüfen und möglicherweise verändern. Wenn Sie die nächste Übung durchführen, stellen Sie vielleicht fest, dass einige Ihrer Wünsche schon von vornherein mit der Markierung »Aber das klappt ja doch nicht!« versehen sind. Versuchen Sie, diese emotionale Botschaft von dem betreffenden Wunsch zu lösen und fallen zu lassen, und überprüfen Sie nach einiger Zeit, was sich dadurch verändert hat.

Meditative Übung:
Was will ich wirklich? (I)

Ich setze mich aufrecht hin, richte meine Aufmerksamkeit auf die Gegenwart und auf mein Befinden und konzentriere mich dann auf meinen Atem. Ich achte dieses Mal besonders darauf, dass der Vorgang der Atmung sowohl aktiv wie auch passiv ist. Wenn ich nicht aktiv den Brustkorb ausweite, damit Luft einströmen kann, findet Atmung nicht statt. Andererseits atme ich normalerweise, ohne bewusst daran zu denken, ja, auch im Schlaf. Wenn ich diese Mischung aus Tun und Geschehenlassen betrachte, hilft mir das vielleicht, etwas über die Wirkungsweise meines Wollens herauszufinden.

Nun richte ich meine Aufmerksamkeit nach innen und versuche zu erspüren, welche Ziele mich in meinem Leben leiten. Ich lasse Zielvorstellungen und Wünsche ins Bewusstsein aufsteigen, wie sie gerade kommen, ohne Zensur. Ob große, langfristige Ziele oder kleine Wünsche für den heutigen Tag – ich schaue mir einfach an, was kommt. Meine Ziele und Wünsche, ob erfüllbar oder nicht, ob erlaubt oder

nicht, ob tief spirituell oder ganz profan, dürfen einfach für sich ste-
hen, ohne sich verkleiden oder verstecken zu müssen.

Zunächst betrachte ich die Landschaft meiner Wünsche eine Zeit
lang im Überblick, dann wähle ich unter ihnen zwei oder drei aus,
die zurzeit für mein Wollen sehr bestimmend sind. Vielleicht geht es
um einen Erfolg im Beruf oder die Sehnsucht nach Urlaub, vielleicht
um die Veränderung einer privaten Beziehung oder auch nur um et-
was, was ich mir schrecklich gern kaufen würde. Ohne zu werten, be-
trachte ich diese kleine Auswahl starker Wünsche und versuche, ein
Gefühl zu entwickeln für die Energie, die in ihnen steckt. Sind sie hef-
tig oder eher ruhig und stetig? Fieberhaft oder ganz entspannt? Ist ihr
Erreichen nur für mich wichtig oder auch für andere? Was würde ich
einsetzen, um diese Wünsche erfüllt zu bekommen?

Dann trete ich innerlich wieder einen Schritt zurück und lasse das
Gesamtmuster meiner Wünsche auf mich einwirken. Ich schaue es an
und mache mir klar, dass es wie ein Spiegel meine Persönlichkeit re-
flektiert – nicht nur das, was ich heute bin, sondern vor allem auch
das, was ich künftig sein werde. Bei dieser Betrachtung verzichte ich
auf die Verwendung moralischer Urteile, auf Etiketten wie »gut« oder
»schlecht« und nehme nur aufmerksam und ganz bewusst die Kraft
und Wirksamkeit meines Wollens wahr. Wenn ich das Gefühl habe,
dass ich es sehen und spüren kann, lasse ich den ersten Teil dieser
Übung ausklingen, indem ich zum Atem und zu meinem eigenen Be-
finden zurückkehre.

Erfahrungsgemäß fällt diese scheinbar so leichte Übung vielen
Menschen recht schwer. Sie schaffen es kaum, wertfrei an ihr eigenes Wünschen und Wollen heranzukommen. Zu sehr ist alles
überwuchert von Bewertungen und Verboten, von Selbstdisziplin,
Resignation und Verzicht. Dass sie etwas ganz Eigenes wollen und
sogar wollen dürfen, haben sie fast schon vergessen. Durch die
Entfremdung von eigenen Wünschen und Zielsetzungen schneiden wir uns jedoch von unserer wichtigsten Energiequelle, von

unserem kreativen Potenzial ab. Wenn wir nichts oder nur wenig wollen dürfen, empfinden wir unser Leben als eine Aneinanderreihung von Pflichten und Routinen. Das kann sogar zu Depressionen führen.

Aber auch der Entscheidung für diese Haltung liegt bereits ein Wollen zugrunde. Es gilt herauszufinden, worauf es sich bezieht. Wir können davon ausgehen, dass Wünsche sich manchmal widersprechen, dass es in unserem Inneren Zielkonflikte und sogar Tabus gibt. Manche Wünsche nehmen wir kaum als solche zur Kenntnis, damit andere der Erfüllung näher kommen. Wenn es uns schwer fällt, sie auseinander zu sortieren, kann es nützlich sein zu untersuchen, was uns wirklich wichtig ist, was wir wollen und was wir tun, weil wir so geprägt sind. Geht es um Liebe? Haben Sie gelernt, dass Sie nur angenommen werden, wenn Sie auf Ihre Wünsche und Ansprüche verzichten und dafür die der anderen erfüllen? Oder geht es um Geld? Mussten Sie immer so um Ihr Auskommen bangen, dass bestimmte Wünsche von vornherein unterdrückt wurden? Geht es vielleicht um Sicherheit? Gewinnen Sie dadurch, dass Sie bestimmte Dinge nicht wollen wollen (sic!), Stabilität oder andere Vorteile? Oder geht es um verinnerlichte Normen und Werte, darum, dass bestimmte Wünsche zulässig sind und andere eben nicht?

Meditative Übung:
Was will ich wirklich? (II)

Ich kehre nach einer kurzen Atembetrachtung zurück zu meiner inneren Wunschliste – wahrscheinlich gleicht das Bild eher einer Landschaft als einer Liste – und schaue mir genau an, welche Ziele und Wünsche mir unmittelbar vor Augen stehen, welche halb oder ganz verborgen sind und wo ich an geschlossene Schranken stoße. Ich mache mir klar, dass ich mich hier nur im Betrachten übe und auf diesem Experimentierfeld vor Verurteilung und Strafe geschützt bin, und ris-

kiere sogar einen Blick hinter die Schranken. Ich beobachte, welche Gefühle bei dieser Übung in mir aufsteigen. Für dieses reine, wertfreie Anschauen nehme ich mir so viel Zeit wie nötig. Dann kehre ich zum Atem zurück und beende entweder die Übung oder setze sie mit dem dritten Teil fort.

Sobald es in der Meditation um ihre eigenen Wünsche und Ziele geht, kommen bei den meisten Menschen unerwartet starke Gefühle ins Spiel. Aus ihnen lässt sich sehr viel lernen und erfahren. Möglicherweise werden Sie gewahr, dass Sie Ihr Leben in einem Korsett aus Verdrängung und Verweigerung verbringen. Vielleicht stellen Sie fest, dass Sie einem Wunsch erlaubt haben, sich auf Kosten anderer zu stark auszubreiten. Es kann aber auch sein, dass Sie »zwei Seelen« in Ihrer Brust entdecken, die kräftig in zwei ganz verschiedene Richtungen ziehen. Wie es auch immer aussehen mag, Sie werden feststellen, dass Wünsche mit Energie verbunden sind. Wenn wir unsensibel und verständnislos damit umgehen, können Blockaden entstehen. Es ist *unsere* Lebensenergie, um die es da geht. Der dritte Teil der Übung widmet sich diesem Aspekt.

Meditative Übung:
Was will ich wirklich? (III)

Nach einer kurzen Atembetrachtung richte ich nun mein Augenmerk weniger auf einzelne Wünsche und Ziele und mehr auf das Wollen an sich. Ganz deutlich, ohne jede Wertung, spüre ich die Kraft, die in mir wirkt. Sie lässt mich Personen, Dinge und Situationen heranziehen, regelrecht ansaugen. Ich merke erneut, dass ich keineswegs neutral und beziehungslos durch die Welt laufe, sondern mit einer Richtung, unter dem Einfluss des Wollens. Ich mache mir deutlich, dass sich in mir eine gerichtete Energie manifestiert.

Nun sehe und spüre ich, wie manches von diesem Wollen zur Erfüllung führt und anderes auf Hindernisse und Nicht-Erfüllung stößt, und bleibe dabei in Kontakt mit meinen Gefühlen. Ich nehme wahr, wie sich in beiden Fällen der Strom des Wollens fortsetzt, von einem Objekt zum anderen, von einem Ziel zum nächsten. Weder durch Erfüllung noch durch Nicht-Erfüllun wird diese Dynamik jemals gestoppt.

Jetzt versuche ich, das Wollen nur für einen Augenblick zum Stillstand zu bringen. Gelingt das? Was geschieht? Habe ich irgendeine Kontrolle über das Wollen? Ich bleibe bei dieser Betrachtung, solange ich mich gut dabei fühle und spüre, dass meine Einsicht sich immer noch vertieft.

Im nächsten Schritt frage ich mich nun: Wohin zielt der Kraftstrom meines Wollens? Gibt es so etwas wie eine große Richtung, ein letztendliches Ziel? Um das herauszufinden, gehe ich in meiner Vorstellung weit in die Zukunft, bis ans Ende dieses Lebens oder darüber hinaus, durch eine beliebige Anzahl zukünftiger Existenzen hindurch. Gibt es ein Ziel? Wie sieht es aus? Ich bleibe eine Weile bei dieser Frage und bei den Bildern, Gefühlen oder Gedanken, die mein Bewusstsein als Antwort liefert. Dann beende ich die Übung mit der Rückkehr in den gegenwärtigen Moment und einer kurzen Atembetrachtung.

Wenn Sie sich für diese Übung genügend Zeit lassen, werden Sie wahrscheinlich feststellen, dass sich zu Beginn eher solche Wünsche und Ziele melden, die mit der Fortsetzung Ihrer Existenz und der Aufrechterhaltung Ihrer Persönlichkeitsstruktur zu tun haben. Wenn Sie das akzeptieren und die Betrachtung einfach fortsetzen, ohne einzugreifen und Druck auszuüben, dann erweitert sich nach einiger Zeit das Panorama fast von allein. Es erscheinen Wünsche und Zielsetzungen, die über die Person und über die Grenzen dieser Existenz hinausreichen. Eine neue Qualität taucht auf, vielleicht in Bildern, etwa als Licht oder schimmernder Leitstern, vielleicht als unbestimmte Sehnsucht, vielleicht aber auch als ein Wissen jenseits aller Worte. Manchmal ist diese Erfahrung verbunden mit dem Stoßseufzer: Wie konnte ich das nur so lange vergessen!

Nahe Ziele, ferne Ziele

Unser Wollen mit all seinen unzähligen Varianten ist im Wesentlichen in zwei Kategorien einzuordnen: dem Streben nach kurz-, mittel- und langfristiger Stabilität und Fortsetzung unseres Existenzmusters zum einen und der Sehnsucht nach Entwicklung, Erfüllung, nach spiritueller Erfahrung zum anderen. Diese beiden Zielsetzungen können sich überlagern, widersprechen oder unterstützen. Wenn es uns gelingt, sie in eine befriedigende Balance zu bringen, hat das große Bedeutung für unsere Lebensqualität. Welche Konsequenzen ergeben sich aber, wenn uns das nicht oder nur schlecht gelingt? Wer sich völlig auf die vordergründigen Ziele und Wünsche konzentriert, dem fehlt die Erfahrung des inneren Wachstums; ganz gleich, ob sein Leben reizlos und eintönig oder bunt und abwechslungsreich verläuft, es bleibt irgendwie flach. Die einseitige Ausrichtung verhindert die Entdeckung neuer Dimensionen und Erfahrungshorizonte, ja, sogar das Suchen danach.

Ein Beispiel dafür ist die in den Medien so ausgiebig kommentierte »Spaßgesellschaft«. Ganz gewiss spricht nichts gegen betonte Daseinsfreude und das Genießen der guten Dinge. Aber die Vorstellung, dass sich ein Leben mit Unterhaltung, Sex und dem Konsumieren von allem, was gerade hip ist, *erfüllen* lässt, ist naiv. Niemand sieht trauriger und müder aus als ein Mensch, der zwanzig Jahre lang nur nach der Devise »Ich will Spaß!« gelebt hat.

Umgekehrt, wenn wir nur unseren hehren und reinen religiösen Wünschen und Zielsetzungen folgen wollen und dabei die unzweifelhaft vorhandene Bedeutung unseres täglichen, vordergründigen Lebens vernachlässigen, dann kann sich der in spirituellen

Kreisen wohl bekannte Effekt einstellen, dass das Verborgene mit aller Kraft gesucht und das Offensichtliche, direkt vor der Nase Liegende übersehen wird. Aus dem Christentum kennen wir dazu viele Beispiele; bei den Buddhisten dagegen wird immer so viel von Hier und Jetzt und Achtsamkeit gesprochen, dass sie darin keine Gefahr sehen – sehr zu Unrecht. So ist beispielsweise zu beobachten, dass häufig das Streben nach den so genannten höchsten Zielen – Erleuchtung, Transformation und das Wohl aller Lebewesen – verbunden ist mit einer erschreckenden Entfremdung von den tatsächlichen Gefühlen und den Schwierigkeiten, die das persönliche Leben mit sich bringt. Sie könnten so lehrreich sein und zahlreiche Hinweise zur inneren Entwicklung liefern, werden aber hartnäckig geleugnet oder mit abwertenden Etiketten wie »Ego« und »Samsara« versehen und in der Schublade fürs Profane verstaut.

Verkniffene Freudlosigkeit und selbstgerechter Dogmatismus können Folgen davon sein, ebenso Selbstüberschätzung und Abgehobenheit. Die mangelnde Wertschätzung der Chancen, die in der gegebenen Situation liegen, führt auf die Dauer zu genauso schmerzlichen Folgen für die Betreffenden und ihre Umwelt wie rücksichtsloser Hedonismus.

Die beschriebenen Extreme kommen selten in Reinkultur vor, aber es gibt Beispiele in zahlreichen Abstufungen. Gemeinsam ist ihnen die niederdrückende Empfindung der Stagnation. Den Stillstand zu durchbrechen, ist umso schwieriger, je länger er gedauert hat; und manchmal gelingt es nur, indem man eine Krise heraufbeschwört.

Im dritten Teil der letzten Übung hatten wir festgestellt, dass ein beträchtlicher Teil unseres Wollens auf die Aufrechterhaltung und Absicherung unserer Person gerichtet ist. Die einen finden das wahrscheinlich selbstverständlich, die anderen hadern vielleicht damit, aber es *ist* einfach so. Es gibt jedoch Gründe, die Menschen veranlassen können, gegen diese Tatsache anzukämpfen; etwa aus falsch verstandener Spiritualität oder auch, weil ihr

Selbstwertgefühl so gering ist, dass sie sich nur unter Schuldge-
fühlen nehmen können, was sie brauchen. Blockieren wir den Teil
unseres Wollens, der auf unser Wohlbefinden gerichtet ist, dann
führt das zu – bewussten oder unbewussten – Verspannungen,
Widerständen, Gegenreaktionen. Das kann uns Mut, Inspiration
und viel Energie kosten und für unsere spirituelle Praxis, wenn wir
eine haben, zum echten Hindernis werden. Nehmen wir andererseits die »konservierende« Lebenshaltung unreflektiert als die einzig mögliche an, dann verschließen wir uns vor Veränderungen
und Entwicklungen. Ein mittlerer Weg wäre es, auf das Bewerten
erst einmal zu verzichten und zu sehen, worin sich ein gesunder
und ein übertriebener Selbstbezug unterscheiden, aber auch, was
sich aus dem egostabilisierenden Anteil unseres Wollens lernen
und was sich daraus machen lässt. Hier bietet sich – sozusagen direkt vor unserer Nase – ein nahezu perfektes Beobachtungs- und
Lernfeld, das mit unserem Erleben unmittelbar verbunden ist und
schon von daher unser Interesse verdient.

Mit sich selbst Freundschaft zu schließen, ist für eine große Anzahl von Menschen im Westen eine der schwierigsten Übungen.
Für die Asiaten dagegen sei das, wie meine Lehrer mir versicher-
ten, überhaupt kein Thema. Das ist ein Punkt, der uns sehr nachdenklich stimmen sollte. Wir haben Probleme damit, uns erst einmal grundsätzlich so zu akzeptieren, wie wir sind. Wenn uns das
feste Fundament der grundlegenden Selbst-Akzeptanz fehlt, wie
wird es uns dann wohl ergehen, wenn wir in unserem Leben
schwierigen Erlebnissen und Krisen ausgesetzt sind?
    Wann immer ich in der Vergangenheit vor der Aufgabe stand,
eine Gruppe von Interessierten in die Grundlagen buddhistischer
Praxis einzuführen, habe ich zu Beginn dem Punkt »Freundschaft
schließen mit sich selbst« viel Platz eingeräumt. Eine gegen uns
selbst gerichtete Praxis, ein gegen uns selbst gerichtetes Leben ist
das traurigste, was es gibt. Wir erleben dann nur Kampf und Gezerre, innen und außen. Wir sehnen uns zwar nach qualitativer

Veränderung, aber die Voraussetzungen sind nicht günstig. Wenn es uns jedoch gelingt, in angemessener Weise mit uns selbst Freundschaft zu schließen (was uns keineswegs zu Egozentrikern werden lässt), dann lullt uns das nicht ein, sondern wir werden gerade dadurch offen für Veränderungen. Ganz gleich, wie unser Weg aussehen mag, wir bringen ja ohnehin in jedem Augenblick uns selbst mit! Nicht nur unser Ausgangspunkt, sondern unser gesamtes Material sind schließlich wir selbst, unabhängig davon, ob wir es als Müll oder als Schatz betrachten. Indem wir unsere Aufmerksamkeit statt nach außen nach innen richten, indem wir die Prozesse unserer körperlichen und geistigen Präsenz zum Gegenstand der Erkenntnis machen, können wir den gesamten Weg bis zum Ziel gehen. Welcher Nutzen sollte also darin liegen, dass wir mit uns selbst hadern? Eines der ersten Themen des tibetisch-buddhistischen Stufenwegs ist das Nachdenken über die Kostbarkeit unser menschlichen Existenz – besonders für uns Westler eine sehr heilsame Praxis.

Wahrscheinlich haben Sie bei der Übung festgestellt, dass, selbst wenn Sie auf jedes steuernde Eingreifen verzichten, ganz von selbst auch weiter gesteckte Zielsetzungen auftauchen, die man im weitesten Sinne als spirituell bezeichnen könnte, ohne sie einem bestimmten System zuordnen zu müssen. C. G. Jung war der Ansicht, dass religiöse Bedürfnisse ein integraler, wenn auch oft verschütteter Bestandteil des menschlichen Bewusstseins sind. Die Religionen haben dafür unterschiedliche Begriffe. Im Buddhismus ist die Rede von der Buddha-Natur oder dem Erleuchtungspotenzial. Gemeint ist damit die in jedem Lebewesen latent vorhandene Fähigkeit, alle Irrtümer und Begrenzungen zu überwinden und den Zustand eines vollkommen erleuchteten Buddha zu erlangen. Wenn Sie Ihre eigenen, vage spirituellen Wünsche so betrachten, werden Sie zunächst wohl kaum auf die Idee kommen, das als Streben nach Buddhaschaft zu bezeichnen. Eine solche Benennung ist auch nicht nötig. Der Wunsch, über Hindernisse hinauszuwachsen, das innere Potenzial zu entfalten und sich einem wie auch immer gearteten vollkommenen Zustand anzunähern, ist in jedem Wesen angelegt. Zunächst kommt es nur darauf an, diese Tatsache zur Kenntnis zu nehmen. Es ist nicht nötig und auch nicht sinnvoll, sich gewaltsam zu motivieren, sich Ziele künstlich zu suchen und aufzuzwingen. Es genügt, wenn man sie sich bewusst macht. Zur Entfaltung unseres Potenzials verhelfen uns nicht Druck und Selbst-Manipulation, sondern Sensibilisierung und Vertrauen.

Basis, Weg und Ziel

Wenn wir uns innerlich damit im Einklang fühlen, dass unser Wünschen und Wollen sich sowohl auf unseren derzeitigen Status beziehen wie auch auf ein spirituelles Ziel, dann haben wir damit die Grundlage geschaffen für die drei Komponenten eines gut ausbalancierten Entwicklungsweges, nämlich Basis, Weg und Ziel. Die *Basis* sind wir selbst, hier und heute; das *Ziel* ist der vollkommene Zustand; und der *Weg* ist die natürliche, plausible Verbindung zwischen diesen beiden Punkten. Er enthält sowohl gut ausgeschilderte Wanderpfade wie auch Durststrecken und Umwege. Wenn wir Basis *und* Ziel, also das, was wir heute sind, und das, was wir werden können, *gleichermaßen* zu schätzen wissen, sind unsere Voraussetzungen für den Weg optimal.

Es hängt also sehr viel davon ab, dass wir uns nicht selbst im Wege stehen, sondern ganz bewusst unser Wollen bejahen, sei es nun auf die Erhaltung der Basis oder auf nähere und fernere Ziele gerichtet. Dennoch erhebt sich nun die Frage: Was ist mit denjenigen Wünschen, die es mit sich bringen, dass ihre Erfüllung anderen Menschen Schaden zufügen würde? Können wir sie auch bejahen? Zu welchen Resultaten würde das führen?

Ein Beispiel: *Ich versenke mich in die Übung und stelle fest, dass ich insgeheim meiner Kollegin einen Misserfolg wünsche, damit ich den*

Job kriege, den wir beide gern haben möchten. Ich widerstehe nun erst einmal der Versuchung, diesen »unerlaubten« Wunsch (denn ich halte mich schließlich für einen anständigen Menschen) gleich wieder in der Versenkung verschwinden zu lassen, weil er mir peinlich ist. Stattdessen schaue ich ihn mir genau an. Ich nehme den Wunsch als solchen zur Kenntnis. Jemandem etwas Schlechtes wünschen, wie fühlt sich das an? Nicht besonders gut. Ich lasse die Empfindung eine Zeit lang im Raum stehen und spüre ihr nach. Dann stelle ich weitere Betrachtungen an: Woher kommt dieser Wunsch, bei dem es mir selbst nicht gut geht? Ich möchte den Job haben. Sie auch. Nur eine kann ihn bekommen. Unsere Chancen stehen in etwa gleich. Es geht nicht in erster Linie um Geld. Wenn sie den Job bekommt, fühle ich mich als Versagerin. Wenn ich ihn bekomme, habe ich andererseits nicht das Gefühl, dass sie dann versagt hätte, sondern nur, dass ich eben Glück hatte. Merkwürdig. Ich muss mir offenbar etwas beweisen. Warum? Fühle ich mich so unsicher? Anscheinend. Wovon hängt es eigentlich ab, sich sicher zu fühlen? Fühle ich mich sicher, wenn ich alle Konkurrenten aussteche? Wenn ich alle Stufen durchlaufen habe und ganz an der Spitze stehe? Ich brauche mir das nur vorzustellen, um sofort zu wissen, dass das nicht funktionieren würde. Wann fühle ich mich dann sicher? Wahrscheinlich noch am ehesten, wenn ich meine Lebenssituation als stimmig empfinde und mit mir selbst in Reinen bin. Bin ich aber nicht, wenn ich meiner Kollegin einen Misserfolg wünsche. Ich brauche mir nur vorzustellen, dass die Kraft meines Wunsches tatsächlich so etwas bewirken könnte – ein schrecklicher Gedanke. Schuldgefühle. Unfrieden. Ganz bestimmt kein Gefühl von Sicherheit. Es ist offensichtlich, dass sich hier zwei Wünsche widersprechen, nämlich der Wunsch nach Sicherheit und Harmonie einerseits und der Wunsch, etwas zu bekommen und die Konkurrenz auszuschalten, andererseits. Wenn sich zwei Wünsche nicht in Übereinstimmung bringen lassen, ist es gut, einem davon keine weitere Nahrung zu geben. Ich glaube, ich kann den Wunsch nach Misserfolg fallen lassen, denn wenn er auch vielleicht der Kollegin nicht direkt schaden kann, so schadet er doch mir. Ich werde einfach den Wunsch,

diesen Job zu kriegen, bestehen lassen. Das fühlt sich okay an, ohne
Verbiegung und Krampf. Wenn ich ihn bekomme, freue ich mich;
wenn nicht, ist es auch kein Beinbruch. Dann bekomme ich den
nächsten.

Dieses Beispiel soll illustrieren, wie wir mit uns selbst Freundschaft schließen und unser Wollen grundsätzlich bejahen können,
und zwar in einer differenzierten Weise durch den Einsatz von klarem Gewahrsein und Einsicht. Wenn wir dagegen versuchen, ver-
botene Wünsche ohne tieferes Verständnis nur zu unterdrücken,
hilft uns das nicht weiter, denn sie verschwinden dadurch nicht
wirklich, sondern treiben im Unbewussten ihr Unwesen und melden sich bei nächstbester Gelegenheit mit doppelter Vehemenz.
Sollten wir übrigens bei einer solchen Betrachtung zu dem Ergebnis kommen, dass sich ein schädigender Wunsch auf keine Weise
neutralisieren lässt und wir es nicht schaffen, ihn fallen zu lassen,
dann ist es eben so. Setzen wir das schädigende Wollen in Handeln
um, wird Leiden das Ergebnis sein, Leiden auch für uns. Das muss
uns einfach klar sein, und wir müssen es in diesem Fall annehmen.
Darüber hinaus gibt es keine höhere Instanz, bei der wir auf mil-
dernde Umstände plädieren könnten. Die Verantwortung für unser Wollen und Handeln liegt allein bei uns.

Meditative Übung: Mein Wollen bejahen

Ich setze mich aufrecht hin, lenke meine Aufmerksamkeit auf mein
körperliches und geistiges Befinden in diesem Moment und konzen-
triere mich dann auf den Atem, der mich im ewigen Rhythmus von
Geben und Nehmen mit der Welt verbindet.

Nun mache ich mir bewusst, welche Wünsche und Zielsetzungen in
mir lebendig sind. Einige meiner Wünsche sind ganz alltäglich und
vordergründig, andere auf fernere oder sogar spirituelle Ziele gerich-

tet. Es gibt die kleinen Hoffnungen und die großen Sehnsüchte. Ich betrachte sie als Gesamteindruck und werte nicht. Mit einem liebevollen, bejahenden Gefühl betrachte ich diese innere Landschaft und spüre, welche Kraft darin zum Ausdruck kommt. Das, was ich gerade jetzt vorfinde, ist mir lieb und kostbar mit all den Möglichkeiten, die es enthält, auch mit all den Irrtümern und Umwegen, aus denen ich lernen kann. Auf das, was morgen oder übermorgen da sein wird, freue ich mich schon. Ich vertraue auf die gesamte Entwicklung und missachte keine ihrer Phasen.

Nun konzentriere ich mich auf den ausdrücklichen Wunsch: »Ich möchte keinem Lebewesen Schaden zufügen.« Ich achte darauf, wie sich dieser Wunsch anfühlt. Welche Empfindungen löst er aus? Kann ich das sagen? Stimmt das für mich? Wenn ja, bleibe ich eine Zeit lang dabei, spüre den Wunsch tief innen und strahle ihn auch nach außen. Wenn nicht, konzentriere ich mich einstweilen auf den Personenkreis, für den ich das sagen und empfinden kann, vergesse dabei aber auch mich selbst nicht.

Dann kehre ich zur gegenwärtigen Situation und zur Atembetrachtung zurück.

Veränderung, Wandel, Entwicklung

Sowohl die Erhaltung des Bestehenden (der Basis) wie auch Veränderung und Entwicklung (in Richtung Ziel) sind Gegenstand unseres Wollens. Sehen wir uns nun den Punkt *Veränderung* etwas näher an und überlegen, in welcher Beziehung er zum *Erhalten* steht.

Ständige Veränderung ist ein Wesensmerkmal des Daseins. Alle Erscheinungen – auch die, die wir für handfeste Objekte halten – sind in Wirklichkeit Prozesse. Für unser eigenes Erleben gilt:

- Alles, was uns lieb und teuer ist, entgleitet uns früher oder später, es vergeht.
- Auch alles, was Leiden bedeutet und uns quält, ist endlich und vergeht.
- Wir selbst verändern uns von Tag zu Tag, von Moment zu Moment. Wir bleiben nicht eine Sekunde lang dieselbe Person.
- Veränderung ist nicht nur etwas, das wir passiv erleiden, sondern infolge der Dynamik des Bewusstseins auch etwas, wonach wir verlangen.
- Gleichzeitig ist Veränderung etwas, wovor wir Angst haben.

Mit einer weiteren Übung können wir uns das Phänomen des Wandels am Beispiel unserer eigenen Person bewusst machen.

Meditative Übung: Person im Wandel

Ich beginne mit der bewussten Wahrnehmung des gegenwärtigen Moments. Dann konzentriere ich mich auf meinen Atem, und zwar vor allem auf die Tatsache, dass jeder einzelne Atemzug einzigartig und unwiederholbar ist. Einatmen, ausatmen – vorbei. Dieser Augenblick kehrt nie wieder. Der nächste Atemzug ist zwar ähnlich, aber nicht genau gleich. Von einem Atemzug bis zum nächsten bin ich nicht mehr dieselbe Person.

Nun betrachte ich mich selbst im Verlauf der letzten vierundzwanzig Stunden. War ich gestern um die gleiche Zeit die Person, die ich jetzt bin? Ist mein Körper genau der gleiche? Ich nehme mir Zeit und gehe in die Einzelheiten, sehe zu, wie sich mein Körper durch die komplexen Prozesse, die zu seiner Aufrechterhaltung nötig sind, von Augenblick zu Augenblick verändert. Manche Veränderungen wie Nahrungsaufnahme und Ausscheidung, Haare schneiden oder Medikamente einnehmen sind offensichtlich. Dahinter liegen feinere Prozesse wie die Verbrennung und Umwandlung von Stoffen in Energie,

das ständige Absterben und Neubilden von Körperzellen, die pausen-
losen Veränderungen in der Muskulatur. Ich führe mir die ununter-
brochenen Prozesse in meinem Körper klar vor Augen und stelle fest:
Mein Körper ist zwar nicht so verändert, dass ich ihn nicht mehr wie-
der erkenne, wenn ich in den Spiegel schaue, aber er ist zweifellos
nicht mehr der gleiche wie vor einer Stunde oder einem Tag.

Dann betrachte ich meinen Geist. Ich versuche, mich möglichst deut-
lich daran zu erinnern, in welchem geistigen Zustand ich vor genau
vierundzwanzig Stunden war. Seitdem ist viel passiert. Neue Eindrü-
cke kamen und wurden verarbeitet. Gefühle und Gedanken durchzo-
gen den Geist. Handlungen hinterließen ihre Spuren. Mein Vorrat an
Lebenserfahrung nahm zu. Durch alles, was in dieser Zeit geschehen
ist, wurde der Geist verändert, wenn auch vielleicht nur geringfügig;
er ist nicht mehr der gleiche. Natürlich gibt es von gestern auf heute
eine gewisse Kontinuität, aber gleichzeitig einen unaufhaltsamen
Wandel.

Dennoch habe ich gestern »Ich« gesagt, wenn ich von mir sprach,
und jetzt, im gegenwärtigen Moment, sage oder denke ich wieder
»Ich«. Aber es gibt für diese Bezeichnung keine feste, unveränderliche
Basis. Wenn ich genau beobachte, sehe ich überall Prozesse. Nur wenn
ich flüchtig hinschaue, kann ich die Illusion fester Objekte aufrechter-
halten.

Zum Schluss konzentriere ich mich noch einmal auf mein gesamtes
Körper-Geist-Kontinuum und nehme es deutlich in seiner Prozesshaf-
tigkeit wahr. Ich registriere auch die Gefühle, die diese Betrachtung in
mir auslöst.

Dann beende ich die Übung, indem ich zum gegenwärtigen Moment
und zur Atmung zurückkehre.

Wo immer diese Übung in Gruppen durchgeführt und anschließend besprochen wurde, berichteten die Teilnehmer/innen von

gemischten Gefühlen: Angst und Freude, oft sogar gleichzeitig. Einerseits zieht es einem den Boden unter den Füßen weg, wenn an dem Glauben gerüttelt wird, man sei eine stabile Entität. Andererseits tauchen Freude und auch eine Art von Neugier auf. Wir sehen im scheinbar fest Gefügten plötzlich Raum für neue Gestaltungen. Die widerstreitenden Gefühle machen deutlich: Beständigkeit und Veränderung sind gleichermaßen Zielsetzungen unseres Wünschens und Wollens.

Nun gibt es erwünschte Veränderungen, die wir freudig begrüßen, aber auch viele unerwünschte, die uns gar nicht in den Kram passen. Wie kommen wir zu diesen Bewertungen? Wenn wir genauer anschauen, was uns jeweils veranlasst, Veränderungen als erwünscht oder unerwünscht einzustufen, dann sind das Meinungen, Konzepte, Vorstellungen, die sich, wie wir gesehen haben, von einem Tag zum anderen ändern können. Wie oft haben wir schon gesagt oder gehört: »Damals war es ganz schrecklich, aber wenn ich heute so zurückblicke, war es eigentlich das Beste, was mir passieren konnte.« Das bedeutet, dass es Veränderungen gibt, die wir von einem kurzfristigen Blickwinkel her ablehnen, die jedoch langfristig gesehen für uns hilfreich sind.

Unsere spontane Reaktion auf Unerwünschtes lautet: »Nein, bloß das nicht!« Wir würden die schmerzliche Veränderung gern vermeiden, wenn wir nur könnten. Unsere Reaktion wird jedoch sehr oft nur vom gegenwärtigen Moment bestimmt. Wie viele Veränderungen in unserem Leben, die zunächst schmerzlich waren, sich im Nachhinein aber als notwendig und nützlich herausgestellt haben, wären wohl tatsächlich erfolgt, wenn wir den Lauf der Dinge in der gleichen Sekunde hätten stoppen können, wo es anfing, uns weh zu tun? Unser Wunsch nach Beharrung und Aufrechterhaltung des Status quo und die Angst vor *unerwünschten* Veränderungen gehen hier eine unheilige Allianz ein.

Nehmen wir ein Beispiel, das fast jede/r aus eigener Erfahrung kennt: eine Liebesbeziehung in der Endphase. Die Partner wissen bereits, dass ihr Zusammenbleiben nicht von Dauer sein wird, nur ist das entscheidende Wort noch nicht gesprochen. Dieser Zwischenzustand (tibetisch: Bardo) kann sich quälend hinziehen. Welche Wünsche und Ängste sind mit im Spiel? Zunächst natürlich der Wunsch nach Aufrechterhaltung der gewohnten Situation, vielleicht nach finanzieller Sicherheit oder sozialem Status, die Angst vor dem Alleinsein, der Wunsch, den Schmerz der Trennung und das Gefühl des Versagens zu vermeiden, und so weiter. All diese Erwägungen bewirken, dass die Beziehung sich noch hinschleppt. Dem gegenüber steht jedoch der wachsende Wunsch, die täglichen Verletzungen und Frustrationen loszuwerden, die Stagnation zu überwinden, Veränderung zu spüren, sei sie auch zunächst schmerzhaft. Irgendwann sind die beiden Waagschalen gleichgewichtig, und kurz danach kommt es zur Veränderung. Wir benutzen – bewusst oder unbewusst – die kritische Zuspitzung der Ereignisse, um etwas Schmerzliches, aber Notwendiges in Gang zu setzen.

Halten wir also fest:
- Veränderungen können kurz- und langfristig angenehm sein; dann fällt es uns leicht, sie zu akzeptieren.
- Veränderungen können kurzfristig schmerzlich, aber langfristig günstig für uns sein; dann fällt es uns anfangs schwer, sie zu akzeptieren.
- Bei Veränderungen, die kurzfristig angenehm und langfristig schmerzlich sind, fällt uns die Entscheidung, ob wir sie akzeptieren sollen oder nicht, recht schwer; es kommt auf die Einsicht im Einzelfall an.
- Veränderungen, die kurzfristig und langfristig nur schmerzlich sind, lehnen wir ab.

So verhält sich ein normaler Mensch – oder er würde sich zumindest gern so verhalten. Da uns aber die Erfahrungen unseres Lebens selten in Tabellen und Diagrammen begegnen, liegt die

Schwierigkeit in der Regel darin, auseinanderzusortieren, was denn nun wirklich kurz- oder langfristig erfreulich und günstig und was denn nun wirklich jetzt oder auf Dauer leidvoll und schmerzlich ist. Wir befinden uns ständig in einem Wust von Wahrnehmungsreizen, müssen immer wieder auf kleine und große Veränderungen reagieren und können nur hoffen, dass die große Linie im Sinne unserer Zielsetzungen stimmt. Die Notwendigkeit, auf der Basis schwammiger, ungesicherter Daten schnell zu reagieren, ist eine ständige Herausforderung. Stures Beharren macht starr, aber ständige Veränderung macht müde.

Wovon können wir uns leiten lassen? Bei der Untersuchung unserer Wünsche und Zielsetzungen stellten wir ja bereits fest, dass wir nicht nur nach Alltäglichem streben, sondern auch eine spirituelle Sehnsucht in uns tragen. Ist es vorstellbar, dass die Veränderungen in unserem Leben – die erwünschten ebenso wie die schmerzlichen – diesem Fernziel untergeordnet sind? Versuchen wir es mit einer Übung.

Meditative Übung: Leitstern

Ich zentriere mich im gegenwärtigen Moment und achte auf meinen Atem. Ich stelle mir vor, dass ich beim Einatmen nicht nur Luft in mich aufnehme, sondern auch Licht, das meinen ganzen Körper durchströmt und mir hilft, Hindernisse und Blockaden loszulassen. Beim Ausatmen stelle ich mir vor, dass ich etwas von diesem Licht auch für andere ausstrahle.

Dann stimme ich mich auf den Gedanken ein, dass jedes Leben auf Entwicklung und Vervollkommnung ausgerichtet ist. Dieser Wunsch ist wie eine leise Stimme in meinem Herzen. Sie kann manchmal eine Zeit lang überhört und vergessen werden, wird aber niemals verstummen.

Was ich als Gegenwart erlebe, ist ein Abschnitt auf dem Weg des Lernens. Selbst wenn ich mein Fernziel nicht beschreiben kann, weiß ich doch, dass es existiert. Ich lasse dieses Ziel in Form eines Symbols vor meinem inneren Auge auftauchen: als Licht, als Stern, als Juwel oder irgendein anderes religiöses Symbol. Das Bild, das mein Bewusstsein formt, nehme ich an, bleibe eine Zeit lang bei der Betrachtung und nehme auch wahr, welche Gefühle dabei in mir entstehen.

Nun untersuche ich, wie alle Veränderungen, die mir auf meinem Entwicklungsweg begegnen, mit diesem Ziel verbunden sind. Ich kann dabei in die Vergangenheit zurückgehen bis zur Geburt oder zu früheren Inkarnationen, oder ich kann mich auf die Gegenwart und die wahrscheinliche Zukunft konzentrieren. Die großen, dramatischen, erschütternden Umwandlungen – wie stehen sie dazu in Beziehung? Aber auch kleine, unscheinbare, unauffällige Veränderungsprozesse – was haben sie damit zu tun? Besteht ein Zusammenhang? Ist er leicht zu erkennen und widerspruchsfrei, oder muss er mühsam konstruiert werden? Ich bleibe eine Weile bei diesen Fragen und beobachte, welche Bilder in meinem Geist auftauchen und wie sich meine Vorstellungen und Gefühle verändern.

Dann kehre ich zu meinem gegenwärtigen Befinden und zur Atembetrachtung zurück.

Ohne Zielrichtung bleibt die Fülle der Erfahrungen und Veränderungen, der Wünsche, Hoffnungen und Ängste verwirrend. Sind wir jedoch auf ein Ziel ausgerichtet, dann fügen sich die verwirrenden Einzelelemente zum Gesamtmuster einer Entwicklung. Die Frage, ob wir Veränderungen immer auch als Entwicklung begreifen, ist entscheidend für unseren Umgang mit ihnen.

Normalerweise können wir unerwünschte, schmerzliche Veränderungen zunächst schlecht akzeptieren. Wir sträuben uns mit aller Kraft gegen sie. Aber der Gedanke an eine zielgerichtete Entwicklung kann uns dazu veranlassen, Schwierigkeiten anders und tiefer zu betrachten. Neue Einsichten und ein erweiterter Blickwinkel helfen uns vielleicht, von diesen Veränderungen in einer ganz unerwarteten Weise zu profitieren. Wenn diese Einsichten von uns selbst, von innen kommen, werden wir sie annehmen können. Wenn wir nur in den Begriffen von Unbeständigkeit und Veränderung denken, dann liegt der Fokus vor allem auf den bedrohlichen Aspekten. Denken wir dagegen an Entwicklung, dann schwingen ganz andere Qualitäten mit: Vertrauen, Zuversicht, Offenheit und vielleicht sogar ein wenig Neugier.

Die Notwendigkeit von Entwicklung

Seine Heiligkeit der Dalai Lama hat in einem seiner Vorträge einmal sinngemäß gesagt: »Es gibt auf dieser Erde religiöse Menschen und Materialisten. Beide haben Argumente für ihre Haltung, die auf ihren Überzeugungen basieren. Sie stehen gleichberechtigt nebeneinander, und niemand kann oder sollte versuchen, den anderen von der eigenen Meinung zu überzeugen. Sehen wir jedoch, wie sich Menschen in schwierigen Zeiten verhalten, wie sie mit Problemen und Krisen fertigwerden, dann scheinen die religiösen Menschen, verglichen mit den nicht-religiösen, einen Vorteil zu haben. Sie kommen besser zurecht, auch mit dem Leiden.«

Es ist leicht vorstellbar, dass jemand, der sein Leben als eine Ansammlung von Zufällen betrachtet, darin anders behaust ist als jemand, der sein gegenwärtiges Dasein als eine Phase auf dem Weg zu immer weiterer Entfaltung ansieht. Er wird Veränderungen grundsätzlich anders beurteilen, denn ohne Veränderung keine Entwicklung! Dem Buddha zufolge sind unsere vorübergehenden Freuden im Existenzenkreislauf zwar immer der Vergänglichkeit unterworfen und deshalb letztlich unbefriedigend. Doch was der bedingungslosen Glückseligkeit des vom Leiden befreiten Zustands wahrscheinlich noch am Nächsten kommt, ist die Freude des inneren Wachstums.

Dennoch: Ein Teil von uns akzeptiert Veränderungen, ein anderer jedoch beharrt auf dem Status quo. Wie gelingt es Letzterem, sein Anliegen zumindest teilweise durchzusetzen? Allzu plump darf er nicht vorgehen. Aus der bunte Palette möglicher Strategien möchte ich beispielhaft drei herausgreifen und andeutungsweise skizzieren.

• *Die Glorifizierung des Status quo:* Das haben wir schon immer so gemacht. Unser Muster (Land, Volk, Rasse, Familie, Religion, Schulrichtung, Kultur) ist das Beste (Schönste, Stärkste, Reinste, Heiligste) der Welt. Lasst uns die überlieferten Werte und das, was wir haben, bewahren!

• *Erzeugung von Ängsten:* Wer weiß, wie es weitergeht, wenn sich etwas ändert? Was alles passieren kann! Der gewohnte Zustand ist zwar nicht optimal, aber doch wenigstens erträglich. Nur keine Risiken eingehen. Etwas Neues ausprobieren ist schön und gut, aber die Sache hat bestimmt einen Haken. Wenn wir das nur nicht nochmal bereuen!

• *Verdrängung und Ablenkung:* Routinen sorgen beispielsweise dafür, dass derjenige Teil, der sich nach Wachstum und Veränderung sehnt, nicht wahrgenommen wird. Auch Schein-Veränderungen wie hektische Geschäftigkeit und ein stets überfüllter Terminkalender können in Wirklichkeit der Aufrechterhaltung des Status quo dienen. Sogar in das Gewand des Strebens nach innerer Entwicklung kann sie sich kleiden.

Es gibt viele listige Strategien unserer Beharrungsstrebens. Auch deshalb fällt es uns oft schwer, Veränderungen zu akzeptieren, selbst wenn sie notwendig und langfristig sinnvoll sind. Wenn sonst kein Leiden droht, dann empfinden wir schon die Zumutung der Veränderung selbst als Schmerz. Der Wunsch nach Sicherheit und Stabilität liegt mit dem Wunsch nach neuen Erfahrungen, nach Veränderung und Wachstum im Clinch. Beides tut jedoch – im Übermaß – auf seine Art weh.

Natürlich gibt es auch Strategien, die sich *gegen* das Beharrungsstreben richten. Wenn sich allzu lange nichts ändert, fangen wir beispielsweise an, uns zu langweilen. Oder wir greifen direkt nach Veränderungen, die zwar Abwechslung versprechen, aber den Status quo nicht allzu sehr beeinträchtigen.

Ein Beispiel: Stellen Sie sich vor, Sie sind Krankenschwester oder Altenpflegerin, etwa Mitte dreißig, in ungekündigter Stellung. Schon seit einiger Zeit fühlen Sie sich in Ihrem Job nicht mehr wohl. Es gibt zwar gelegentlich Probleme mit Vorgesetzten und Kollegen, aber nicht mehr als in jeder anderen Organisation auch. Daran liegt es also nicht. Trotzdem empfinden Sie die Arbeit als freudlos und ermüdend und haben das Gefühl, in einer Sackgasse zu stecken. Nun könnten Sie sich einfach einen anderen Job suchen. Eine veränderte Umgebung, neue Gesichter und Strukturen würden den Leidensdruck vorübergehend lindern. Aber wenn die Probleme nach einiger Zeit wiederkehren, dann wäre das ein Beispiel für eine zu klein angesetzte und zu halbherzig angegangene Veränderung. Möglicherweise haben Sie ja im Grunde Ihres Herzens noch viel mehr satt als nur *diesen* Job: das ewige Helfen und Heilen und Dienen, überhaupt die weibliche Rollenprägung, und wenn Sie weiterbohren, landen Sie vielleicht bei Ihrer Kindheit und Familiengeschichte. Wenn sich so viel Zündstoff angesammelt hat und nicht beachtet wird, dann kann es zur Explosion kommen: Krankheit, Ausbruch, Krise. Irgendwie müssen Sie in Ihrem Leben Platz schaffen für eine grundlegende Erneuerung.

Wenn wir Entwicklung grundsätzlich als positiv, wünschenswert und notwendig bejahen, dann gewinnen wir mehr Mut für Veränderungen und eine andere Einstellung zu Krisen und schmerzlichen Erlebnissen. Mit einer Übung wird das deutlich.

Meditative Übung:
Leben ganz nach Wunsch?

Ich setze mich aufrecht hin und lenke meine Aufmerksamkeit auf die gegenwärtige Situation. Dann konzentriere ich mich auf den Atem. Bei dieser Übung achte ich besonders darauf, wie sich beim Atmen mein Brustkorb ausdehnt, ausweitet, Raum schafft. Ich bin da, bin präsent, nehme meinen Platz in der Welt ein. Selbst nach dem Ausatmen behalte ich noch die Empfindung von größerer Weite bei.

Nun nehme ich mir etwas Zeit für einen Rückblick auf mein Leben. Ich benutze dazu wieder das Bild des Lebensflusses. Nun mache ich an einer Stelle Halt, wo es durch dramatische Ereignisse zu plötzlichen Veränderungen in meinem Leben kam. Ich erinnere mich, wie sehr ich damals gelitten habe, und bleibe eine Zeit lang beim Nachhall dieser schmerzlichen Gefühle.

Dann stelle ich mir vor, ich könnte genau an dieser Stelle dem Geschehen einen anderen Verlauf geben. Nicht von heute aus, überlegen zurückblickend, sondern lediglich ausgehend vom damaligen Wissensstand. Ich stelle mir vor, ich wäre nicht ohnmächtig und hilflos wie damals, sondern hätte die Lage voll im Griff. Ich könnte die Bedingungen des Umfelds und das Verhalten der anderen Personen steuern und alles in die von mir gewünschte und als optimal erachtete Richtung lenken. Ich gestalte diese veränderte Situation in meiner Vorstellung aus und bleibe für eine Weile dabei.

Nun verfolge ich den dadurch veränderten Lauf des Flusses bis zum gegenwärtigen Moment, bis zu mir selbst, so wie ich heute hier sitze. Wenn die Entwicklung an einem entscheidenden Punkt anders verlaufen wäre, dann säße hier heute eine andere Person. Ich bleibe bei dieser Vorstellung. Welche Person wäre ich dann heute? Ist das überhaupt vorstellbar? Möchte ich diese andere Person sein? Ich bleibe eine Zeit lang bei diesen Überlegungen und nehme meine Gefühle wahr.

Jetzt kehre ich zurück zur gegenwärtigen Situation und beende die Übung mit einer kurzen Atembetrachtung.

Für die meisten Menschen stellt sich bei dieser Meditation zu ihrer eigenen Überraschung heraus, dass sie eigentlich die Person sein möchten, die sie heute sind. Manche/r würde vielleicht gern ein paar Dinge unterlassen und ein paar Weichen anders stellen, aber im Großen und Ganzen bejahen wir das, was aus uns geworden ist und was wir aus uns gemacht haben. Die leidvollen Erfahrungen der Vergangenheit ergeben *rückblickend* meist einen Sinn, zumindest aber haben wir uns damit irgendwie abgefunden. Wenn wir das, was wir heute sind, nur werden konnten, indem wir durch diese Krise gingen, dann war's den Preis wert.

Die Frage nach der Alternative berührt uns merkwürdig wenig. Die Vorstellung, wie unser Leben hätte verlaufen können und wer wir heute wären, wenn alles sich ohne Krisen nach unseren vordergründigen Wünschen gefügt hätte, bleibt irgendwie flach, wesenlos, unattraktiv.

Es scheint, als könnten wir uns wider Erwarten mit Krisen und leidvollen Erfahrungen aussöhnen und sie als Teil eines Gesamtmusters akzeptieren. Aber ist es vorstellbar, dass wir sie – als Motor der Veränderung – geradezu brauchen? Könnten wir nicht zu den gleichen Veränderungen und Entwicklungen gelangen, auch ohne den schmerzlichen Weg über die Krise?

Blicken Sie, um diese Fragen zu beantworten, noch einmal auf die in der Meditation betrachtete Krise zurück, und sehen Sie sich dieses Mal vor allem die Vorgeschichte genau an. Im Nachhinein werden Sie feststellen, dass Sie oftmals Zeichen, die die Notwendigkeit von Veränderung ankündigten, entweder einfach übersehen haben oder dass Sie aufgrund der Umstände nicht in der Lage waren, sie bei Ihren Handlungen und Entscheidungen zu berücksichtigen. Wenn es notwendig wurde, psychische Sprengsätze zu zünden, dann hatte das Gründe: Blindheit, stures Beharren, starre

Überzeugungen, Bequemlichkeit und Trägheit, Selbsthass, die Macht der Umstände, falsch verstandene Gefühle von Mitleid oder Liebe, Routinen, die unsere Lebendigkeit lähmten, Angst vor der Veränderung ... und so weiter, die Liste ließe sich noch lange fortsetzen. Wenn Sie zurückschauen, erkennen Sie wahrscheinlich die relevanten Elemente der Vorgeschichte. Sicher, hinterher ist man immer klüger. Der Nutzen, wenn Sie die Entwicklung mit Ihrem heutigen Wissensstand rückwirkend betrachten, liegt in wertvollen Einsichten – wertvoll vor allem für die Zukunft:

– Sie sehen, dass es vor notwendigen oder unausweichlichen Veränderungen auf die Dauer kein Ausweichen gibt; notfalls muss gesprengt werden. Krisen und Dramen bringen es mit sich, dass Sperren durchbrochen werden, dass sich entgegen jeder rationalen Steuerung verändernde Energien ihren Weg bahnen.

– Sie sensibilisieren sich für Vorgeschichten, so dass Sie die notwendigen Veränderungen in Zukunft schon früher und somit sanfter einleiten können.

Krise als Chance?

Nun wären wir eigentlich an dem Punkt angelangt, wo wir frühere leidvolle Erfahrungen freudig umarmen, sie als notwendig und hilfreich begrüßen und ihnen lauter Gutes abgewinnen müssten. Happy End, Vorhang, Applaus. Stimmt das wirklich? Ich möchte mich nicht der Mode anschließen, leidvolle Erfahrungen locker-flockig plattzureden. Eine jung verstorbene Freundin, der ich viele Einsichten verdanke, erzählte mir im Endstadium ihrer Krebserkrankung: »Die Krankheit ist schon schlimm genug, aber fast noch schlimmer sind die Erwartungen von den Leuten aus meinem Bekanntenkreis, die all diese psychologischen Ratgeber gelesen haben. Wenn man nicht mindestens eine Spontanheilung zustandebringt, steht man schon da wie ein Versager, der seine Hausaufgaben nicht gemacht hat.«

Auch wenn wir genau wissen, dass Leid und Krisen unausweichlich sind und zu jedem Leben gehören, dass notwendige Veränderungen manchmal gewaltsam vom Zaun gebrochen werden müssen – Tatsache ist, es tut grausam weh. Leiden ist eine Realität, die man nicht wegargumentieren kann. Es einfach zur Kenntnis zu nehmen, als das, was es ist, kann uns vom Diktat des »Sollte und Müsste« befreien. Welch eine Erleichterung! So gesehen wirkt die Empfehlung des Buddha, das Leiden einfach nur als Leiden anzusehen, nicht wie lähmender Pessimismus, sondern wie eine Ermutigung, endlich in Berührung zu kommen mit dem, was *ist*. Leiden ist nicht Schande und Versagen, ist nicht mangelnde Lebensklugheit und Kontrolle, ist nicht Strafe und Schuld, Leiden ist einfach Leiden – basta.

> *»Geburt ist Leiden, Alter ist Leiden, Krankheit ist Leiden, Sterben ist Leiden, Kummer, Jammer, Schmerz, Gram und Verzweiflung sind Leiden, mit Unliebem verbunden sein ist Leiden, von Liebem getrennt sein ist Leiden, was man begehrt nicht erlangen, das ist Leiden …«*

Es gibt keinen schnellen Trost, wenn das Leid uns in den Krallen hat. Deshalb setzte der Buddha alles daran, nicht am Symptom zu arbeiten, sondern das Übel bei der Wurzel zu packen, und fand für sich und andere den Weg zur Befreiung. Er besteht nicht darin, dass wir das Leiden hinnehmen – im Gegenteil, wir sollten wie er mit aller Kraft danach streben, es vollständig zu überwinden. Das Leiden kommentarlos anzunehmen und zu akzeptieren würde bedeuten, dass wir uns für immer und ewig damit abfinden. Davon rät uns der Buddhismus ausdrücklich ab. Der Weg besteht aber andererseits auch nicht darin, dass wir das Leiden ablehnen und dagegen ankämpfen. Wenn wir das tun, vergeuden wir unsere Kräfte in der falschen Arena. Mit der Überzeugung, dass Leiden besiegt werden kann, und der festen Entschlossenheit, dieses Ziel zu verfolgen, sollten wir nach den tatsächlichen Ursachen leidvoller Erfahrungen forschen und sie durch tiefe Einsicht und konsequentes Verhalten beseitigen. Insofern können wir das Leiden »annehmen«, jedoch nur mit dem Vorbehalt, es in seinen Gesamtzusammenhängen zu durchschauen und aufzulösen. Das schützt vor unfruchtbarer, grämlicher Resignation und hilft uns, eine kämpferische, zielgerichtete, zuversichtliche Haltung zu entwickeln.

Leiden setzt uns in Bewegung und lässt uns geradezu kreativ werden in dem Bestreben, uns davor zu schützen. (Das sollte übrigens nicht zu der Einschätzung verleiten, dass Bewegung, Entwicklung und Kreativität für alle Zukunft immer nur durch Leidensimpulse ausgelöst werden können.) Wenn wir einen Ausweg aus dem Leiden im Prinzip für möglich halten, werden wir danach suchen. Wenn nicht – warum sich dann bemühen? In diesem Fall wäre es doch nahe liegend, einfach alles beim Alten zu lassen. Wir hätten keinen Grund, unser Leben genauer unter die Lupe zu nehmen und nach Alternativen für unser gewohntes Denken und Handeln zu forschen. Wir würden einfach, auf die gleiche Art wie bisher, versuchen, möglichst viele Glücksmomente zu erjagen, ohne das Gesamtmuster in Frage zu stellen. »Let's have fun!« Und als sich selbst erfüllende Prophezeiung würde tatsächlich das eintreten, was unserer Erwartung entspricht: endlos fortgesetztes Leiden … so lange, bis wir endlich die entscheidende Frage stellen: *Was läuft hier eigentlich ab?*

III.
Aus Krisen lernen,
an Krisen reifen

Werden die Erkenntnisse aus den letzten Kapiteln uns helfen, wenn wir das nächste Mal einer unerwünschten, nicht kontrollierbaren, leidvollen Erfahrung gegenüberstehen? Die Frage stellt sich zu Recht. Es ist ein langer Weg vom Begreifen bestimmter Zusammenhänge bis zur souveränen Anwendung des Erkannten. Wir müssen schrittweise vorgehen: unser Verständnis vertiefen, daraus Alternativen für unser Verhalten ableiten, diese ausprobieren und, falls sie den Test bestehen, so einüben, dass sie zur selbstverständlichen, natürlichen Haltung werden. Das ist ein Langzeitprogramm, das viel Einsatz erfordert – eine echte Herausforderung.

Größte Skepsis ist meiner Meinung nach geboten, wenn uns jemand verheißt, dass mit irgendeiner Instant-Methode schnell und mühelos tief greifende Verbesserungen zu erzielen seien. Wer an solche Tricks und Mittel glaubt, muss ein seltsames Bild von den Fähigkeiten der Menschen haben. Warum schlagen sich Milliarden Lebewesen mit Kummer und Leiden herum, wenn es auch simple Abkürzungen gibt? Sind sie einfach nicht clever genug? Oder haben sie es bisher nur versäumt, sich die richtigen Bücher und Kurse zu kaufen? Schließlich ist der Esoterik-Markt voll von Geheimlehren aus dem Himalaya, die so geheim sind wie eine Talkshow und garantiert auf dem schnellsten Wege zur Erleuchtung führen.

Es gibt tatsächlich ein Ziel zu erreichen für diejenigen, die Mut zur Selbst-Begegnung und dauerhaften, eigenverantwortlichen *Einsatz* aufbringen. Auch müssen die Erklärungen, wie man dorthin kommt, einleuchtend, *einfach* zu verstehen und für jedermann *zugänglich* sein. Aber was heißt das?

Einsatz: Ich glaube nicht an das schnelle Wegzaubern von Problemen. Schwierigkeiten und Krisen haben mit tief eingewurzelten Gewohnheiten zu tun, deren Veränderung nicht von heute auf morgen zu bewerkstelligen ist. Werden dennoch diesbezügliche Erwartungen geweckt, dann kann eigentlich nur Ernüchterung oder Realitätsverdrängung dabei herauskommen.

Einfachheit: Ich glaube ebenfalls nicht daran, dass essenzielle religiöse oder psychologische Erfahrungen in komplizierten Modellen ausgedrückt werden müssen. Je filigraner ausgearbeitet ein System daherkommt, je mehr neue Vokabeln ich lernen muss, um es zu begreifen, desto mehr Vorsicht ist geboten.

Zugang: Ich werde leicht misstrauisch, wenn Erläuterungen und Trainingskurse allzu teuer verkauft und auffällig geschickt vermarktet werden. Natürlich müssen entstehende Kosten für Material und Infrastruktur von den Nutznießer/innen gemeinsam getragen werden, aber wo Lebenshilfe erkennbar zum Geschäft wird, ist Distanz angesagt.

Wie aus diesen Ausführungen deutlich zu ersehen ist, bekenne ich mich zum Ideal der mündigen Praktizierenden, die auf eigenen Füßen stehen, und zu Methoden, wie sie im Buddhismus – aber nicht nur dort! – zu finden sind: sanft, ganzheitlich, selbstbestimmt, langsam und gründlich, auf Einsicht und Erfahrung basierend.

Wenn wir uns im Folgenden mit Möglichkeiten der Bewältigung akuter Krisensituationen befassen, dann ist das vor diesem

Hintergrund und unter dem Gesichtspunkt *langfristiger* Entwicklung zu verstehen. Wir versuchen, mit einer vorgestellten Situation sinnvoll zu arbeiten, obwohl sie *jetzt* nicht akut ist, und gerade darin liegt unsere Chance. Es ist natürlich von Vorteil, wenn wir auf entsprechende Erfahrungen in unserem Leben zurückgreifen können. Aber wenn das nicht der Fall ist, ziehen Sie ruhig Berichte von Freundinnen und Bekannten heran oder fantasieren Sie. Wir alle tragen in uns einen Vorrat von eigenen oder fremden Erfahrungen aus zahlreichen Existenzen, der uns hilft, uns diesen Themen persönlich anzunähern.

Völlig am Ende

Bisher haben wir leidvolle Erfahrungen, schwierige Situationen und akute Lebenskrisen mehr oder weniger gleich behandelt, denn wir können ihnen, was die Betrachtung über längere Zeiträume hinweg angeht, mit ähnlichen Mitteln und Analysen zu Leibe rücken. Nun wollen wir jedoch als Beispiel für die weiteren Erörterungen eine Krise im engeren Sinne heranziehen. Nehmen wir etwa eine schwere Lebenskrise, ausgelöst durch Trennung und Verlust, sei es der plötzliche Tod eines Angehörigen oder das jähe Ende einer tiefen Beziehung. Es ist sehr unterschiedlich, wie Menschen mit solch einschneidenden Erlebnissen fertig werden. Üblicherweise trauert man eine kürzere oder längere Zeit, überwindet irgendwann den Schock und den nachfolgenden Schmerz und nimmt dann wieder am Leben Anteil. Es kommt aber auch vor, dass ein Mensch mit einer solchen Situation nicht fertig wird, dass er zur Verarbeitung unfähig ist. Es kann sogar zum Zusammenbruch kommen, so dass ärztliche oder psychologische Hilfe erforderlich ist.

Diejenigen, die solche Krisenzeiten schon durchgemacht haben, können sich sicherlich noch daran erinnern, wie es ihnen in der schwärzesten Phase erging. Handelte es sich um einen unerwarteten Schicksalsschlag, dann folgten auf den ersten Schock eine Art Erstarrung und Taubheit der Empfindungen. Erst danach stellte sich Schmerz ein, und noch später kamen die Gefühle von Abwehr, Wut, Ohnmacht und vielleicht Depression. Entweder waren sie irgendwann in der Lage, diese Gefühle in ein normales Trauern einmünden zu lassen, oder es kam zur Krise mit den Begleiterscheinungen: Herausgerissensein aus der gewohnten Welt und Einklinken in ein isoliertes und, wie sich später zeigt, verzerrtes Selbst- und Weltbild.

Was kann man in dieser Phase, in der sowohl die Wahrnehmung wie auch die Kommunikation mit der Umwelt nicht wie gewohnt funktioniert, tun? Nicht viel! Die Handlungsfähigkeit ist stark eingeschränkt, und die Hauptaufgabe besteht im Überleben – von einem Tag zum anderen. Es gibt nichts Schlimmeres als gut gemeinte Tröstungen wie diese: »Na komm, das Leben geht weiter, und einmal wirst auch du wieder bla bla bla …« oder »Reiß dich gefälligst zusammen! Meinst du, du bist die Einzige, der es so geht?« Appelle dieser Art haben in der schwarzen Phase keinerlei positive Wirkung, sie verschlimmern alles noch. Was noch am ehesten als Wohltat empfunden wird, ist verständnisvolles Mitfühlen, bei dem das Leiden als Leiden gesehen und nicht bagatellisiert wird. Aus Gesprächen mit depressiven Menschen kenne ich folgenden Effekt: Auf die Frage, wie es ihm gehe, antwortet der Depressive: »Entsetzlich. Alles ist total sinnlos. Ich frage mich jeden Tag, warum ich überhaupt noch lebe. Es ist einfach unerträglich.« Und wenn ich dann zustimme: »Stimmt. Es ist wirklich unerträglich. Das Leben *ist* Leiden. Man muss sich wirklich fragen, warum nicht viel mehr Leute Depressionen haben«, dann habe ich schon des Öfteren erlebt, dass mein Gegenüber mich überrascht anschaute und erleichtert sagte: »Diese Antwort hab' ich jetzt aber nicht erwartet. Meistens wollen mich die Leute bloß vom Gegenteil überzeugen« – und damit ist das Eis gebrochen, der Kontakt hergestellt, und wir können gemeinsam versuchen, ein paar heilsame Akzente in all das Elend zu setzen.

Ertragen und überleben heißt die Devise in der schwarzen Phase. Es ist hilfreich, wenn man sich in diesen finsteren Zeiten daran festhalten kann, dass alle Erscheinungen – auch diese – dem Wandel und der Vergänglichkeit unterworfen sind. Das Schlimmste an einer Depression ist, dass man die Hoffnung verloren hat. Man sieht kein Licht am Ende des Tunnels. Da kann es wirklich nützlich sein, sich daran zu erinnern oder erinnern zu lassen, dass nichts bleibt, wie es ist. Selbst wenn sich ein verzweifelter Mensch überhaupt nicht vorstellen kann, wie es jemals anders werden soll oder wie sich die Situation später gestalten könnte, kann doch der Gedanke an den steten Wandel die Last ein ganz klein wenig erleichtern.

Das wiederum bedeutet aber nicht, dass sich die schwarze Phase abkürzen lässt. Ihr Ablauf lässt sich auch kaum beschleunigen. Es gibt keine anderen Mittel, als sie – notfalls mit fachmännischer Hilfe – buchstäblich auszusitzen, bis man wieder aktionsfähig ist. Glücklicherweise können wir in der Regel auf unsere Selbstheilungskräfte vertrauen, auch in Zeiten, in denen wir sie nicht mehr direkt wahrnehmen können.

Sobald der Druck etwas nachgelassen hat, hilft das Nachdenken über Bardo. Das tibetische Wort *bar-do* bedeutet Zwischenzustand und wird für Übergangsphasen verwendet, auch für den Zeitraum zwischen Tod und Wiedergeburt. Im günstigsten Fall ist das Bardo eine Phase der Besinnung – auf die Existenz, die hinter uns liegt, auf den gegenwärtigen Zustand und auf das nächste Leben, dem wir aufgrund unserer inneren Ausrichtung entgegendriften. Wenn Sie das Tibetische Totenbuch gelesen haben, wissen Sie, dass dieses Modell nicht nur auf Sterben und Wiedergeburt im landläufigen Sinne angewendet werden kann, sondern auch auf Situationen im Laufe eines Lebens. Wir können uns darin üben, die Zwischenzustände sinnvoll zu nutzen: innehalten, uns besinnen und darin ein Moment von Freiheit erfahren. Bardo-Erfahrungen bewusst zu erleben und zur Orientierung zu benutzen kann sehr bereichernd sein. Versuchen wir es mit einer Übung.

Meditative Übung: Bardo-Momente

Ich richte meine Aufmerksamkeit auf den gegenwärtigen Moment, auf mein körperliches und geistiges Befinden und beginne dann mit der Atembetrachtung. Bei dieser Übung konzentriere ich mich vor allem auf die Pausen zwischen dem Ein- und Ausatmen beziehungsweise zwischen dem Aus- und wieder Einatmen, auf diese kurzen Augenblicke, in denen scheinbar nichts geschieht.

Nun durchkämme ich die Tage der vergangenen Woche und wähle für die Betrachtung eine Begebenheit aus, die mich emotional stark berührt hat, entweder angenehm oder unangenehm. Ich vergegenwärtige mir diese Begebenheit möglichst genau und achte dabei auf meine Gefühle. Ich bleibe bei dieser Szene, bis mir alles wieder klar vor Augen steht.

Dann frage ich mich: Was kam danach? Was war die nächste Wahrnehmung, die nächste Handlung, der nächste Eindruck, der den soeben erinnerten überlagerte und verwischte? Ich versuche, mich an den nächsten greifbaren Moment ebenfalls möglichst genau zu erinnern und ihm nachzuspüren, bleibe aber nur kurz dabei.

Und nun richte ich meine Aufmerksamkeit auf das, was dazwischen lag. Im ersten Moment scheint es vielleicht, als wäre da gar nichts. Ich lasse mich davon nicht beirren, sondern betrachte längere Zeit dieses scheinbare Nichts. Was auch immer ich dabei an schattenhaften Bildern, Gedankenfetzen oder Gefühlsnuancen wahrnehme, lasse ich stehen, ohne den Versuch zu machen, es zu benennen oder festzuhalten. Gewissermaßen aus den Augenwinkeln beobachte ich lediglich den atmosphärischen Eindruck dieses ungreifbaren Moments, so fein und entspannt wie nur möglich.

Nach einer Weile kehre ich zurück zum Atem und zur gegenwärtigen Situation.

Möglicherweise kommt Ihnen diese Übung beim ersten Mal schwierig und unverständlich vor. Versuchen Sie es trotzdem, warten Sie auf nichts Bestimmtes, üben Sie sich in Geduld. Es ist ziemlich spannend. Irgendwann stellt sich die Empfindung ein, ganz schwach etwas wahrzunehmen, was ansonsten fast unsichtbar ist. Erstaunlicherweise ist das mit einem leisen Gefühl von Freude und Aufregung verbunden, so, als würden Sie etwas wieder finden, was Sie vor langer Zeit verloren haben. Versuchen Sie nicht, es in Worte zu fassen, sonst verflüchtigt es sich gleich wieder.

Gewohnheitsmäßig richten wir unsere Aufmerksamkeit nur auf diejenigen Wahrnehmungen, die uns der Mühe wert zu sein scheinen. Meist sind es solche, die unser Ich mehr oder weniger direkt tangieren. So scheint unser Leben eine ununterbrochene Kette relevanter Handlungen und Erfahrungen zu sein. Der Blick auf die Bardo-Momente hingegen ist ungewohnt, kann uns jedoch bei einiger Übung mit einer Qualität von Stille und Nicht-Handeln beschenken, von der wir gar nicht wussten, dass auch sie Teil unseres Lebens ist. Wenn wir uns daran gewöhnen, sie stärker zu beachten, werden wir sie immer mehr schätzen: als willkommene Pausen, in denen wir nichts verarbeiten und nicht reagieren müssen, sondern innehalten, Atem holen, betrachten und Einsicht gewinnen.

Im Rahmen ihrer Unterweisungen zu längeren Meditationsphasen in Zurückgezogenheit (Retreat) wiesen meine Lehrer immer wieder darauf hin: »Die Pausen sind genauso wichtig wie die Sitzungen.« Ein Satz, den man leicht überhört. Erst im Lauf der Jahre ist mir seine Bedeutung aufgegangen. Er erinnerte mich schließlich an eine Stelle im ersten Buch von Carlos Castaneda *(Die Lehren des Don Juan)*, in dem Don Juan seinen Schüler anweist, ganz bewusst und konzentriert die Zwischenräume zwischen den Objekten, auf die sonst niemand achtet, zum Gegenstand seiner Wahrnehmung zu machen. Üblicherweise lassen wir die Flut unserer Wahrnehmungsreize zu Objekten gerinnen. Das müssen wir auch, weil wir uns sonst in unserer Umwelt nicht orientieren können. Aber mit dieser Gerinnung ist eine gewisse Verfestigung verbunden, die auch uns selbst in unseren Interpretationen und Reaktionen festlegt. Wenn wir auf der Suche nach Freiräumen zur Veränderung sind, dann ist es nützlich, auf die nicht so stark besetzten Zwischenräume und Bardo-Momente zu achten.

Haben wir in ruhigen Zeiten darin eine gewisse Übung gewonnen, so können wir in Krisenzeiten davon Gebrauch machen. Es gibt keine ununterbrochene Verzweiflung, keine ununterbrochene Depression, keinen ununterbrochenen Schmerz. Der Geist ist einfach nicht in der Lage, die Konzentration auf einen einzigen Inhalt lückenlos aufrechtzuerhalten. Wenn wir in kritischen Phasen die Bardo-Momente erfassen und wirken lassen können, werden sie sich mit der Zeit ausweiten, und der heilsame, krampflösende Effekt wird spürbar. (Ich habe es ausprobiert: Es hilft sogar gegen Flugangst!)

Blick zurück

Der Blick zurück ist das Nächste, was möglich wird, wenn der Leidensdruck allmählich nachlässt. Automatisch wandern unsere Gedanken zurück, und wir können nun einen gewissen Einfluss darauf ausüben, *wie* sie das tun. Auch hier kann die innere Haltung der Bardo-Übung hilfreich sein. Zunächst werden wir wahrscheinlich die stark emotional gefärbten Erinnerungen reaktivieren und in sie hineingehen, das heißt, wir identifizieren uns mit den Bildern, die sich einstellen. Das ist verständlich, aber als Dauerlösung nicht optimal, weil es sich – und uns – im bloßen Wiederholen erschöpft. Eine andere Möglichkeit, die mit der Zeit stärker zum Zuge kommen kann, wenn wir uns darum bemühen, besteht im Betrachten, Auswerten und schließlich im Verstehen der Vorgeschichte, die zu dieser Krise geführt hat. So wie wir im

Sterbeprozess oder zwischen zwei Existenzen das vergangene Leben blitzschnell Revue passieren lassen und auf seine wesentlichen Erfahrungen hin auswerten, genauso können wir das nun mit der Vorgeschichte der Krise tun.

Dazu ein paar Überlegungen. Achten Sie darauf, was sie beim Durchlesen in Ihnen auslösen.

> *Die Tatsache, dass ich einen geliebten Menschen verloren habe, hat eine Vorgeschichte, und ebenso die Tatsache, dass ich mit diesem Erlebnis nicht fertig wurde und in eine Krise geriet.*
> *Tatsachen und Erlebnisse sind nicht losgelöst von mir selbst, von meiner Person und meiner inneren Gestimmtheit.*
> *Meine innere Gestimmtheit ist geprägt durch mein Handeln über lange Zeit hinweg.*
> *Mit einem ganz persönlichen inneren Klima begegne ich der Welt.*
> *Ich verhalte mich in Beziehungen in einer ganz bestimmten Weise.*
> *Ich verarbeite angenehme oder schwierige Erfahrungen auf meine ganz eigene Art.*
> *In meinem Erleben drückt sich mein individuelles Existenzmuster aus.*
> *Ich werde herausfinden, welche Möglichkeiten des Verstehens und Veränderns dieses Muster mir bietet. Ich kann zwar nicht alles nach meinen Wünschen gestalten, aber ich bin auch nicht völlig hilflos.*

In den Lehrreden des Buddha wird die Geschichte der verzweifelten Mutter Kisagotami erwähnt. Sie bittet den Buddha um Hilfe, weil sie sich mit dem Tod ihres Kindes nicht abfinden kann und sich in den Wahn verrannt hat, es sei nur krank. Nicht der Tod des

Kindes ist das, was zur Verstörung und Krise führt, sondern die vorübergehende Unfähigkeit der Mutter, mit diesem Geschehen umzugehen. Was tut der Buddha? Er hält ihr keine langen Reden, sondern bittet sie, ihm für die Zubereitung einer Medizin für das Kind Sesamkörner aus einem Haus zu bringen, in dem noch nie jemand gestorben ist. Sie läuft los und nimmt erstmals wieder *Kontakt* auf zu den Leuten in ihrem Dorf. Nur so kann sie herausfinden, was der Buddha ihr klar machen will: dass niemandem die Erfahrung von Tod und Trennung erspart bleibt. Sie entwickelt Einsicht, und dadurch verändert sich alles für sie. Darin bestand die Medizin, die der Buddha ihr versprochen hat – allerdings war sie nicht für das tote Kind bestimmt, sondern für Kisagotami selbst.

Zum Erforschen der Vorgeschichte gehört die Frage, mit welcher inneren Einstellung wir durchs Leben gehen – durch dieses Leben, das uns in jedem Moment Kummer und Leid bescheren kann. Es gibt Menschen, die hartnäckig glauben, dass die Welt ihnen etwas schuldet; sie erwarten, dass sich immer alles nach Wunsch entwickelt, dass Veränderungen höchstens ein bisschen Abwechslung bedeuten, und sie sind beleidigt, wenn sich das nicht erfüllt. Andere glauben von sich, dass sie in der Lage sind, dem Auf und Ab des Lebens gelassen und weise zu begegnen. Oder zumindest mit dem Unvermeidlichen irgendwie fertig zu werden. Die meisten Leute aus meinem Bekanntenkreis, die irgendwann in ihrem Leben in eine tiefe Krise gestürzt sind, meinten später dazu: »Ich hätte nicht gedacht, dass mir sowas passieren kann. Ich bin doch sonst wirklich ein Mensch, der mit beiden Beinen auf dem Boden steht.«

Wir wissen zu wenig über unsere eigene Verletzlichkeit, über die tief sitzende Angst und den verborgenen Schmerz eines jeden Wesens, das sich vom Rest der Welt getrennt fühlt. Normalerweise haben wir unser Leben so organisiert, dass wir nicht an diesen Schmerz rühren. Wir haben gut funktionierende Überlebens- und

Abwehrmechanismen entwickelt. Nur manchmal, wenn etwas passiert, was uns unvorbereitet trifft und alle unsere Verteidigungslinien unterläuft, werden wir grausam aus dem Halbschlaf gerissen, und es kann sein, dass der Schmerz über uns zusammenschlägt. Wir werden handlungsunfähig und brechen vorübergehend den Kontakt zu uns selbst und zur Umwelt ab, weil wir keine weiteren Informationen mehr ertragen können.

Der Schmerz, der nicht mehr zu ertragen ist, ist nicht der Schmerz über etwas oder über jemanden, sondern unser eigener innerer Zustand der Getrenntheit, der durch äußere Auslöser wachgerufen wird. Das Leben im Zustand grundlegender Unwissenheit ist leidvoll, sagt der Buddha. Und das trifft auf eine viel dramatischere Art zu, als wir uns zunächst vorstellen können. (Zum Glück ist das nicht sein letztes Wort in dieser Angelegenheit.)

Eine sehr ergiebige Übung zu dieser Thematik ist die Betrachtung des Alleinseins. Wie immer, sollten Sie sie nur dann und nur so weit durchführen, wie Sie es für angemessen halten. Nicht harte Konfrontation, sondern ruhiges Betrachten ist unsere Methode.

Meditative Übung: Ich bin allein

Ich setze mich aufrecht hin, richte meine Aufmerksamkeit auf den gegenwärtigen Moment und achte dann auf den ununterbrochenen Prozess des Ein- und Ausatmens. Atmen findet statt. Atmen geschieht. Atem fließt, begleitet von achtsamer Beobachtung. Da ist kein »Ich« notwendig, kein »Ich atme«, um diesen Vorgang zu steuern, und auch kein »Ich beobachte«. Es ist ein Geschehen im Moment, nur das.

Nun lasse ich jeden der folgenden Sätze kurz auf mich einwirken, nehme mir für jeden etwas Zeit und achte darauf, welche Gedankenketten und Gefühle er in mir auslöst, ohne mich jedoch mit ihnen zu

*identifizieren oder mich mitreißen zu lassen. Ich bleibe im Zustand
des Betrachtens.*

*Ich war allein, als ich geboren wurde. – In gewisser Weise bin ich im-
mer allein. – Mein Kontakt zur Welt besteht nur im Wahrnehmen
und Interpretieren von Sinnesreizen. – Was in den anderen Menschen,
auch den nächsten, vorgeht, kann ich nicht wirklich wissen. – Es gibt
nicht die geringste Garantie dafür, dass mein Weiterleben in der
nächsten Stunde noch gesichert ist. – Vielleicht werde ich in Not sein,
und niemand kann sich um mich kümmern. – Ich werde allein sein,
wenn ich sterbe. – Alle meine Beziehungen und Bindungen zu Menschen und Tieren werden irgendwann enden. – Dieser Körper wird
mir irgendwann den Dienst aufsagen. – Der Geist wird irgendwann
alles vergessen, was heute mein Wissen ausmacht. – Jeder lebt für sich
allein in einer eigenen Welt.*

*Dann lasse ich diese Überlegungen ganz bewusst los und verweile ein
paar Minuten in der reinen Betrachtung des gegenwärtigen Moments.
Ich selbst, die Umwelt, das Dasein … ich nehme mit weit offenem
Geist ganz bewusst wahr, was jetzt da ist, und beende dann die
Übung mit der Rückkehr zum Atem.*

Wenn Sie sich für diese Übung etwas Zeit nehmen und sie konzentriert durchführen, werden Sie vermutlich herauskommen wie
aus einem Wechselbad. Das Nachdenken über das Alleinsein wirkt
erst einmal bedrohlich und beängstigend. Möglicherweise ging es
Ihnen wie beim Ansehen eines spannenden Thrillers: Man kann
kaum hinsehen, aber wegschauen geht erst recht nicht; es ist gru-
selig und faszinierend zugleich.

Meistens ist diese Übung mit einem Gefühl ungeheurer Intensität und gesteigerter, lebendiger Präsenz verbunden. Und oft stellt
sich nach einiger Zeit eine gewisse Leichtigkeit ein. Wir sehen unsere Gedanken und uns selbst perlen wie Luftblasen im Wasser,
Gelächter steigt auf und so etwas wie ein unbekümmertes »Na

und?« Wenn wir uns genügend Zeit lassen, meldet sich vielleicht eine leise Stimme von ganz hinten: »Das stimmt doch gar nicht. Natürlich, in gewisser Weise kann man schon sagen, dass ich letztendlich immer allein bin; und doch ist es nicht die ganze Wahrheit …«

Wir können uns letztlich an nichts und niemandem, nicht einmal an uns selbst, festhalten. Das ist ein Thema des buddhistischen Stufenwegs, vor dem sich die Übenden anfangs fürchten und bei dem sie die größten Überraschungen erleben. Das Nachdenken über Tod, Vergänglichkeit und Alleinsein, wenn es richtig – das heißt, entspannt, ohne Druck und falsche Erwartungen – geübt wird, führt durch die Angst hindurch zu einer ganz neuen Erfahrung von Freude und Vertrauen. Es rückt Perspektiven zurecht und befreit vom übertriebenen Kleben an alltäglichem Kleinkram. Man könnte einwenden, dass das ja sein mag, solange es als harmlose Trockenübung praktiziert wird; wenn es aber wirklich ernst wird, schaut es doch ganz anders aus – oder? Nicht unbedingt. Wenn das Einüben einer neuen, offenen, annehmenden Haltung wirklich zu Vertrauen und gelebter Erfahrung geführt hat, dann bewährt es sich auch angesichts extremer Herausforderungen. Ich habe dafür überzeugende und sehr bewegende Beispiele im Kreis meiner Dharmafreund/innen erlebt.

Es ist also bei dieser Übung fast sekundär, wie unsere persönlichen Resultate im Einzelnen aussehen. Wichtig ist vielmehr, dass wir sie überhaupt gemacht haben, dass wir es gewagt haben, uns dem Schrecken unserer Verletzbarkeit und unseres Ausgeliefertseins zu stellen. Und *voilà*: Es hat uns nicht umgebracht! Das Schlimmste ist die Angst vor der Angst. Indem wir die Augen vor der Realität verschließen, hindern wir uns selbst daran, die verborgenen Chancen ausfindig zu machen.

Kehren wir nun zurück zum Ausgangspunkt dieser Überlegungen. Die Frage nach der Vorgeschichte der Krise führte uns zu *einer* möglichen Antwort: der Verweigerung von Realitätskontakt aus

Angst. »So will ich es haben, und anders kann ich es nicht akzeptieren!« – eine solch starre Haltung fordert dynamische Energiefreisetzungen geradezu heraus. Das ist ein Aspekt, den es zu beachten gilt. Es gibt natürlich noch zahlreiche weitere, deren ausführliche Behandlung hier zu weit führen würde, die wir aber selbst in unserer Biografie entdecken können. Wie kann die Vorgeschichte in uns selbst aussehen, die dazu führt, dass uns der Verlust eines Menschen in eine Krise stürzt? Wie ist es um unser Selbstbild bestellt? Vertrauen wir auf unsere eigene Kraft, oder fühlen wir uns hilflos, ohnmächtig und wertlos ohne die Bestätigung von außen? Drücken uns Schuldgefühle, weil die Verlusterfahrung bei uns nicht die Gefühle ausgelöst hat, die wir für angemessen und richtig halten? Vielleicht empfinden wir Zorn, Wut, Hass, Abwehr statt Kummer und sind dadurch verwirrt? Was es auch sei – eine Krise, die uns vorübergehend außer Gefecht gesetzt hat, liefert uns beim späteren Studium der Vorgeschichte äußerst nützliche Hinweise auf verborgene Bezirke unserer Innenwelt. Es ist wertvolles und authentisches Material, das uns hilft, uns selbst und unser Potenzial besser kennen zu lernen.

Blick nach vorn

Wir erinnern uns: Bardo ist der Zwischenzustand zwischen zwei Existenzen oder auch zwischen zwei Situationen, ein Innehalten, das uns erlaubt, den Blick nach rückwärts zu richten und die vergangene Situation im Hinblick auf ihre Auswirkung auf den gegenwärtigen Moment auszuwerten. Danach richten wir automatisch den Blick auf die Zukunft und fragen uns, was aus dem gegenwärtigen Moment resultieren kann und soll. Den gegenwärtigen Moment – zum Beispiel die Krise, ausgelöst durch den Verlust eines geliebten Menschen – haben wir angenommen. Die Untersuchung der Vorgeschichte hat uns Aufschlüsse darüber vermittelt, warum diese zum menschlichen Leben unvermeidlich dazugehörende Erfahrung in diesem Fall zu Kontrollverlust und Handlungsunfähigkeit geführt hat. Daraus hat sich eine andere, erweiterte Einstellung der Krise selbst gegenüber ergeben. Wie geht es nun weiter?

Das Schlimmste ist erst einmal überstanden. Allmählich haben wir wieder gelernt, uns zurechtzufinden und Kontakt mit uns selbst und der Umwelt aufzunehmen. Aber wir sind nicht mehr der gleiche Mensch wie vorher, das Geschehen hat uns verändert. Dem müssen wir Rechnung tragen. Vielleicht versuchen wir im ersten Anlauf, wieder da weiterzumachen, wo wir waren, als der Schicksalsschlag uns traf. Nichts würden wir lieber tun, als in die gewohnte Normalität zurückzuschlüpfen. Aber die Wahrscheinlichkeit ist groß, dass wir das nicht mehr als stimmig empfinden. Wir haben überlebt, aber jetzt geht es darum, sich neu zu orientieren. Wie weit uns unser soziales Umfeld dabei unterstützt, ist fraglich. Gut ist es, nicht allzu viel zu erwarten, sondern sich auf sich selbst zu stützen und dabei das eben (wieder)gewonnene Gleichgewicht vorsichtig auf die Probe stellen.

Eine sehr verunsichernde Erfahrung ist es, in eine Umwelt zurückzukehren, aus der wir eine Zeit lang herausgenommen waren, vor allem dann, wenn wir Einschneidendes erlebt haben. Männer, die aus dem Krieg zurückkehren, sind damit konfrontiert, ebenso entlassene Gefangene oder Menschen, die eine schwere Krankheit überstanden haben oder lange im Ausland waren. Es gibt für diese Situation in den Märchen vieler Völker ein mythisches Bild: Eine Prinzessin (ein Mönch, Ritter, Reisender) verirrt sich auf einem Spaziergang, gerät durch einen Spalt im Fels ins Land der Feen (Elfenreich, Zaubergarten) und verbringt dort eine gewisse Zeit. Sie muss dort Gefahren überwinden, Prüfungen bestehen und Aufgaben lösen, bekommt aber auch unerwartet Zuspruch und Unterstützung. Durch die Berührung mit einer anderen Welt verändert sie sich, ohne es zu wissen. Als sie wieder zurückkehrt, sind hundert Jahre vergangen, die Umgebung ist ihr völlig fremd, und niemand kennt sie mehr.

Innere Veränderung verlangt nach äußerer Entsprechung. Denjenigen, die eine »Häutung« hinter sich haben, ist es kaum möglich, übergangslos zur gewohnten Tagesordnung zurückzukehren. Ihre Art zu denken und zu kommunizieren, ihre Wertmaßstäbe und Vergleichskriterien haben sich verändert. Das merken sie selbst, und das merken auch die anderen. Vielleicht bleiben die Veränderungen innerhalb der Toleranzgrenzen der näheren Umgebung, vielleicht aber auch nicht. »Die ist aber komisch geworden«, ist eine mögliche Reaktion des Nichtverstehens. Was empfindet die betroffene Person dabei? Wie kann sie damit umgehen? Mit einer Übung können wir versuchen, uns das zu verdeutlichen.

Meditative Übung: Rückkehr

Ich setze mich aufrecht hin und nehme bewusst mein momentanes Befinden wahr. Dann richte ich die Aufmerksamkeit auf meinen Atem. Entspannt und ungehindert lasse ich ihn ein-und ausströmen und mache mir klar, dass ich keinen einzigen Atemzug festhalten kann. Die Erscheinungen, die mein Leben ausmachen, kommen und gehen wie der Atem. Ich bin ein Teil von ihnen, aber ich besitze und beherrsche sie nicht.

Nun mache ich eine Fantasiereise in die Zukunft. Ich stelle mir vor, ich würde irgendwann nach fünfzehnjähriger Abwesenheit an meinen jetzigen Wohnort oder in das Haus meiner Familie zurückkehren. Ich male mir aus, wie ich am Bahnhof ankomme und durch die Straßen gehe, bis ich in die vertraute Gegend komme, wie ich nach Veränderungen Ausschau halte und nach bekannten Gesichtern. Noch hat mich niemand erkannt. Ich kann mich ganz auf das Schauen konzentrieren.

Dann trete ich mit bekannten Menschen in Kontakt, sei es, dass ich mich zu erkennen gebe, sei es, dass sie mich von sich aus erkennen.

Wie sind die Gefühle? Wie sehen die anderen aus? Sind sie stark gealtert? Was haben wir uns zu sagen? Wie verläuft der erste Sturm der Überraschung?

Wie geht es danach weiter? Wie tauschen wir uns aus? Auf welcher Basis? Ich nehme sehr deutlich wahr, dass die anderen untereinander verbunden sind durch eine gemeinsame Geschichte, die sie all die Jahre über miteinander geteilt haben. Sie selbst sehen das gar nicht, aber ich als Außenstehende/r sehe es deutlich. Früher war ich ein Teil davon, jetzt nicht mehr. Wir können über alles Mögliche miteinander reden, aber ich bin nicht mehr Teil dieser Welt. Wie wirkt das auf mich? Welche Gefühle löst es aus? Kann ich es akzeptieren? Welche Konsequenzen ergeben sich daraus? Kann ich bleiben? Muss ich wieder gehen? Wohin möchte ich gehen? Ich verweile bei diesen Betrachtungen, bis ich glaube, dass ich die Situation voll erfasst und ausgeschöpft habe.

Nun kehre ich zurück zum Atem und in die gegenwärtige Situation und lasse dann die Übung langsam ausklingen.

Es kann sein, dass Sie mit einer gewissen Wehmut feststellen, dass ein dauerhaftes Bleiben nicht mehr möglich ist. Die Veränderungen in Ihnen haben eine neue Lebenssituation erzeugt, die zu ihrem Recht kommen will. Ihre früheren Freundinnen und Freunde haben vielleicht Schwierigkeiten, das zu verstehen, denn sie haben ja die verändernden Erfahrungen nicht geteilt und sehen Sie noch im Licht der gewohnten Beziehungen. Ihr Verständnis dafür darf aber nicht zur Fessel für Sie werden. Es ist gut, wenn Sie zu allen freundlich sein können, seien Sie aber vor allem auch freundlich zu sich selbst! Nehmen Sie sich selbst wahr, und finden Sie heraus, was für Sie Leben bedeutet. Nicht *für* jemanden, auch nicht *gegen* jemanden, sondern so, wie es authentisch ist und Ihnen entspricht.

Wie geht es Ihnen, wenn Sie das lesen? Bei manchen Menschen löst die bloße Vorstellung Schuldgefühle aus. Wenn das der Fall sein sollte, versuchen Sie es vielleicht einmal mit diesem Bild:

Ich stehe auf einem Hügel in einer schönen, weiten Landschaft.
Ich spüre die Wärme der Sonne auf meiner Haut, den Wind in meinem Haar,
atme den Geruch von Gräsern und Bäumen ein.
Ich weiß, dass die Landschaft von Menschen und Tieren be-wohnt ist.
Einige kann ich sehen.
Ich nehme, wie sie, meinen Platz in der Welt ein – nicht mehr, nicht weniger.
Es ist gut so.
Ich lächle.

Besser vorbereitet für die Zukunft

Eine Krise haben wir überstanden und etwas aus ihr gelernt. Wie aber wird es uns beim nächsten Schicksalsschlag ergehen? Es gibt ja keine Regel, die besagt, dass man/frau in jedem Leben nur einmal drankommt. Zunächst erscheint es uns unvorstellbar, dass wir das, was uns unter dramatischen Umständen an Erfahrung und Wissen zugewachsen ist, einfach in die Schublade legen und allmählich vergessen könnten. Aber das ist nicht nur denkbar, sondern sogar wahrscheinlich, wenn wir die Weichen nicht ganz gezielt anders stellen. Ich kenne eine Reihe von Menschen, die unter dem Einfluss aufwühlender Ereignisse wie Krankheit, Trennung oder Tod ihr routinemäßiges Denken und Handeln vorübergehend abschüttelten und eine Lebendigkeit, Nachdenklichkeit, Offenheit und Sensibilität entwickelten wie nie zuvor. Nach einiger Zeit hatten sich die Wogen jedoch geglättet, und alles war wie vorher, soweit man es von außen beurteilen kann; sicher waren unverlierbare Eindrücke abgespeichert, und die innere Grundstimmung hatte sich leicht verändert, aber es hätte mehr daraus werden können. Andere wieder nahmen die Krise zum Ausgangspunkt für eine tief greifende Veränderung ihres Lebensplans und fanden zu neuen, befriedigenderen Zielen und Handlungsweisen.

Es ist immer schwierig, Empfehlungen abzugeben, denn die Existenzmuster, Zielsetzungen und Aufgabenstellungen sind unterschiedlich. Doch in den weitaus meisten Fällen ist es die bessere Alternative, ein paar wesentliche Impulse und Anregungen herauszufiltern und entschlossen weiterzuverfolgen. Wenn wir Veränderungsbedarf erkennen und entsprechend handeln, können wir dadurch künftige Krisen, wenn schon nicht verhindern, so doch zumindest deutlich abmildern. Unabhängig davon trägt die Arbeit an und mit uns selbst *vom ersten Moment an* Früchte. Mehr Verständnis für unser eigenes Existenzmuster bedeutet automatisch auch mehr Verständnis für andere, und diese beiden Dinge können unsere Lebensqualität erheblich verbessern. Wenn wir unserem inneren Potenzial erlauben, sich Schritt für Schritt zu entfalten, ist es gar nicht zu vermeiden, dass wir eine gewisse Lebensfreude und Zufriedenheit ausstrahlen. Das Echo wird entsprechend sein. Wir beschäftigen uns also mit unserem eigenen Geist, mit unsere Möglichkeiten und Prägungen keineswegs nur im Hinblick auf ein dereinst vielleicht zu erreichendes Fernziel, sondern wir erleben auch eine heilsame Sofortwirkung.

Wie geht es weiter?

Die Handlungsspielräume sind immer größer, als wir denken. Wir müssen zwar damit rechnen, dass uns auch in Zukunft schwierige Situationen begegnen und wir die Dinge niemals hundertprozentig in den Griff kriegen werden. Aber es liegt zum großen Teil in unserer Hand, was wir mit ihnen machen und was sie mit uns machen.

Krisen sind Elemente eines persönlichen Gesamtmusters, und wir haben mindestens zwei Möglichkeiten zur Auswahl: Wir können uns damit begnügen, das Muster nach und nach besser kennen zu lernen und den Einsatz unserer Mittel zu optimieren, ohne dass eine darüber hinaus reichende Motivation damit verbunden sein muss. Das ist völlig in Ordnung und für viele Menschen der Weg, den sie gehen wollen. Wir können uns aber auch fragen, in welche noch größeren Zusammenhänge dieses Muster eingebettet ist, welche Kräfte darauf einwirken und worauf es letztendlich abzielt. Wenn der Drang nach Einsicht und Erkenntnis in uns so stark wird, dass er alle anderen Motivationen überlagert, dann können wir dem spirituellen Weg nicht mehr ausweichen.

So erging es der bereits erwähnten verzweifelten Mutter Kisagotami. Nachdem sie die Unterweisung des Buddha empfangen hatte, fing sie an, sich mit ihrer Situation auseinander zu setzen. Eins führte zum anderen, und schließlich trat sie in den Nonnenorden ein und erlangte noch zu Lebzeiten das Ziel, die Befreiung. Eine andere buddhistische Nonne, die ganz ähnliche Erfahrungen machte, beschrieb ihren Weg so:

> *Von Trauer um mein Kind gequält, verwirrten Geistes, außer mir,*
> *entblößt und mit gelöstem Haar irrte ich hierhin und dorthin.*
> *Bei Straßen-Kehrichthaufen, auf Leichenstätten und auf Straßen wanderte ich umher,*
> *drei Jahre lang, von Hunger und Durst geplagt.*
> *Da sah ich den Glückseligen, der in die Stadt Mithila gekommen war,*
> *den Bezähmer der Ungezähmten, den Vollerwachten, völlig Furchtlosen.*
> *Da kam ich wieder zu mir, grüßte ihn und näherte mich ihm.*

Voller Mitgefühl lehrte er, Gotama, mich die Wahrheit.
Seine Lehre im Ohr, zog ich aus in die Hauslosigkeit.
Mich übend im Wort des Lehrers, verwirklichte ich den
Zustand der Glückseligkeit.
Alle Trauer ist zu Ende, aufgegeben, beendet,
denn ich verstehe nun die Grundlage, aus der heraus Leid
entsteht.«
(die Nonne Vasitthi, Therigatha 31–38, in der Übertra-
gung von Adelheid Herrmann-Pfandt)

Der Eintritt in den Mönchs- oder Nonnenorden ist nur eine der
Möglichkeiten, sich auf den geistigen Weg zu begeben. Ich war
selbst mehr als sieben Jahre lang buddhistische Nonne und kenne
diese Lebensweise aus eigener Erfahrung gut genug, um sagen zu
können, dass sie – trotz aller Schwierigkeiten im Westen – in besonderer Weise mit Kraft und Intensität (altmodisch: Segen) aufgeladen ist. Mein Respekt gehört allen, die diesen Weg wählen
und dabei bleiben. Aber andererseits erfahre ich täglich, dass es in
allen Situationen – Beziehung, Familie, Beruf, spirituelle Gemeinschaft – möglich ist, die Lehre umzusetzen, Schwierigkeiten zu
überwinden und sich weiterzuentwickeln. Sie alle setzen nur eines
voraus: Einsatz.

Viele Menschen, die eigentlich nur nach Lösungsansätzen für
ihre Probleme suchen, erleben bei immer tieferer Betrachtung
Krisen schließlich als Auslöser für den spirituellen Aufbruch. Die
ursprüngliche Zielsetzung ist immer noch da, aber die Rahmen-
bedingungen haben sich völlig gewandelt.

IV.
Der Weg der inneren Entfaltung

Den Weg zu finden ist nicht leicht

Der Mensch, der zu wissen behauptet, ist nicht wissend.
Man kann nicht einmal wissen, was Wahrheit ist,
da sie etwas Lebendiges ist, während eine Methode,
ein Weg die Schritte festlegt, die man absolvieren muss,
um zur Wahrheit zu gelangen – als ob die Wahrheit etwas
Fixiertes, dauerhaft Feststehendes wäre, etwas Ihrer
Bequemlichkeit Dienendes.
(Krishnamurti)

Immer mehr Menschen verspüren gerade in unserer Zeit eine
Sehnsucht nach spiritueller Erfahrung. Krisen und schwierige Lebenslagen dienen oft nur noch dazu, diese Sehnsucht sichtbar werden zu lassen. Sie ist eine Antwort auf das, woran wir leiden. In
einer Welt, die wir als verwirrend und unüberschaubar, als kalt,
nüchtern und fordernd erleben, fühlen wir uns allein und bedroht. Wir müssen, so scheint es, ständig beweisen, dass wir in-
telligent und flexibel sind, stark und zuverlässig, clever und erfolgreich. Aber wer fragt nach unseren tatsächlichen Gefühlen? Wir
suchen nach Orientierung und Geborgenheit, nach Sinn, Wert
und Erfüllung für unser Einzeldasein. Mag dieses Dasein auch –
angesichts von sechs Milliarden Erdbewohnern – erschütternd un-
wichtig sein, so ist es doch für uns selbst von größter Bedeutung.

Also begeben wir uns auf die Suche: nach dem ganz Anderen,
nach der Qualität, nach der Quelle der Inspiration, nach der

großen, umfassenden, alles erklärenden Antwort, nach dem glückseligen Zustand jenseits der Ängste und Zweifel. Wir tragen unser Anliegen in die Schulen und Tempel der ehrwürdigen alten Traditionen. Und tatsächlich: Es scheint eine solche Antwort, einen solchen Zustand zu geben. Er wurde von Menschen verwirklicht, es gibt eine Überlieferung, das Ziel kann auch heute noch erreicht werden. Gott sei Dank! Sofort machen wir uns an die Arbeit.

Nun geschieht in vielen Fällen etwas ganz Merkwürdiges: Wir kommen uns selbst abhanden. In der verzweifelten Hoffnung, »das Andere« zu finden, es in erleuchteten Lehrern, Traditionen, Überlieferungslinien, heiligen Büchern, Organisationen, Gemeinschaften buchstäblich zum Greifen nahe vor uns zu haben, verlieren wir das Vorhandene – uns selbst – aus den Augen. Dies kann um so leichter geschehen, je pompöser ein Lehrgebäude daherkommt und je selbstbewusster es sich präsentiert, und zwar unabhängig davon, ob diese Präsentation eher konservativ oder modern gefärbt ist. Die meisten der armen, kleinen Anfänger/innen knicken angesichts dieser überlegenen Kompetenz förmlich ein und lösen sich fast in Staub auf.

Das ist verständlich, aber in der Konsequenz fatal. Verständlich deshalb, weil ja der Blick auf unseren gegenwärtigen Zustand mit Schmerz verbunden ist, während pure Verheißung uns aus einer schöneren Zukunft entgegenleuchtet, wenn wir nur immer auf dem heiligen Weg bleiben. Fatal aber deshalb, weil wir, ohne uns selbst mitzunehmen, gar nicht wirklich auf den Weg gelangen können. Wir können es nur imitieren. Und genau das geschieht häufig. Wir halten uns für spirituelle Menschen, aber wir spüren uns nicht mehr. Wir reden in abwertendem Ton von uns selbst und unserem gegenwärtigen Sein: »Das ist ja nur mein Ego, meine Unwissenheit.« »Ich habe keine Ahnung, ich bin noch nicht so weit.« »Der Lehrer kann alles, was in mir vorgeht, viel besser beurteilen als ich.« »Wenn ich noch mehrere hundert Jahre praktiziere, dann kann ich vielleicht mal tiefere Erfahrungen machen.« So geben wir die Verantwortung ab und leugnen unsere eigene Wahrnehmung – das ist nichts anderes als Gewalt und Missachtung gegen uns selbst, geboren aus der gleichen Haltung leidvoller Selbstentfremdung, die uns eigentlich auf die spirituelle Suche geführt hatte. Unsere Situation hat sich eher noch verschlimmert, denn nun haftet dem Leiden auch noch der Geruch des persönlichen Versagens in der religiösen Praxis an.

Der erste Abschnitt eines spirituellen Weges beschenkt die Praktizierenden meist mit euphorischen Gefühlen: die beste aller Lehren – endlich gefunden! Die Begeisterung kann so groß sein, dass man nicht gleich analysiert, ob man sich überhaupt in seiner kulturellen und individuellen Gesamtheit in dieser Praxis wieder finden kann. Es gibt Traditionen, bei denen das trotz aller Kompromisse schwierig ist. Einerseits scheint der Abstand zwischen dem Ist-Zustand und dem angestrebten Ziel gigantisch zu sein, wodurch die Praktizierenden in Inkompetenz und Ohnmacht geradezu festgenagelt werden. Andererseits wird entsprechend heftig jegliches Wissen und Können auf die Lehrer und die Tradition projiziert, und davon ist der Blick so gebannt, dass kaum jemand wagt, sich eine eigene, womöglich abweichende Meinung zu bilden. Diese Situation wird in religiösen Gemeinschaften selten reflektiert, sogar das Nachdenken darüber unterliegt oft einem Tabu. Solange das so ist, können selbst bei schwerwiegenden Problemen, die nach adäquaten Lösungen verlangen, die notwendigen Prozesse der Auseinandersetzung nicht stattfinden. Das ist leidvoll, jedoch muss dieses Leiden wiederum verdrängt und auf andere Ebenen verlagert werden. Oftmals kann man beobachten, dass in Gemeinschaften, die von einer solchen geistigen Stagnation betroffen sind, viel um Äußerlichkeiten wie Hierarchien, Finanzen und Organisationsfragen gestritten wird, bis es kaum noch um Inhalte geht. Für Übende, die irgendwann zu der Einsicht kommen, dass sie das alles nicht wollen, gibt es nur einen Ausweg: Zu sich selbst zurückkehren und sich als wahrnehmende und beurteilende Instanz wieder ernstnehmen. Statt nach schnellstmöglicher Erleuchtung zu streben den gesunden Menschenverstand wieder in seine Rechte einsetzen. Statt sich am großen Happen zu verschlucken, lieber kleine, aber wohlschmeckende, nahrhafte und gut verdauliche Brötchen backen.

Mit voller Absicht weise ich gleich zu Beginn des Kapitels, das der inneren Entfaltung gewidmet ist, auf mögliche Schwierigkeiten mit überlieferten Systemen hin. Es ist nicht etwa so, dass ich sie alle abschaffen möchte – dazu verdanken wir ihnen viel zu viel. Aber es ist mir ein Herzensanliegen, die Stellung und das Selbstverständnis des Individuums angesichts der Traditionen und Organisationen zu stärken. Deshalb mein Rat: Bevor Sie sich einer Richtung anschließen, ja, bevor Sie sich auch nur ernsthaft auf die Suche machen, tun Sie gut daran, Ihre Ausgangsbasis genau zu überprüfen. Welche Haltung bringen Sie mit? Wie standfest und in sich ruhend sind Sie als Einzelperson? Was sind Sie bereit einzusetzen? Und was erwarten Sie dafür? Sind Ihre Erwartungen, bei Licht besehen, realistisch? Überwiegen die Emotionen, oder steht die Vernunft im Vordergrund? Vielleicht fragen Sie jetzt: Wie soll ich das überprüfen, und wonach kann ich es beurteilen? Wenn Ihnen solche Fragen in den Sinn kommen, sind Sie im Prinzip anfällig für Strukturen, in denen Ihnen diese Arbeit abgenommen wird. Lassen Sie das nicht zu. Es geht um Sie, um Ihr Leben, um Ihre Entwicklung. Vertrauen Sie auf sich selbst, auf Ihre Intelligenz und Lebenserfahrung. Sie sind ja auch in der Lage, einen Partner zu wählen, sich für einen Beruf zu entscheiden und Kinder großzuziehen. Hier ein paar Hinweise, die Ihnen bei der Beurteilung spiritueller Angebote vielleicht helfen können:

● **Müssen, sollen, dürfen**

Achten Sie genau auf Ihre Wortwahl, wenn Sie sich mit anderen über spirituelle Themen unterhalten. Wie oft kommen in Ihren Äußerungen Begriffe wie »müssen, sollen, dürfen« vor? Wenn Sie zu Veranstaltungen gehen, Texte lesen oder meditieren: Wie viel davon ist durch spontanes, authentisches Wollen ausgelöst, wie viel durch ein Gefühl der Pflicht? Ein Psychotherapeut aus meinem Bekanntenkreis meinte einmal, seiner Meinung nach könne die intensive Beschäftigung mit spiritueller Praxis nicht zu den erhofften Ergebnissen führen, wenn der oder die Praktizierende nicht zuvor mit dem *Über-Ich* gründlich gearbeitet habe. Mit diesem Begriff bezeichnet die Psychoanalyse die Summe der Ver- und Gebote, Normen und Wertvorstellungen der Eltern und der Gesellschaft, die ein Kind verinnerlicht und dann (meist) ein Leben lang als »Stimme des Gewissens« oder richtende Instanz in sich herumträgt. Ich will damit nicht sagen, dass man eine Therapie braucht, bevor man mit der Meditation beginnen kann. Es gibt verschiedene Methoden, den durch das Über-Ich ausgeübten Druck zu reduzieren. Dabei hilft es schon, sich ein paar Fragen zu stellen und die Situation bewusst zu machen: Gibt es eine Kontrollstelle in meinem Geist, die sich mahnend zu Wort meldet, wenn ich etwas nicht »richtig« mache? Wie fühle ich mich dann? Wahrscheinlich unbehaglich, schuldig und unter Rechtfertigungsdruck. Vielleicht ist das gar nicht Gott, der Buddha oder unser Guru, vielleicht bin ich das selbst – mit dem Teil meines Bewusstseins, in dem ich diese Funktion installiert habe? Und wenn es so wäre, welche Konsequenzen hätte diese Erkenntnis?

Tatsächlich erlebe ich es in Gruppengesprächen häufig, dass ein auffallend großer Anteil der Fragen sich ums Müssen, Sollen, Dürfen dreht. Wenn ich dann zurückfrage: »Wer *muss*? Wer sagt das? Wo kommt das her?«, dann können diese Muster oft unter befreiendem Gelächter losgelassen werden. Aber sie schleichen sich immer wieder ein, wenn sie nicht entschieden zurückgewiesen oder anderweitig entmachtet werden. Dieser hartnäckige innere Richter kann die spirituelle Entwicklung gerade in der noch unsicheren Anfangsphase vergiften und in falsche Bahnen lenken, vor allem, wenn äußere Autoritäten sich als Projektionsfläche dafür geradezu anbieten.

122

● Müssen wir uns entscheiden?

Oft sieht es auch so aus, als würde uns die Beschäftigung mit spirituellen Methoden eine Menge Entscheidungen abverlangen, und zwar schon ziemlich früh. Muss ich mich nicht zu einer Religion, einer Schule, einem Lehrer bekennen, weil sie die reinsten und besten sind? Schließen sich nicht religiöse Praxis und psychologische Unterstützung gegenseitig aus? Bin ich ein Egoist, wenn ich an mein eigenes Wohlbefinden denke, und sollte ich mich nicht lieber dem Wohl aller Lebewesen widmen? Soll ich auf authentische Erfahrung in der Gegenwart verzichten, wenn mir dafür versprochen wird, dass die späteren Erfahrungen um so großartiger sein werden? Muss ich mich jetzt entscheiden, ob ich die Mittel und Methoden der inneren Entfaltung »nur« zur Lösung vordergründiger Probleme einsetzen will, oder ob ich die vollkommene Erleuchtung anstrebe?

Diese oder andere Entscheidungen, vor die die spirituelle Suche uns oft stellt, scheinen äußerst wichtig zu sein und keinen Aufschub zu dulden – ganz zu schweigen von Fehlentscheidungen, die sich angeblich verheerend auswirken könnten. Zum Teil können wir in diesen Zwängen natürlich wieder das oben beschriebene Über-Ich erkennen, zum anderen Teil jedoch tragen spirituelle Traditionen sie tatsächlich oft so an die Übenden heran, um sie auf den einzig-allerbesten Weg zu bringen. Viele Aspirant/innen lassen sich von solch dramatischem Entweder-Oder beeindrucken. Das muss aber nicht sein. Entscheidung, Bindung, Abgrenzung bedeuten immer auch Ausschluss und Verengung. Das ist schade, denn es beraubt uns wertvoller Möglichkeiten. Wir können uns dieser unnötigen Last auch verweigern.

Wir können beispielsweise aus der buddhistischen Überlieferung schöpfen und ergänzend dazu unsere persönliche Biografie mit therapeutischen Mitteln aufarbeiten; das wird der Meditation keinesfalls schaden. Wir können uns auch um unser eigenes Wohlbefinden kümmern und gleichzeitig befriedigende Beziehungen zu anderen aufnehmen. Es geht gar nicht anders. Wenn wir alle Lebewesen lieben wollten, ohne zu uns selbst freundlich zu sein, würden wir sie nur verzerrt durch die Brille unserer Defizite und Wünsche betrachten, anstatt sie mit offenem Herzen wirklich wahrzunehmen. Und was die spirituelle Erfahrung angeht: Sie ist immer JETZT. Von verheißungsvollen Zukunftsbildern dürfen wir uns ruhig inspirieren lassen, aber es wäre schlimm, wenn sie uns über mangelnde Erfahrungen in der Gegenwart hinwegtrösten müssten. Es ist wichtig, dass wir schon bei den ersten Schritten festen Boden unter den Füßen haben, sonst kommen wir nicht weiter. Wenn dann später alles noch großartiger, tiefer und weiter wird – umso besser!

● **Gelübde, Bindungen, Verpflichtungen**

Der Buddha gründete einen Mönchs- und einen Nonnenorden und erließ ein detailliertes Regelwerk, das für Jahreszeiten und Tagesablauf, Gemeinschaftsleben und Praxis einen festen Rahmen lieferte. Obwohl in den Lehrreden auch Laien erwähnt sind, denen es gelang, das Ziel des buddhistischen Weges, die Befreiung, zu erlangen, galt doch das Ordensleben als optimale Voraussetzung. Dennoch waren die Mönche und Nonnen zu jeder Zeit frei, den Orden zu verlassen, ohne dass damit Repressalien verbunden waren. Es genügte, einfach laut und deutlich seinen Austritt zu erklären, und man war im gleichen Moment aller Gelübde ledig. Wie weise!

Bindungen, die sich über einen weiten Zeitraum erstrecken, sind oft nicht unter einen Hut zu bringen mit den verschiedenen Phasen der Entwicklung, die ein Mensch durchläuft. Disziplin und Beharrlichkeit sind allerdings notwendig, aber sie verfehlen ihren Sinn, wenn sie auf Druck und Zwang beruhen, statt aus dem Herzen zu kommen. Im Einhalten von Gelübden und Verpflichtungen kann durchaus ein großer Nutzen liegen, es kann aber auch so weit kommen, dass ein noch größerer Nutzen darin liegt, sie aufzugeben. Ein starres System, das für solche Veränderungen keinen Raum hat, ist mit Vorsicht zu betrachten. Dies gilt vor allem dann, wenn Übertretungen schon im Vorfeld mit Höllenstrafen und anderen Drohungen belegt werden. Es ist schwer einzusehen, warum eine dem Glück und der Freiheit dienende spirituelle Praxis, nach welcher Methode auch immer, mit solchen Risiken und Gefahren verbunden sein muss.

● **Spirituelle Menschenrechte**

Es gibt ein paar unveräußerliche politische Rechte, auf die sich, so lernen wir es schon in der Schule, alle Menschen berufen können sollten und die besonders von den Ländern des Westens hochgehalten und der Welt verkündet werden: Das Recht auf Unversehrtheit der Person, Freizügigkeit, Meinungs-, Versammlungs- und Religionsfreiheit sind die bekanntesten. Es wäre schön, wenn es auch so etwas gäbe wie »spirituelle Menschenrechte«, an die man alle Religionen und Lehrsysteme bei Bedarf erinnern kann. Wie könnten diese Rechte aussehen? Vielleicht so: Der Mensch ist *frei*; er darf nicht aufgefordert werden, Bindungen einzugehen, die sich nicht wieder lösen lassen. – Der Mensch trägt seinen *Wert* in sich; dieser Wert kann ihm von niemandem verliehen oder abgesprochen werden, er wird im Lauf der Jahre weder größer noch kleiner; er hängt nicht von der Zugehörigkeit zu einer Richtung, vom hingebungsvollen Üben oder vom Erreichen eines künftigen Zustands ab. – Die individuelle Erfahrung des Praktizierenden, ob Anfänger oder Fortgeschrittene, ist immer *gültig*; sie ist und bleibt Quelle und Resultat jeder Entwicklung, und niemand kann sie besser beurteilen als der/die Betreffende selbst. – Keine Entwicklung verläuft geradlinig; es gehört dazu, dass der Mensch seine Meinung ändert, Wege ausprobiert, die Richtung ändert und sogar Fehler macht; er wird mehr und mehr lernen, die Verantwortung für seine Handlungen zu übernehmen, auch ohne dass man ihm mit Strafe drohen muss. Druck, Angst und Entmündigung bringen angepasste Gefolgsleute, aber keine Weisen und Heiligen hervor.

Diese Aufzählung könnte man noch fortsetzen. Die ihr zugrunde liegenden Ideen sind für viele spirituelle Lehrer sicherlich Selbstverständlichkeiten, auf andere mögen sie wirken wie Ketzerei. Es lohnt sich, dem nachzuspüren.

● Weg und Ziel

Bevor wir uns fragen, wie ein für uns praktikabler Weg aussehen könnte, noch ein Wort zum Ziel. Mein »Geländer« ist beispielsweise die Lehre des Buddha, ihr Ziel die Überwindung des Leidens, die völlige Befreiung von Gier, Hass und Verblendung und ein Buddha-Zustand der vollkommenen Entfaltung von Weisheit und Liebe. Die Praxis, die dorthin führen soll, muss dazu passen. Bei jedem einzelnen Schritt ist zu überprüfen, ob die Mittel und Methoden, ob das eigene Praktizieren und Erleben mit dieser Zielvorstellung übereinstimmen. Angesichts dieser Forderung höre ich von Dharmafreunden oft die Frage: »Wie kann ich das beurteilen, wo ich doch noch nicht erleuchtet bin?« – Gegenfrage: »Wer sonst soll es beurteilen?« Es geht nicht darum, die Erklärungen und Techniken einer Tradition *allgemein* zu bewerten, sondern nur in Bezug auf ihre innere Stimmigkeit *für uns selbst*. Das kann uns niemand, auch kein Buddha, abnehmen. Wir sollten uns immer wieder fragen: Wenn ich in dieser Weise übe, wird dadurch *jetzt* mein Geist klarer, mein Herz offener? Oder nicht? Ehrlichkeit sich selbst gegenüber und notfalls Mut zur Konsequenz sind unabdingbare Voraussetzungen für das Weiterkommen.

Ist damit nicht der völligen Beliebigkeit Tür und Tor geöffnet? So könnte jemand fragen, der alles Bisherige nur im Kopf, nicht im Herzen nachvollzogen hat. Zwar gibt es gewisse Risiken, wenn wir zu viel auf uns selbst hören, aber was ist *zu viel*? Mindestens ebenso groß sind die Risiken, wenn wir *zu wenig* auf uns selbst hören. Dennoch ist es wichtig, auch sich selbst gegenüber kritisch und in Bezug auf die eigenen Motive aufrichtig zu sein. Das bedeutet auch: Vorsichtig sein mit faulen Kompromissen, die uns das so genannte pragmatische Denken diktieren will. Mit sich selbst Freundschaft schließen bedeutet nicht, immer den bequemeren Weg zu wählen. Unser Denken und Handeln kann sogar im Einzelfall recht unbequem für uns sein, aber damit kommen wir zurecht, wenn wir die Notwendigkeit selbst einsehen und es so für richtig halten.

Wer mit sich selbst freundlich, aber wachsam und unbestechlich umgeht, wird auch von den hilfreichen Aspekten Gebrauch machen: sich täglich darauf besinnen, wonach man letztlich strebt, und es nie aus den Augen verlieren; sich als Lernende/n sehen, der von vielen Seiten wertvolle Hinweise erhält; aus den alten Überlieferungen dankbar schöpfen, ohne dadurch den Standpunkt im Jetzt zu verlieren; immer in Kontakt bleiben mit der eigenen Wahrnehmung; das Anwachsen von innerer Ruhe, Freundlichkeit, Offenheit und Freude zum Gradmesser der eigenen Entwicklung machen. Indem wir so vorgehen, gleichzeitig entschlossen und sensibel, schaffen wir uns ein Fundament, das nicht mehr so leicht unterspült werden kann.

• Gibt es einen Weg?

Gibt es also einen spirituellen Weg? Natürlich nicht. Es gibt nicht *einen* Weg, sondern so viele, wie Lebewesen existieren. Und er hat so viele Phasen, wie es Augenblicke gibt. Meine Empfehlung: Meditieren Sie über diese Gedanken so lange, bis sich das, was Sie vielleicht für *den* heiligen Weg gehalten haben, vor Ihren Augen auflöst und sich stattdessen das Wissen einstellt: *Ich selbst bin der Weg.*

Dieses Wissen isoliert uns nicht, noch entfernt es uns von unseren Dharmafreunden und Lehrer/innen. Im Gegenteil: Zugleich mit dem Erkennen, dass es so ist, steigen in uns Liebe und Dankbarkeit auf für alle, die sich gleichzeitig mit uns abstrampeln. Wir machen uns nicht länger von äußeren Autoritäten abhängig, sondern akzeptieren mit Freude, was sie uns schenken. Wir gehen keine Bindungen ein, sondern befreien uns von Fesseln. Wir nehmen den uns zustehenden Platz in der Welt ein und machen aus unserem Dasein einen guten Beitrag zum Gesamtgeschehen.

Nun sind wir bei einem Ansatz angelangt, den man mit Begriffen beschreiben könnte, die in unserer westlichen Kultur von besonderer Bedeutung sind: weiblich, individuell, einfach und alltagstauglich. *Weiblich* heißt nicht, dass dies nur Erklärungen von Frauen für Frauen sind, sondern dass wir alle – Männer wie Frauen – bewusst darauf verzichten, uns in starre, patriarchalische, dogmatische Systeme einzugliedern. Stattdessen nehmen wir mit offenen Sinnen und klarem Verstand entgegen, was unsere Welt uns zu geben und zu lehren hat. Wir halten einen gewissen Abstand zu den vertikalen Linien der Autorität und kultivieren dafür das gleichberechtigte Miteinander von Menschen, die sich gegenseitig wertschätzen, unterstützen und weiterbringen. *Individuell* heißt: Wir nehmen die Erfahrungen an, die das Leben heute für uns bereithält, und wachsen an ihnen – und es gibt keine Grenze für dieses Wachstum. Mit *einfach* meine ich, dass die essenziellen Lehren von jedem aufnahmebereiten Geist erfasst werden können, ohne dass ein langes philosophisches Studium vonnöten ist; nicht, dass ich den Nutzen eines solchen Studiums in Frage stellen möchte, aber der liegt auf einer anderen Ebene als der der Sofortwirkung im Sinne einer verbesserten Lebensqualität. Und *alltagstauglich* bedeutet, dass das tägliche Erleben der Prüfstein für die Entwicklung ist, nicht die aufregenden Visionen und Ekstasen, auf die viele ebenso sehnlich wie vergeblich warten.

Gedanken. Während ich das schreibe, fühle ich mich denen sehr nah, die es irgendwann lesen werden. Die räumliche und zeitliche Distanz spielt keine Rolle. Aber ich denke auch an meinen tibetischen Lehrer. Viele Jahre lang sind wir einen Weg gegangen, viele Türen hat er mir geöffnet. Ich habe von ihm gelernt und er von mir. In gewisser Weise sind wir untrennbar eins, und dennoch habe ich immer wieder gegen seine Tradition rebelliert. Manches davon ging ihm auf die Nerven, manchmal konnten wir uns nicht verstehen. Aber dann gab es auch immer wieder einen Blick oder einen Satz, der plötzlich alle Grenzen aufhob. Wir können gemeinsam Projekte entwerfen, Strukturen aufbauen, Realitäten gestalten – oder auch nicht. Wir können auch getrennte Wege gehen. Nichts hält uns, nichts steht zwischen uns. Begegnung, Berührung, verschmelzen, trennen, wieder begegnen, in diesem oder einem anderen Leben … Es ist wie ein Tanz – in vollkommener Liebe und vollkommener Freiheit.

Hilfestellung in schwierigen Zeiten

Wenn vom Buddhismus die Rede ist, dann ist damit meist ein komplettes Lehrgebäude mit zahlreichen Erläuterungen zur Funktionsweise des Geistes und mit Empfehlungen für die Praxis gemeint. Dahinter steht jedoch nicht der Anspruch, die *Welt* zu erklären und alle Fragen zu beantworten, sondern die *Situation des Praktizierenden* zu verändern. Den Dharma ins eigene Leben zu bringen heißt also nicht primär, irgendwo beizutreten und Buddhist/in zu werden, sondern Einsichten zu erlangen und sie umzusetzen.

Wie geschieht das? Von Bedeutung ist weniger das, was wir *annehmen* und an neuen Informationen abspeichern, sondern das, was wir *loslassen*. Der Weg besteht nicht darin, den Geist mit noch mehr Wissen voll zu stopfen, sondern ihn zu trainieren. Erst einmal ist es von Nutzen, ihn in seinen Wahrnehmungen, Interpretationen und Reaktionen besser kennen zu lernen, dann können wir allmählich daran gehen, ihn von überflüssigem Gepäck zu befreien, ihn geschmeidiger und sensibler zu machen. Dazu, und um die Qualität der Lehre im eigenen Geist entfalten zu können, empfiehlt die Überlieferung: *Hören, Nachdenken, Meditieren.* Das

Hören verweist auf das Aufnehmen von Information, auch durch Lesen, intensiveres Studium oder Gespräch. Das *Nachdenken* deutet auf das Bemühen hin, mit dem intellektuell Verstandenen weiterzuarbeiten, es auszuprobieren und sich zu Eigen zu machen. Und *Meditieren* heißt schließlich, die Essenz herauszufiltern und ohne Worte vom Kopf ins Herz zu befördern, sie zu verinnerlichen.

Wenn uns das gelingt, fühlen wir uns lebendiger, flexibler und natürlicher. Wir sehen Zusammenhänge, verstehen besser, was wir erfahren, und haben weniger Angst. Dadurch scheinen automatisch mehr Freundlichkeit und Weisheit auf, was Schritt für Schritt zu mehr Frieden und Harmonie in unserem Leben führt. Wo die Dunkelheit der Unwissenheit beseitigt wird, wird es hell. Das eine ist eine direkte Auswirkung des anderen.

Ein geistiger Weg, der den Namen verdient, kann und darf sich nicht darin erschöpfen, uns eine Gruppenzugehörigkeit, ein festes Weltbild und Versprechungen für die Zukunft zu vermitteln. Es darf in der Hauptsache weder um Äußerlichkeiten noch um Glaubensgewissheiten oder kurzfristige psychologische Tröstungen gehen. Vielmehr muss bereits im Ansatz nachvollziehbar und dann Schritt für Schritt erfahrbar sein, dass er freie, offene Räume zu schaffen imstande ist und uns zu einer anderen *Seinsweise* führt. Es versteht sich von selbst, dass ein solcher Weg nicht in der intellektuellen Aneinanderreihung von Konzepten bestehen kann. Er muss auf allen Ebenen von Körper, Sprache und Geist erlebbar werden.

Das gilt natürlich auch und besonders für kritische Zeiten. Diejenigen, die sich bereits auf dem Weg befinden, werden vergangene Krisen im Licht der Lehre betrachten und kommenden Schicksalsschlägen mit ihrem geistigen Rüstzeug entgegentreten. Wie steht es aber mit denen, die zwar schon ein wenig am Dharma geschnuppert haben, aber über keinerlei Praxis verfügen? Oder mit denen, die erst anfangen, sich dafür zu interessieren, eben weil sie gerade eine Krise überstehen müssen oder überstanden haben? Können wir ihnen etwas anbieten, können wir für sie die beiden Erfahrungsgebiete »Krise« und »Dharma« zusammenbringen, so dass ein Nutzen daraus entsteht? Ich denke schon, falls ein paar Voraussetzungen erfüllt sind.

Voraussetzung 1: Handlungsfähigkeit

Dieser Begriff steht hier nicht zufällig an erster Stelle. Die Handlungfähigkeit kann uns abhanden kommen, wenn sich Ereignisse dramatisch zuspitzen und uns überrollen oder wenn wir in ein tiefes schwarzes Loch fallen und wie gelähmt sind. In diesen Zeiten können wir bestenfalls vom Vorrat unserer Erfahrungen profitieren und, falls nötig, die akuten Symptome mit konventionellen Mitteln bekämpfen. Erst später, wenn sich die Lage wieder halbwegs beruhigt hat, ist der Einsatz spiritueller Methoden sinnvoll. Mein Lehrer Dagyab Kyabgön Rinpoche meinte dazu: »Die beste Situation, um Dharma zu praktizieren, ist für Anfänger immer eine mittlere – nicht zu viel Leiden und nicht zu viel Glück. In beiden Fällen ist man zu sehr beschäftigt und abgelenkt, um die Aufmerksamkeit wirklich nach innen zu richten.« Zwar lösen sehr leidvolle Erfahrungen oftmals ein *Interesse* am geistigen Weg aus, der tatsächliche *Einstieg* aber bleibt meist einer späteren Phase vorbehalten.

Zur Handlungs*fähigkeit* gehört als Ergänzung die Handlungs*willigkeit*. Wir sprechen zwar zum Beispiel im Buddhismus – je nach Tradition mehr oder weniger häufig – auch vom Segen der Buddhas und Bodhisattvas und von der Unterstützung durch den Meister, aber das darf nicht darüber hinwegtäuschen, dass die Beschäftigung mit dem Dharma vor allem Selbstverantwortung und aktiven Einsatz verlangt. Die tatsächliche Arbeit müssen wir selbst leisten, Richtung und jeweiliges Ausmaß unseres Engagements selbst bestimmen. Das fängt schon an mit der Entscheidung für eine bestimmte Richtung und für eine Lehrerin oder einen Lehrer. Auch wenn wir ihm oder ihr großes Vertrauen entgegenbringen, sind doch letzten Endes wir selbst die einzige Instanz, die beurteilen kann, welche Praxis uns auf die Dauer gut tut und weiterbringt. Wenn unser Lehrer dazu eine andere Meinung hat als wir, ist es eine gute Übung, seine Empfehlungen ernstzunehmen und uns versuchsweise auf seine Vorschläge einzulassen. Aber entscheidend ist auf die Dauer unsere eigene Erfahrung, unser persönliches Urteil. Wir sind die einzigen, die wirklich entscheiden können, wie viel wir wovon vertragen, wo unsere Hindernisse und Schwierigkeiten liegen und wie wir sie überwinden können. Obwohl wir uns darüber klar sind, dass unser egozentrierter Geist von Gewohnheitsmustern geprägt und von Gier, Hass und Verblendung »kontaminiert« ist, müssen wir mutig und mit begründetem Selbstvertrauen an diese Aufgaben herangehen.

In manchen buddhistischen Richtungen wird eine Haltung betont, die uns in unseren eigenen Bestrebungen immer nur »das Ego« erkennen lässt und alles Heil, alle Weisheit vom Lehrer erwartet. Doch damit kann man/frau sich leicht aus der Verantwortung stehlen. Unser eigenes Streben, unsere grundlegende, rudimentär entwickelte Weisheit haben uns bis hierher gebracht, und auf sie können wir uns getrost stützen.

Es gibt natürlich aufregende Geschichten aus den mystischen Traditionen sowohl des Buddhismus wie auch des Christentums, des chassidischen Judentums und des Sufismus, die vom Königsweg der Transformation berichten: Der Schüler liefert sich dem erleuchteten Lehrer vollständig und rückhaltlos aus, wird von diesem über die Grenzen des konventionellen Denkens hinausgetrieben und erlangt so in kürzester Zeit das Ziel des Weges. Schöne Geschichten, ich lese sie gern. Aber: Was waren das für Schüler/innen? Was taten sie – außer dem Weg zu folgen? Wer glaubt, dass er – völlig frei von neurotischen Altlasten – zur absoluten Selbstaufgabe fähig ist, und wer außerdem die Möglichkeit hat, jahrelang in engster Gemeinschaft mit einem erleuchteten Lehrer zu leben, der möge es versuchen. Ansonsten wäre zu empfehlen, auch in der Zusammenarbeit mit einem Lehrer realistisch zu bleiben und so zu praktizieren, wie es für uns in der gegenwärtigen Phase stimmt.

Im Buddhismus gibt es wenig Chancen, sich retten oder erlösen zu lassen. Alles liegt in unserer Hand. Wir sind für unsere positiven Entwicklungen verantwortlich, und ebenso für unsere Fehler und Umwege. Wenn wir uns in der Rolle der mündigen Praktizierenden akzeptieren – ohne Angst und in Freundschaft mit uns selbst – werden wir in der Lage sein, ein Gleichgewicht zwischen begründetem Selbstvertrauen und gesunder Selbstkritik zu finden. Wir sind die Handelnden, auch wenn es darum geht, uns zu verändern und zu entwickeln.

Voraussetzung 2:
Vertrauen in unser innerstes Potenzial

Wenn wir bereit sind, gegenwärtige leidvolle Erfahrungen und Krisen im Licht der spirituellen Entwicklung zu betrachten, dann bedeutet das zunächst einmal, dass wir uns in einer eher geschwächten Position einer neuen Erfahrung aussetzen. Das kann recht bedrohlich sein, und wir würden es wahrscheinlich nicht tun, wenn wir nicht ein gewisses Grundvertrauen in die Methode mitbrächten.

Worauf bezieht sich dieses Vertrauen, wo endet es? Oft werden spontan der Buddha, die Lehre, die Mönche und Nonnen, der Lama als Vertrauen erweckend angesehen. Weniger Vertrauen erwecken »die Buddhisten«, denn schon nach kurzem Hingucken stellen wir seufzend fest, dass sie Menschen sind wie alle anderen, mit allen Stärken und Schwächen. Nicht einmal Tibet ist die heilige und heile Welt, die uns der Mythos so beharrlich vorgaukelt.

Wenn wir die Frage nach dem Vertrauen stellen, landen wir schon bald bei unseren eigenen Ängsten und Zweifeln. Es ist wichtig, dass wir uns ihnen stellen, denn sie prägen unsere Grundstimmung und haben viel damit zu tun, *was* wir erleben und *wie* wir es erleben. Wenn wir uns einem geistigen Weg zuwenden, suggeriert uns oftmals die Anfangsbegeisterung, nun müsse alles ganz anders werden: eine neue Lebensqualität, endlich die Sinnfrage geklärt, Kontakt mit netten Menschen, die liebevoll, mitfühlend und weise sind, erleuchtete Lehrer als Vorbilder und umfassende Betreuung. Stattdessen merken wir am Ende der Flitterwochen, dass uns in der Außenwelt im Prinzip das Gleiche begegnet wie zuvor – die gleichen Freuden und Befriedigungen, aber auch die gleichen Enttäuschungen und Konflikte. Spätestens dann ist es an der Zeit, die Grundlagen unseres Vertrauens zu überprüfen, wenn wir es nicht schon früher getan haben. Was haben wir denn erwartet? Wollten wir uns selbst verändern oder wünschten wir uns nur eine andere Umgebung? An diesem Punkt des Weges hängt alles davon ab, dass wir vom Mehr-Haben-Wollen zum Anders-Sein-Wollen gelangen, dass wir den Schauplatz des Geschehens nach innen verlagern und uns auf eigene Füße stellen.

Gute Voraussetzungen haben alle, die auch ihre Ängste und Zweifel zur Kenntnis nehmen. Und wenn sie sich klar machen, dass auch alle anderen, die zusammen mit ihnen auf dem Weg sind, unter Ängsten und Zweifeln leiden. Das relativiert vieles und lässt Verständnis entstehen. Mit der Entscheidung für die spirituelle Praxis sind die geistigen Gifte und Hindernisse nicht weggeblasen, wir wollen nur lernen, besser zu verstehen, woher sie kommen, was sie mit uns und anderen machen und wie wir sie allmählich überwinden können. Prinzipiell, und darauf können wir vertrauen, ist in jedem Menschen die Fähigkeit und der tiefe Wunsch vorhanden, spirituelle Qualitäten in sein Leben mit einzubeziehen, wenn auch vielfach – und durchaus legitim – unter Verzicht auf ein konkretes Bekenntnis zu einer Religion oder einer Gemeinschaft.

Wenn wir das Gefühl haben, dass wir noch ganz am Anfang stehen und dass es mit dem Vertrauen in vielerlei Hinsicht noch hapert, dann sollten wir uns von sehr intensiven Formen der Praxis – etwa solchen, die mit hohen Voraussetzungen, Verpflichtungen und viel Aufwand verbunden sind – zurückhalten. Da es für jeden Menschen und jede Situation angemessene Erläuterungen und Methoden gibt, besteht keinerlei Notwendigkeit, möglichst früh nach hohen und höchsten Unterweisungen und Meditationstechniken zu greifen.

Eine Übung, die uns von Anfang an nützlich sein kann, nicht nur in schwierigen Zeiten, ist das Forschen nach dem Erleuchtungspotenzial in uns selbst. Bei all meinen bisherigen Appellen an Selbstvertrauen und Eigenverantwortung bin ich stillschweigend davon ausgegangen, dass das Bewusstsein eines jeden Lebewesens bestimmte Qualitäten besitzt, ganz unabhängig vom Stand seiner Entwicklung. Es ist seiner Natur nach klar, erfassend und unbegrenzt und daher fähig, zu seiner vollen Entfaltung zu gelangen. Bereits heute besitzen wir alle eine grundlegende Weisheit und Unterscheidungsfähigkeit, die jedoch eingeschränkt wird von einer dicken Schicht abgelagerter Eindrücke und Konzepte. Der Prozess der inneren Entfaltung besteht im Wesentlichen darin, diese Schicht allmählich aufzuweichen und aufzulösen. Parallel dazu können wir uns aber schon zu Beginn unser innerstes Potenzial, unsere Buddhanatur, selbst bewusst machen und uns dazu in Beziehung setzen. Das führt zu einem starken Zustrom von Inspiration und Zuversicht, wodurch der Reinigungsprozess unterstützt wird. Für diese Erfahrung steht die folgende Übung.

Meditative Übung:
Die innere Quelle der Inspiration

Ich setze mich aufrecht hin und lenke meine Aufmerksamkeit auf mein gegenwärtiges Befinden und auf den Rhythmus des Atems. Beim Einatmen stelle ich mir vor, dass ich den Atem ganz nach innen, ins Herzchakra, hole und immer feiner werden lasse.

Dann betrachte ich mein Bewusstsein. Ich lasse alle Bilder und Vorstellungen, die ich in den vorangegangenen Übungen benutzt habe – Strom, Landschaft oder Stern, Grundgestimmtheit oder Selbstbild – wieder aufsteigen, Revue passieren und sich dann auflösen. Indem ich das geschehen lasse, gehe ich immer tiefer und tiefer in den eigenen Geist hinein und erspüre hinter allen vertrauten und fassbaren Bereichen immer feinere, hellere, klarere Regionen. Längst habe ich den Bereich der Gedanken und Benennungen verlassen. Ich vertraue mich der Helligkeit und Klarheit an, achte auf meine leisesten Empfindungen und gehe so weit, wie es mir im Moment möglich ist.

Stille, Frieden und Freude breiten sich in meinem Geist aus. Ich kenne diese Wahrnehmung, wenn ich auch nicht weiß, woher. Ich bin nicht aufgeregt und halte an nichts fest.

Nach einiger Zeit kehre ich Schritt für Schritt zurück in die äußeren Bezirke und nehme ohne Bedauern mein geistiges Gepäck wieder auf die Schultern. Ich weiß aber, dass die feineren Schichten meines Geistes vorhanden, auf ihre leise Art immer aktiv und erreichbar sind, und will die Erinnerung daran stärker als bisher wachhalten.

Nun richte ich die Aufmerksamkeit wieder auf den Atem und mein gegenwärtiges Befinden. Ich fühle deutlich, dass auch mein Körper in dieser Übung mit Energie durchflutet wurde und dass es mir besser geht als vorher. Mit dieser Wahrnehmung beende ich die Übung.

Wahrscheinlich taucht bei dieser Übung die Wahrnehmung von Licht oder einem warmen Gefühl im Herzchakra auf. Da das sehr angenehm ist, werden Sie vielleicht versucht sein, sie öfter als andere durchzuführen. Aber Sie werden sehen, dass sich auch da nichts erzwingen lässt. Die Aufmerksamkeit erlahmt irgendwann, und wenn Sie sich zu häufig in den Genuss dieser Erfahrung bringen möchten, dann wird sie recht schnell platt und fade. So geht es fast immer, wenn wir eine tiefe Erfahrung wiederholen möchten: Nichts ist wirklich machbar, alles ist Geschenk – im rechten Maß, zur rechten Zeit. Es besteht also keine wirkliche Gefahr, ein Meditationsjunkie zu werden …

Die Erfahrung, die mit dieser Übung verbunden ist, ist übrigens noch lange nicht die Aktivierung des tatsächlichen innersten Bewusstseins. Dazu gehört wesentlich mehr Meditationspraxis. Ungeübte Menschen treten zu diesem Bewusstsein nur in Grenzsituationen und natürlich im Verlauf des Sterbeprozesses in Kontakt. Aber dennoch ist das Resultat der Übung keine Einbildung. Es ist gültig, gibt einen Vorgeschmack und erzeugt Vertrauen in das eigene Potenzial, von dem nichts und niemand uns jemals abschneiden kann, ganz gleich, was wir anstellen. Dieses Potenzial ist fähig, Erleuchtung zu erlangen, und genau das wird sich früher oder später ereignen, ob in diesem Leben oder einem späteren. Es ist der gemeinsame Nenner zwischen unserem gegenwärtigen Zustand und der zukünftigen Entfaltung. Und das ist kein frommer Wunsch, sondern täglich erfahrbare und sich bestätigende Realität.

Auch ohne Vorkenntnisse ist es möglich, mit einer solchen Übung eine feinere Schicht des eigenen Bewusstseins zu berühren und das tief zu empfinden. Falls Ihnen das aber nicht auf Anhieb gelingt, machen Sie sich nichts daraus! Wahrscheinlich stehen Ihnen die eigenen Erwartungen (»Mache ich es auch richtig? Wie müsste sich das jetzt anfühlen?«) oder Befürchtungen (»Bei mir klappt das bestimmt nicht!«) im Wege. Aber es gibt da nichts, was klappen oder nicht klappen könnte. Es handelt sich bei diesen Übungen lediglich darum, etwas auszuprobieren, was Sie vielleicht nie zuvor ausprobiert haben: Kontakt zu sich selbst jenseits der gewohnten Schablonen herzustellen. Sie erfinden nichts neu, nehmen nichts weg und tun nichts dazu. Sie schauen nur genauer hin und nehmen wahr, was vorhanden ist. Sollte die innere Quelle des Vertrauens und der Inspiration infolge jahre- und jahrzehntelanger Nichtbeachtung verschüttet sein, ist es von Nutzen, das einfach festzustellen. Sie kann aber niemals völlig versiegen, das ist einfach ausgeschlossen. Man könnte sagen, sie ist der Impuls des Lebens selbst. Wenn es uns vorläufig schwer fällt, einen Zugang dazu zu finden, brauchen wir nicht zu resignieren. Wir sollten auch nicht anfangen, hektisch in unseren inneren Bezirken herumzustochern. Es genügt, wenn wir unserem Geist die Bereitschaft signalisieren, anders, sensibler als bisher wahrzunehmen. Wir erlauben damit diesen feineren Schichten, sich von selbst zu Wort zu melden. Und genau das werden sie auch tun. Anders und beglückender, als wir uns das hätten ausdenken können.

Voraussetzung 3:
Korrekte Einschätzung der Mittel und Methoden

Einer der Vorteile der Globalisierung ist, dass wir Zugang haben zu einer ganzen Reihe von Lehren, die dem Menschen helfen, sein Potenzial zu entfalten. Der Buddhismus ist eine davon, und er bietet wiederum eine große Bandbreite an Mitteln und Methoden.

Einige davon sind sehr speziell und erfordern bestimmte Voraussetzungen, um sinnvoll eingesetzt werden zu können. So ist beispielsweise für manche Praxisformen eine völlig uneigennützige, alle Lebewesen umfassende Motivation unabdingbar, sie sind daher Anfänger/innen in der Orientierungsphase nicht zu empfehlen. Auch raten manche Lehrer Interessierten, die – etwa wegen einer Krise – psychisch etwas labil sind, von Meditation im engeren Sinne überhaupt ab, bis sie sich wieder stabilisiert haben. Ebenfalls differenziert zu betrachten ist die Rezitation von Mantras (Sanskrit-Formeln), die viele geradezu als Allheilmittel für alle Schwierigkeiten benutzen. Auch das Arbeiten mit inneren Bildern und Symbolen, die Reinheit, Frieden und Erleuchtung repräsentieren und eine heilsame Wirkung auf den Geist ausüben, kann in schwierigen Situationen sehr hilfreich und wohltuend sein, aber es besteht auch die Gefahr, dass es zur Kompensation von Defiziten und für die Flucht aus der Realität zweckentfremdet wird.

Wahrscheinlich gibt es überhaupt keine Methode auf dem geistigen Weg, die nicht missverstanden und missbraucht werden könnte. Nicht einmal das schlichte Bemühen um ethisches Verhalten ist davor sicher; es kann zu dogmatischer Verengung, Starrheit und Überheblichkeit führen, wenn es falsch angewendet wird. Insbesondere ist jedoch Vorsicht geboten bei anspruchsvolleren, viel versprechenden Techniken, obwohl gerade sie auf viele Interessent/innen einen schier unwiderstehlichen Reiz ausüben. Um so notwendiger ist es, dass man sich immer wieder die Frage stellt: Was praktiziere ich da? Warum gerade das? Was bezwecke ich damit? Wovor muss ich mich hüten? Was ist bis jetzt dabei herausgekommen? Bei einer Frage- und Antwortstunde wurde der Dalai Lama gefragt, woran man denn erkennen könne, dass man auf dem Weg Fortschritte mache; es gebe ja so viele Möglichkeiten, sich etwas vorzumachen; ob es so etwas gebe wie ein objektives Kriterium. Er überlegte kurz und meinte dann sinngemäß: »Ja, es gibt etwas, woran man inneren Fortschritt erkennen kann, nämlich, dass der Geist spürbar ruhiger wird.« Wenn also trotz Praxis die Hektik nicht weniger wird, wenn die Konflikte mit den Mitmenschen und die Reibungen mit der Umgebung nicht deutlich abnehmen, dann ist es Zeit, die spirituellen Mittel und Methoden daraufhin zu überprüfen, ob sie richtig verstanden und eingesetzt werden.

Es gibt jedoch einige allgemeine und für jede/n zu empfehlende Methoden, die fast immer und fast sofort zu positiven Ergebnissen führen. Alle Übungen in diesem Buch bauen auf die eine oder andere Art auf ihnen auf. Vor allen anderen zu nennen wäre das Umschalten von der unreflektierten *Identifikation* mit den wechselnden inneren Zuständen auf ein wertneutrales *Betrachten*. Das beste Übungsfeld dafür sind die kleinen Ärgernisse des Alltags. Vergleichen Sie nur einmal den emotionalen Gehalt und die Wirkung folgender Sätze: »Ich bin stocksauer!« – »Da ist Zorn in meinem Geist.« Ist das nicht ein enormer Unterschied?

Wenn im Buddhismus von Achtsamkeit die Rede ist, dann ist damit nicht eine bestimmte Übung gemeint, sondern eine ständige innere Haltung der Wachheit und Bewusstheit in Bezug auf das, was sich in uns abspielt. Darüber hinaus ist es immer sinnvoll, sich um Warmherzigkeit, Freundlichkeit und Anteilnahme zu bemühen – auch ein Thema, von dem der Dalai Lama häufig spricht, und gar keine leichte Übung! Die eigene Wahrnehmung zu schulen und beispielsweise mehr auf Prozesse und Veränderungen zu achten, macht zudem den Geist beweglicher und führt zu wertvollen Einsichten. Diese allgemeinen Übungen können unter völligem Verzicht auf jede kulturelle Verpackung dargelegt werden. Sie wirken in der Beschreibung eher schlicht, aber es dürfte für niemanden – vom Anfänger bis zum großen Meister – jemals möglich sein, sie in ihrer Tiefe völlig auszuloten.

Voraussetzung 4: Erfahrung ist hilfreich

In schwierigen Zeiten ist es von Nutzen, auf bereits vorher Geübtes zurückgreifen zu können. Wie weit das gelingt, hängt jedoch davon ab, wie tief das Instrumentarium des spirituellen Weges in uns verankert ist. Mit bloßen Absichten und Vorsätzen werden wir nicht sehr weit kommen. Diejenigen, die beispielsweise schon einmal einen Autounfall erlebt haben, wissen, dass in der Schocksekunde des Aufpralls die gewohnten intellektuellen Aktivitäten außer Kraft gesetzt sind. Absichten und zielgerichtetes Handeln sind vorübergehend abgeschaltet, wir reagieren gemäß tief sitzenden Programmierungen, sozusagen aus dem Rückenmark.

So werden die einen erleben, dass in solchen Momenten ihr spirituelles Rüstzeug wie weggewischt ist, während bei anderen zugleich mit dem Schock eine innere Instanz – wie eine Art Autopilot – wirksam wird, die an die Stelle der Angst ein Gefühl des Friedens und Beschütztseins setzt. Man kann in keinem Fall voraussagen, was sich ereignen wird. Doch im Nachhinein wird man feststellen, dass nicht langjährige Praxis, umfangreiches Wissen oder großes Engagement die ausschlaggebenden Kriterien sind, sondern tiefes Vertrauen und eine zur eigenen Natur gewordene innere Haltung der Akzeptanz.

Wenn wir uns also als Anfänger auf dem Weg oder als Sympathisant/innen einstufen, sollten wir uns nicht mutlos fühlen, sondern ohne Umschweife zur Frage nach der Quelle des Vertrauens zurückkehren. Für die Fortgeschrittenen mag es indessen nützlich sein, sich zu fragen, wie es ihnen in einer schwierigen Lage wohl ergehen würde. Ist die Praxis lieb gewordene Routine, oder sind wirklich tiefere Schichten berührt worden? Kommt bei plötzlichen, unerwarteten Herausforderungen spontan Hilfe von innen? Und was können wir tun, damit die tieferen Ebenen unseres Seins stärker aktiviert und in die Praxis mit einbezogen werden? Auch hier führt die Antwort zum Vertrauen und zur Öffnung des Herzens. Wenn wir die Lehre als etwas außerhalb von uns Befindliches ansehen, wenn wir noch nicht zuinnerst von ihr ergriffen sind, wenn wir unser Erleuchtungspotenzial noch nicht als absolut zuverlässige Realität erfahren haben, dann sollten wir uns dieses Thema für den nächsten Retreat vornehmen.

Vertrauen in die Drei Juwelen

Da Vertrauen sich als Dreh- und Angelpunkt der inneren Entwicklung erwiesen hat, möchte ich das Thema noch etwas vertiefen, indem ich eine weitere Erfahrungsebene einbeziehe. Es war davon die Rede, wie wichtig Selbstvertrauen ist oder das Vertrauen in den Weg und das Ziel. Nun stellt sich die Frage: Wie lässt sich Vertrauen so kultivieren, dass wir uns im entscheidenden Moment darauf stützen können?

Eine Möglichkeit besteht darin, sich die Präsenz spiritueller Qualität in bestimmten Symbolen zu vergegenwärtigen und über sie zu meditieren. Dadurch wird die eingesetzte Energie gebündelt. Die Symbole selbst müssen zwar für uns überzeugend sein, sie sind aber dabei nicht das Entscheidende. Entscheidend ist, dass wir Vertrauen als unverlierbare innere *Haltung* entwickeln, die letztlich unabhängig von allen äußeren Objekten ist.

Im Buddhismus sind die Objekte unseres Vertrauens die so genannten Drei Juwelen: *Buddha*, die von ihm dargelegte Lehre oder Wahrheit (*Dharma*) und die Gemeinschaft derer, die uns auf dem Weg vorangehen (*Sangha*). Was wir uns darunter im Einzelnen vorstellen, kann sehr unterschiedlich sein. Viele Buddhist/innen verehren ganz traditionell den *Buddha* als Lehrer, wie er in unzähligen Bildern und Statuen dargestellt ist, als *Dharma* den Buddhismus in Wort und Schrift und als *Sangha* die Gemeinschaft der Mönche und Nonnen. Ihnen flößen die Drei Juwelen in dieser Form Verehrung und Vertrauen ein, und sie sind mit ihrer Praxis glücklich.

Es gibt aber auch viele Menschen, besonders im Westen, die sich mit dieser traditionellen Form schwer tun. Ihnen fällt es leichter, sich auf die »Drei Juwelen der Essenz« zu beziehen, die weit über das hinausgehen, was wir im engeren Sinne Buddhismus nennen würden. Der *Buddha*, der Erwachte, steht dann für den Menschen, der alle Begrenzungen überwunden und sein Potenzial voll entfaltet hat; für alles, was uns zum spirituellen Lehrer wird; für die immer während, alles durchdringende Präsenz der vollkommenen Erleuchtung, außerhalb aller Grenzen von Raum und Zeit; und vor allem für die Übende oder den Übenden selbst, so wie er oder sie sein wird. Der Buddha ist ein Spiegel unserer eigenen Zukunft, doch er steht jenseits aller Begriffe wie nah oder fern, innen oder außen, vergangen oder zukünftig, östlich oder westlich, männlich oder weiblich, persönlich oder nicht-persönlich – ja, sogar: erleuchtet oder nicht-erleuchtet. Viele Menschen benutzen als Meditationsvorlagen Buddhabilder oder -statuen, die, lebendig und in goldenes Licht getaucht, vor dem inneren Auge visualisiert werden. Es sind aber auch unendlich viele andere

Sinnbilder möglich: weibliche und männliche Repräsentationen, Licht, Landschaften, Natursymbole und vieles mehr. Ausschlaggebend ist, dass sie für den Übenden sowohl universell Erleuchtung bedeuten wie auch sein eigenes Potenzial in gültiger Weise zum Ausdruck bringen. Wer so übt, wird dem Buddha nicht nur in der Meditation begegnen, sondern überall und zu jeder Zeit mit seiner (und der eigenen) Liebe und Weisheit in Kontakt sein.

Entsprechend kann *Dharma* verstanden werden als die zeitlose Wahrheit jenseits aller Begriffe, von denen die überlieferten Texte des Buddhismus sprechen – und nicht nur sie. Was in Worte gefasst werden kann, ist nur Hinweis. Der eigentliche Dharma sind die Realisierungen im eigenen Bewusstsein: Wachheit, Klarheit, Stille, Frieden, Liebe, Mitgefühl, Gleichmut, Einsicht, umfassende Erkenntnis – vollkommen verwirklicht und durch nichts mehr eingeschränkt. Sicher ist es notwendig, auf Erklärungen zurückzugreifen, um Dharma im Ansatz zu verstehen. Doch sind die Erklärungen nicht das wesentliche, sondern das, was im Geist dadurch ausgelöst wird. Wenn man weiß, wonach man strebt, kann man aus vielen Quellen schöpfen, nicht nur aus den Überlieferungen des Buddhismus oder gar einer bestimmten buddhistischen Tradition. Wir Buddhist/innen sind natürlich davon überzeugt, dass die Darlegungen des Buddha besonders klar, einleuchtend und prägnant sind, aber alle Interessierten müssen selbst herausfinden, ob das auch für sie stimmt. Der Buddha selbst hat den Dharma nicht als »seine« Lehre betrachtet, sondern als die zeitlose Wahrheit von der Befreiung des Menschen aus Leiden und Unwissenheit, die immer wieder neu erklärt werden muss.

Zu allen Zeiten hat es Männer und Frauen gegeben, die sich nach Befreiung sehnten und über eine Antenne für den Dharma verfügten. Sie fanden ihren Weg und richteten sich mit vollkommener Hingabe auf das aus, was sie für sich als die Wahrheit erkannt hatten. Mit gesammelter Energie nahmen sie sie in sich auf und fingen an, im eigenen Bewusstsein Dharma zu verwirklichen und sich auf den Weg zur Buddhaschaft zu begeben. Sie sind die essenzielle *Sangha*, und ihre inneren Qualitäten können für jede/n Praktizierende/n Inspiration, Ansporn und sogar Schutz bedeuten. Wenn Übende ihr Herz vertrauensvoll für die Sangha-Qualität öffnen, spielt es keine Rolle, ob sie direkten persönlichen Kontakt zu solchen Menschen haben oder nicht. Über Sangha zu meditieren, kann auch bedeuten, sich der unsichtbaren Familie derer anzuschließen, die das Gleiche anstreben wie wir selbst, nur schon seit etwas längerer Zeit.

Wer sich gesammelt, klar und bewusst auf *Buddha, Dharma* und *Sangha* ausrichtet, hat den Prozess der inneren Entfaltung bereits eingeleitet. Im Buddhismus heißt dieser Vorgang Zufluchtnahme. Zufluchtnahme ist *die* entscheidende Übung am Anfang, in der Mitte und am Ende des Weges. Wenn sie nicht nur Lippenbekenntnis ist, sondern intensive Übung und schließlich *Seinsweise*, ist sie mit bleibender, tiefer Freude verbunden und bildet ein tragfähiges Fundament für alle weiteren Entwicklungen.

Es gibt eine große Anzahl meditativer Übungen zu jedem einzelnen der Drei Juwelen und zur Praxis der Zufluchtnahme. Meditationen über Buddha und seine Lehre stehen dabei stets im Vordergrund, während die Anleitungen zum Thema Sangha spärlicher und oft unklar sind. So wird zum Beispiel Sangha sehr oft als die Gemeinschaft aller Praktizierenden bezeichnet. Diese Gemeinschaft ist zwar für uns ein Übungsobjekt für die Alltagspraxis, zum Beispiel für die Entwicklung von Freundlichkeit, Geduld und Verständnis, jedoch kein Zufluchtsobjekt. Zuflucht nehmen wir nur zu denen, die Dharma *verwirklicht* haben, die über Weisheit und umfassende Liebe verfügen. Um das Verständnis für die echte Sangha-Qualität zu wecken und Ihnen eine Vorstellung davon zu vermitteln, wie mit der Symbolik der Drei Juwelen gearbeitet werden kann, hier eine Übung dazu.

Meditative Übung: Sangha-Erfahrung

Ich nehme mich selbst und den gegenwärtigen Augenblick klar zur Kenntnis und lenke dann eine Zeit lang meine Aufmerksamkeit auf den Atem. Ich mache mir dabei klar, dass die dünne Lufthülle des Planeten Erde im gleichen Moment Milliarden Lebewesen mit Atemluft versorgt. So sind wir miteinander verbunden.

Dann fange ich an, über diejenigen Menschen nachzudenken, die ohne Einschränkung ihr Leben der inneren Entfaltung gewidmet und tiefe Einsicht erlangt haben. Ich gehe dabei nicht in die Vergangenheit, sondern konzentriere mich auf Menschen, die heute leben. Wo mögen sie sein? Wie mag ihr Leben aussehen? Würde ich sie erkennen? Woran? Vielleicht sind sie völlig unauffällig.

Ich lasse meine Aufmerksamkeit wie einen Suchscheinwerfer in alle Richtungen wandern und gehe durch meinen Wohnort, meine Region, das Land, den Erdteil, bis ich schließlich den ganzen Planeten umfasse. Vielleicht fallen mir bekannte Personen ein, die zu dieser Gruppe gehören könnten, aber es gibt sicher auch viele, die ich nicht kenne und nie kennen lernen werde. Doch sie sind da und verfolgen mit Hingabe ihren Weg. Was empfinde ich bei dieser Betrachtung?

Nun stelle ich mir vor, dass eine/r oder einige dieser Menschen, die über besondere innere Fähigkeiten verfügen, meinen Suchscheinwerfer wahrnehmen. Es entsteht ein geistiger Kontakt. Etwas kommt zurück: ein Lächeln, Wärme, Liebe, Ermutigung. Für kurze Zeit kommt es zu einem Austausch ohne Worte, einer hin- und herflutenden Kommunikation. Bald darauf, noch bevor mein Intellekt sich bewertend und kontrollierend einschalten kann, endet die Verbindung. Mit Dankbarkeit, ohne Bedauern oder den Wunsch, das Erlebte festzuhalten, kehre ich zum Atem zurück und beende die Übung.

Die Erfahrung der »unsichtbaren Familie« rührt manche Menschen bis zu Tränen. In unserer gewöhnlichen Umgebung tauschen wir uns oft nur auf der äußeren Ebene aus. Die Folge ist, dass wir uns immer wieder einmal allein und unverstanden fühlen. Wenn wir mit dem Herzen Kontakt aufnehmen, erscheint es uns dagegen, als würden wir endlich *wirklich* gesehen als das, was wir sind und sein wollen. Das herbeizuführen oder zuzulassen, ist im gewohnten Umfeld nicht sehr einfach. Wir alle tragen mehr oder weniger durchlässige Masken und tun alles, um unser Inneres vor unbefugten Blicken und Zugriffen zu schützen. Die Übung der unsichtbaren Sangha-Familie kann uns helfen, angstfrei Versuche in einer neuen Richtung anzustellen. Sind wir mit den Resultaten zufrieden und wiederholen die Übung, wird sich das auch auf unsere sozialen Kontakte auswirken.

Besonderes Interesse verdienen die Beziehungen innerhalb spiritueller Gemeinschaften, die sich ja auch in verzeihlicher Selbstüberschätzung oft Sangha nennen. Hier sollte die Bereitschaft, sich gegenseitig mit dem Herzen wahrzunehmen, ganz gezielt und mit großem Einsatz geübt werden. Der Zusammenhalt und die gemeinsame Weiterentwicklung hängen davon ab, dass wir auf eine andere als die gewohnte Weise miteinander umgehen. Es gibt nichts Traurigeres als Gemeinschaften, die sich angeblich dem Dharma verschrieben haben, aber hinter der Fassade des freundlichen Lächelns herrschen Misstrauen, Kälte und Unfreundlichkeit. Ebenso wie es keinen Zweck gibt, der die Mittel heiligt, gibt es auch keine wie auch immer geartete Situation, die es rechtfertigt, dass das Eigentliche dem Alltäglichen geopfert wird.

Es scheint, als hätten wir uns mit diesen Überlegungen und Übungen vom Thema der Bewältigung kritischer Situationen ziemlich weit entfernt. Aber das sieht nur so aus. Tatsächlich haben wir damit das notwendige Fundament für die folgenden fünf Schritte gelegt: Der *erste* Schritt besteht darin, dass wir Krisen und Schwierigkeiten bei ihrem Aufteten als solche erkennen und uns eingestehen. Beim *zweiten* Schritt untersuchen wir unsere gewohnheitsmäßigen Reaktionen. Der *dritte* Schritt gilt der Analyse der Gesamtsituation. Im *vierten* Schritt bereiten wir uns auf neue

Wege vor. Und der *fünfte* Schritt schließlich führt uns vor Augen, dass es, jenseits aller graduellen Verbesserungen, noch eine *große Lösung* gibt. Bei jedem dieser Schritte werden wir auf unser eigenes Erleben zurückgreifen und versuchen, es mit spiritueller Erfahrung zu verbinden.

Fünf Schritte

ERSTER SCHRITT: WAS ERFAHRE ICH?
EINZELNE SITUATIONEN
IN IHREM GEHALT ERFASSEN

Blöd gelaufen ...

Wahrscheinlich kennen auch Sie Menschen, die auf die Frage, wie es ihnen geht, mit einer langen Liste von Problemen antworten und ihre Umwelt großzügig an ihren kleineren und größeren Krisen teilhaben lassen. Aber sie sind wohl eher die Ausnahme. Im Allgemeinen ist in unserer Gesellschaft das Erörtern eigener Schwierigkeiten nicht angesagt, außer im engsten Bekanntenkreis oder beim Therapeuten. »Danke, gut«, lächeln wir oder geben höchstens, wenn wir uns ganz offensichtlich in einer bösen Klemme befinden, einen knappen Kommentar ab: »Blöd gelaufen.« Und nicht nur anderen, auch uns selbst gegenüber fällt es uns schwer einzugestehen, dass in unserem Leben nicht alles nach Wunsch läuft und wir die Dinge nicht im Griff haben. Erst wenn es gar nicht mehr anders geht, kommt die Stunde der Wahrheit.

Das Aufrechterhalten einer Fassade kostet seinen Preis. Wir verlieren kostbare Zeit mit der Verdrängung der realen Situation und koppeln uns teilweise von unseren Gefühlen ab. So können sich Probleme, die zu Beginn keineswegs unlösbar waren, aufstauen bis zur Krise.

Wenn wir Schwierigkeiten nicht als *unsere* Schwierigkeiten erkennen und behandeln, werden wir immer versuchen, sie durch bloßes Agieren in der Außenwelt zu beheben. Ein anderer Mann, ein neuer Job, eine bessere Behandlungsmethode wird es schon bringen! Handelt es sich aber um gravierende Probleme oder solche, die sich in ähnlicher Form wiederholen, dann bleibt uns keine andere Wahl, als uns die Situation in ihrer Bedeutung zu vergegenwärtigen und einen Blick in unser Inneres zu riskieren, um unseren eigenen Anteil zu verstehen.

Der Buddha hat in seiner ersten Lehrrede, kurz nach seiner Erleuchtungserfahrung, die so genannten Vier Edlen Wahrheiten formuliert, die bis heute den Kern der buddhistischen Lehre bilden: die Wahrheit vom Leiden, von den Ursachen des Leidens, von seiner Beendigung und dem Weg dorthin. Er wies darauf hin, dass das Leiden allgegenwärtig ist. Es wird verursacht durch unheilsame Handlungen, die durch Gier, Hass und Unwissenheit motiviert sind.

Wenn diese Ursachen wegfallen, muss auch das Leiden aufhören. Der Achtfache Pfad ist ein Übungsweg, der zu diesem Ziel führt. Er besteht aus rechter Einsicht, rechtem Entschluss, rechtem Reden, rechtem Handeln, rechter Lebensführung, rechter Anstrengung, rechter Achtsamkeit und rechter Versenkung, also aus Empfehlungen, die sich auf ethisches Verhalten, Meditation und Einsicht beziehen.

In den folgenden Jahrhunderten bis heute hat es dem Buddhismus viel Kritik eingetragen, dass er sich – scheinbar pessimistisch – so auf das Thema Leiden konzentriert. Aber in Wirklichkeit ist dieser Ansatz ebenso genial wie radikal: Gleich zu Beginn, noch vor jedem anderen Schritt, vor jeder philosophischen Erläuterung oder Meditationsanweisung, wird der/die Interessierte aufgefordert, sich der Wahrheit des eigenen Leidens zu stellen. Das heißt: Schluss mit der Verdrängung und den Tatsachen ins Auge schauen – auch wenn es zunächst schwer fällt!

Wenn wir uns eingestehen, dass wir Probleme haben, die wir im Moment nicht lösen können, wenn wir leiden, berührt das die Grundangst des isolierten Ich, das sich von einer letztlich unkontrollierbaren Welt ständig bedroht fühlt und mit allen Mittel um Sicherheit ringt. Zu dem Leiden an der unangenehmen Situation kommt noch das Leiden an Ohnmacht und Hilflosigkeit, Verzweiflung und Existenzangst. Wir möchten das alles gern von uns fern halten, indem wir es leugnen oder, wenn das nicht möglich ist, nach außen projizieren – als etwas, das über uns verhängt wird, aber nicht wirklich mit uns zu tun hat.

Die Projektion nach außen, meist verbunden mit Schuldzuweisungen, bringt zunächst Entlastung. Die anderen sind schuld daran, dass es uns schlecht geht, die Verhältnisse, die Gesellschaft, die Eltern sowieso, die Kolleg/innen, die Frauen, die Männer, die Regierung, die Kirche, die großen Konzerne, die Schulmedizin, der Nachbar, der liebe Gott. Da mag sogar etwas dran sein. Allerdings ist es sinnvoller, in neutraleren Begriffen wie Beteiligung und Vernetzung zu denken. Aufgrund der Verflochtenheit aller karmischen Handlungsstränge, wie wir sie in Teil I kennen lernten, haben sämtliche Beteiligten daran Anteil, dass sich eine bestimmte Situation in einer ganz bestimmten Weise präsentiert. Sie alle rufen Erfahrungen ab und setzen durch ihr Reagieren neue Handlungsimpulse in die Welt; sie alle kultivieren ihre persönlichen Gefühlslagen, Motive und Verhaltensweisen; sie alle beeinflussen durch ihre jeweilige Ausstrahlung das gemeinsame Klima.

Wir haben nun die Wahl, auf welchen Schauplatz wir den Scheinwerfer unserer Aufmerksamkeit richten wollen. Ein eher unbewusster Mensch wird sich primär nach außen wenden. Erfahren und gewohnheitsmäßiges Reagieren im Ping-Pong-Stil bestimmen sein Erlebnisfeld. Irgendwann merkt er vielleicht, dass sich bestimmte Muster wiederholen, und fragt zum ersten Mal: »Was läuft hier eigentlich ab?« Wenn er Glück hat und Antworten erhält, die ihm helfen, sich selbst und seine eigenen Anteile am Geschehen zu erfassen, wird er nach und nach einen immer größeren Teil seiner Innenwelt in seine Betrachtungen mit einbeziehen. Und er wird feststellen: Die Anstrengungen zur qualitativen Veränderung in der *Außenwelt* verschlingen viel Energie, sind in der Wirkung begrenzt und nicht von Dauer. Die Möglichkeiten der qualitativen Veränderung der Innenwelt und damit des *eigenen Existenzmusters* dagegen sind sehr groß. Sie erfordern zwar ebenfalls viel Energie, vor allem am Anfang, wenn das Bemühen noch ungewohnt ist, werden dann aber mehr und mehr durch Freude und Gewissheit unterstützt. Diese inneren Veränderungen sind, wenn wir uns selbst entschlossen einsetzen, irgendwann tatsächlich von Dauer – und sie sind ihrer Natur nach nicht begrenzt. Die Entwicklung geht weiter und weiter, die inneren Schauplätze werden immer interessanter, die Veränderungen wirken auch nach außen, und schließlich, sehr viel später, hebt sich die dualistische Trennung von Innen und Außen auf.

In dem Moment, in dem die Welt uns ein feindliches Gesicht zu zeigen scheint, sind wir wie hypnotisiert. Es fällt uns dann schwer, die Aufmerksamkeit auf uns selbst zu richten. Lieber betrachten wir die anderen. Und stimmt es etwa nicht, dass manchmal Menschen völlig grundlos gehässig zu einem sind? Ein drastisches und sehr zeitgemäßes Beispiel dafür ist *Mobbing*, derzeit ein Modethema. Auf der einen Seite das arme, unschuldige Opfer, auf der anderen Seite die gemeinen Verfolger. Ich selbst habe in früheren Berufsjahren, bevor und nachdem ich zum Buddhismus kam, zweimal Mobbing-Erfahrungen gemacht, und ich hätte jeden Eid geschworen, dass es grundlose Verfolgungen und Verleumdungen waren, die ich zu erdulden hatte. Vordergründig betrachtet war es auch tatsächlich so. Erst viele Jahre später, nachdem ich mich unter dem Einfluss des Dharma bemüht hatte, meine einseitige Fixierung auf die Außenwelt zu lösen, wurde mir klar, dass Unschuld eine Frage der Betrachtungsweise ist. Der empörte Aufschrei »Ich habe ihnen doch nichts getan!« verstummt, wenn wir erkennen, dass wir anderen auf ganz verschiedene Weise etwas antun können: dadurch, dass wir durch unser Verhalten ihr Wertesystem in Frage stellen; dadurch, dass wir ungeschriebene Spielregeln verletzen; dadurch, dass wir als Frau in einer Männer-Umgebung erfolgreich sind; dadurch, dass wir sie an einen Menschen erinnern, mit dem sie früher Probleme hatten; oder einfach dadurch, dass unsere Energien wie Feuer und Wasser sind; die Liste ließe sich beliebig fortsetzen. Wir werden damit konfrontiert, dass wir scheinbar durch unser bloßes Vorhandensein in anderen geistige Gifte aktivieren. Da uns unsere Prägungen und geistigen Grundstimmungen und die unserer Mitmenschen nur zum Teil bewusst sind, können wir oft nur fassungslos und hilflos mit ansehen, wie sich die Muster leidvoll ineinander verhaken. Es kann also nicht die Lösung sein, sich mit dem Urteil »Die sind einfach bescheuert« abzuwenden und die Sache damit als erledigt zu betrachten. Wenn wir nicht wollen, dass uns Ähnliches immer wieder begegnet, müssen wir bei uns selbst nachforschen. Hass und Wut, nach außen gerichtet, bringen zwar momentan dem gepeinigten Ego wenigstens eine scheinbare Erleichterung, aber sie ändern nichts zum Positiven, im Gegenteil. Was können wir sonst tun? Drei Punkte sind es, die mir sehr geholfen haben.

- **Das Leiden als *Leiden* zur Kenntnis nehmen.**

Das Projizieren von Wut und Hass nach außen hat den Nebeneffekt, dass man eine ganze Weile nicht dazu kommt, die eigene Verletztheit, Verzweiflung und Angst zu spüren. Das macht alles nur noch schlimmer. Zunächst einmal ohne Wertung feststellen, was da ist, relativiert die bedrohlichen Schatten und kann Überreaktionen eindämmen. Wut und Hass als vorhanden ansehen, sie nicht unterdrücken, aber auch nicht mit künstlichen Mitteln (zum Beispiel der ständigen Wiederholung im Geist) verstärken und verlängern. Es ist gut, wenn man sich erlaubt, zu trauern, zu wüten, zu leiden, aber dann auch Hilfe und Trost von Freunden anzunehmen.

- *Angemessen* handeln.

Dass Leiden Leiden ist und irgendwelche Ursachen hat, muss uns nicht lähmen und endlos in der verfahrenen Lage festhalten. Am Anfang steht die Feststellung: »So geht es nicht weiter, ich will das nicht mehr.« Angemessenes Handeln kann sich beispielsweise dadurch auszeichnen, dass wir mit möglichst klarem Kopf versuchen herauszufinden, wie unsere Veränderungsmöglichkeiten sind. Manchmal helfen deutliche Worte, manchmal drastische Maßnahmen und ein offen ausgetragener Konflikt. Aber beispielsweise beim Mobbing wird man oft feststellen müssen, dass die Filme in den Köpfen stärker sind als jede Realität. Menschen handeln zu einem sehr großen Teil emotional, um nicht zu sagen, irrational. Mit Fakten gegen Meinungen anzugehen kostet viel Mühe, und die Wirkung ist begrenzt. Sind also die Chancen auf Veränderung gering und besteht mittelfristig keine Hoffnung, eine erträgliche Situation herzustellen, dann empfiehlt sich die Flucht als ein sehr gesunder Instinkt, der das Überleben sichert. Ob das »ehrenvoll« ist und ob man den anderen den Triumph gönnen soll, sind nicht die Fragen, die uns dabei primär beschäftigen müssen. Das sinnlos tapfere Ausharren in einer destruktiven Umgebung hat nur dann einen Sinn, wenn sich ein Fortschritt und eine Lösung – oder wenigstens eine Ende – abzeichnet.

Aus vielen Erzählungen und auch von mir selbst weiß ich, dass Loslassen und Weggehen schwer ist. Man ringt sich dazu erst durch, wenn sich die Waagschale des Leidens zugunsten der Veränderung neigt, wenn also das Leiden des Bleibens schwerer wiegt als das schmerzliche Aufgeben des Sicherheitsgefühls, das man aus dem Beharren im Gewohnten zieht. Vor die Flucht ist also ein Loslassen gesetzt, ein Sprung ins kalte Wasser.

Erinnerung. Es war ein sonniger Frühlingsmorgen im März 1988. Ich saß an meinem Schreibtisch in einer Niederlassung von Deutsch-

lands größtem Elektrokonzern und heftete den Blick nachdenklich über den PC hinweg auf die gegenüberliegende Wand. Nach monatelangem Leiden tauchte plötzlich die Frage in mir auf: »Habe ich das eigentlich nötig? Bin ich ein freier Mensch oder nicht? Was kann mir schlimmstenfalls passieren? Dass ich verhungere? Nicht sehr wahrscheinlich, aber ich muss jetzt einfach mal was riskieren. Ich gehe.« Im gleichen Moment stieg eine Woge der Zustimmung und Freude aus meinem innersten Herzen empor und breitete sich in meinem ganzen Körper aus bis in die Fingerspitzen. Ich stand auf, ging zu meinem Chef und kündigte. Er war verblüfft, denn als Angehörige des so genannten Mittleren Führungskreises hatte ich gewissermaßen Beamtenstatus mit Pensionsberechtigung. Aber er verstand mich. So kam es, dass ich mich seitdem fast ausschließlich der (miserabel bezahlten, aber zutiefst befriedigenden) Dharma-Arbeit widmen kann. Heute bin ich den drei Kollegen, die mir damals das Leben zur Hölle machten und mich zur Entscheidung trieben, von Herzen dankbar. Und wenn ich gelegentlich an meine spontane Kündigung zurückdenke, spüre ich jedes Mal einen Nachklang jener tiefen Freude.

● **Das Verständnis vertiefen.**

Das fängt mit kleinen Dingen an, wie etwa der Frage, wie das Problem, das uns zu schaffen macht, wohl vom Blickwinkel der anderen Beteiligten her aussieht. Es bezieht nach und nach immer weitere Bereiche unseres Weltbildes mit ein, verändert unser Denken – und diese Entwicklung endet nie an einem toten Punkt. Durch welche Ursachen und Bedingungen kam diese leidvolle Situation zustande? Wie und warum habe ich sie abgerufen? Wie kann ich sie sinnvoll bewältigen, ohne anderen und mir selbst Schaden zuzufügen? Und vor allem: Was mache ich mit dem Schmerz?

Wir sind kränkbar. Das macht das Leben manchmal so schwierig. Selbst wenn wir schon einiges über den Dharma gehört haben und willens sind, es in die Tat umzusetzen, kommen wir immer da an eine schier unüberwindliche Grenze, wo unser Ego verletzt wird. Es gibt zwar Methoden, um auch das von Grund auf zu transformieren (darauf werden wir beim fünften Schritt zu sprechen kommen), aber vorläufig – und sicher noch für lange Zeit – ist es so, dass wir inneren Aufruhr und aufwallende Gefühle mit ins Kalkül ziehen müssen, wenn wir unser Verständnis kritischer Situationen vertiefen wollen. Zwei Extreme sind zu vermeiden: Verdrängen und unreflektiertes Ausagieren in Handlungen, die wiederum nur zu Leiden führen. Es hat einmal eine Zeit lang in der Psychologie Therapieansätze gegeben, denen zufolge man keinesfalls Gefühle von Schmerz, Wut und Hass für sich behalten durfte. »Lass es raus!« war die Devise. Und man wurde mit der Aussicht auf psychosomatische Krankheiten bedroht, wenn man nicht bereit war, den Papa symbolisch zu ermorden. Gerade für Frauen, die ja durch ihre Rollenprägung wenig darauf vorbereitet wurden, ihre Stimme zu erheben, war es sicherlich ein wichtiger Schritt, zu lernen, wie man Bedürfnisse und Grenzen deutlich macht und sich Gehör verschafft. Dennoch findet ja der eigentliche Test eingeübter oder neu entdeckter Verhaltensweisen nicht im geschützten Behandlungszimmer oder in der kuscheligen Frauengruppe statt, sondern im ganz alltäglichen Leben, in Beruf, Familie, Bekanntenkreis. Es zeigte sich, dass die positiven Resultate des undifferenzierten Rauslassens nicht so toll waren wie erwartet. Von einem erfahrenen Therapeuten hörte ich einmal: »Da glauben die Leute, die auf eine Matte einprügeln, dass sie mit ihren Aggressionen in Kontakt kommen. Aber sie sind nicht mal mit der Matte in Kontakt!« Inzwischen sind ja auch die Zeiten der harten Encounters vorbei, und es werden in den neueren Therapieformen sanftere Methoden angewendet, die viel stärker auf eine sensible Kommunikation setzen und häufig auch den spirituellen Bereich mit einbeziehen.

Sanfte Methoden, Gelassenheit und Geduld, der mittlere Weg zwischen den Extremen, das alles ist auch buddhistisches Instrumentarium. Diese Sanftheit ist jedoch nicht mit Schwäche zu verwechseln. Wir brauchen innere Ruhe und einen gewissen Abstand, um zu einem vertieften Verständnis komplexer Vorgänge zu gelangen, und das erfordert Mut und so etwas wie Souveränität. Geduld, wie wir sie verstehen, ist nicht das zähneknirschende Kuschen der Unterdrückten, sondern die absolut klare und kompromisslose Haltung der Friedfertigkeit und Gewaltlosigkeit, basierend auf innerer Stärke, wie sie uns beispielsweise Mahatma Gandhi, eine der großen Gestalten unseres Jahrhunderts, vorgelebt hat.

Eine andere Haltung

Wenn wir uns trauen, den Tatsachen ins Auge zu sehen, Krisen als Krisen und Schwierigkeiten als Schwierigkeiten zu erkennen, wenn wir nicht nur irgendwie blindlings und gewohnheitsmäßig reagieren, sondern nach einem tieferen Verständnis streben, dann verändert sich sehr wahrscheinlich die äußere Situation, ganz sicher aber ändern wir uns selbst und unsere Einschätzung. Wir lernen, unproduktive Haltungen zu erkennen und nach und nach abzulegen. Unproduktiv ist es, Probleme nicht sehen zu wollen und die unbehagliche Realität zu verdrängen, weil sie nicht zu dem Bild passt, das wir uns selbst und der Umwelt präsentieren möchten: alles im Griff zu haben, erfolgreich zu sein, allen Anforderungen stets gewachsen. Es ist ein verständlicher, aber leider unerfüllbarer Wunsch, alles unter Kontrolle zu haben. Jeder Versuch, unsere latente Unsicherheit durch Allmachtsfantasien – auch spirituell gefärbte – zu leugnen, führt zu einer ungeheuren Energiebindung und -verschwendung. Sie kostet einen hohen Preis, und dennoch kann das Ziel so niemals erreicht werden. Sich einzugestehen, dass Kontrolle Illusion ist, und den Schmerz darüber anzunehmen, kann ein erster Schritt aus dieser Falle sein.

Unproduktiv wäre es ebenfalls, die Probleme zwar zu sehen,

aber in Selbstmitleid zu versinken und sich als vom Schicksal misshandeltes Opfer zu fühlen. Auch diese Haltung hat natürlich mit der Ich-Unsicherheit zu tun, und auch sie beinhaltet eine Leugnung der Realität. Ein bisschen Jammern ist schon in Ordnung, es kann an schlimmen Tagen ein gutes Ventil sein. Aber es sollte nicht zur Gewohnheit werden, denn damit ist niemandem geholfen. Hinter einer solchen Gewohnheit steht oft ein ziemlich massiver Anspruch: »Die Welt ist mir etwas schuldig.« – »Mache mein Problem zu dem deinen.«

Oft stoßen beispielsweise Menschen, die sich vom Leben stiefmütterlich behandelt fühlen, zu einer spirituellen Gruppe und fühlen sich dort anfangs sehr wohl. Freundliche Menschen, sinnvolle Aktivitäten, Kontakt, Gespräch und gemeinsame Praxis tun ihnen gut. Nach einiger Zeit stellen sie jedoch fest, dass grundlegende Defizite durch eine solche Gemeinschaft nicht geheilt werden können und dass sie es auch hier mit normalen Menschen zu tun haben, und schon fangen sie an, überall nur noch Fehler und Schwächen zu sehen. Enttäuschung und Kritik werden immer stärker, und nach einiger Zeit wenden sie sich von der Gruppe wieder ab. »Ihr seid ja auch nicht besser als alle anderen.« – »Mir ging es schlecht, und keiner hat nach mir gefragt.« – »Auf meine Gefühle ist zu wenig eingegangen worden.« – Das sind Äußerungen, die man dann hören kann. Dass eigene Ansprüche und Erwartungen auch in einem solchen Kontext letztlich unerfüllbar bleiben müssen, wird nicht gesehen. Natürlich wird man unter Dharmafreunden immer versuchen, aufeinander einzugehen und sich gegenseitig zu unterstützen, aber nicht in dem Ausmaß, wie manche es gern hätten. Ihre tatsächliche Chance in einer solchen Gemeinschaft liegt ganz woanders: sich im Kontakt mit den anderen der eigenen Gefühle, Wünsche, Forderungen und Frustrationen bewusst zu werden und sie daraufhin zu überprüfen, ob sie nicht Schritt für Schritt verwandelt oder losgelassen werden können. Die Einstellung, dass die Welt, die Gruppe, die Umgebung uns etwas schuldet, ist äußerst hinderlich und führt unvermeidlich in die Sackgasse. Wir sollten uns nicht mit den anderen treffen, weil sie tolle Buddhisten sind, sondern weil wir selbst mit dem Buddhismus arbeiten wollen; nicht, weil wir etwas bekommen, sondern weil wir geben lernen wollen. Dies den Enttäuschten zu vermitteln ist jedoch nicht möglich, wenn die unreflektierte Identifikation mit der momentanen emotionalen Befindlichkeit alles andere überlagert. Man muss eine solche Person dann schweren Herzens gehen lassen und kann nur hoffen, dass die Wege sich irgendwann unter besseren Bedingungen wieder kreuzen.

Wenn wir uns darum bemühen, diese Fallen zu vermeiden oder wenigstens zu erkennen, dann befinden wir uns schon mitten im Dharma. Die allumfassende Übung der Achtsamkeit beinhaltet, dass wir ohne Bewertung und Urteil die eigenen Gefühle wahrnehmen und die gegenwärtige Situation akzeptieren. Wir sehen genau hin, klar, furchtlos und mit einer konstruktiven Grundeinstellung, *und es bringt uns nicht um!* Im Gegenteil, es ist hilfreich und befreit geradezu. Der Dalai Lama wurde einmal gefragt, was wir denn tun könnten angesichts der globalen Krise, auf die die Menschheit zusteuert. Seine Antwort lautete: »Mut, Entschlossenheit, Hoffnung!« Aufgeben und resignieren oder auch blindlings um sich schlagen, das alles nützt nicht viel. Mut, Entschlossenheit und Hoffnung sind immer noch die besten Voraussetzungen für eine positive Entwicklung.

Furchtlosigkeit im Annehmen und Verarbeiten dessen, was da ist, und die Bereitschaft, genauer hinzusehen, können wir üben. Die Grundstimmung sollte realistisch sein, zielgerichtet und positiv. Es ist klar, dass in sehr leidvollen Phasen eine solche Haltung schwer zu finden ist. Wenn wir unter Kummer und Verzweiflung förmlich begraben sind und keine Ahnung haben, wie das Leben weitergehen soll, dann brauchen wir noch etwas Zeit. Wir stehen in keiner Weise unter Erfolgsdruck und sind niemandem Rechenschaft darüber schuldig, wie langsam oder schnell wir uns innerlich verändern. Einstweilen hilft es uns weiter, wenn wir den Schmerz als solchen betrachten, ohne uns noch tiefer hineinzuwühlen, mit dem Wissen im Hinterkopf, dass alle Zustände sich wandeln, und mit dem Vertrauen in die Fähigkeit unseres Bewusstseins, zu gegebener Zeit von sich aus heilende und befriedende Impulse freizusetzen.

Meditative Übung: Mut zum Hinsehen

Ich ziehe meine Aufmerksamkeit von der Außenwelt zurück und lenke sie auf mein momentanes körperliches und geistiges Befinden. Dann betrachte ich den Atem und vergegenwärtige mir, wie zerbrechlich die Grundlage des physischen Fortbestehens ist. Wenn nach einem Atemzug nicht sofort der nächste folgen kann, ist dieses Leben zu Ende.

Nun nehme ich meine Fantasie zu Hilfe und stelle mir eine Person vor, die in einer schwierigen Lage steckt, ohne es sich bewusst zu machen. Obwohl die Probleme offensichtlich sind, werden sie verdrängt. Das kann zum Beispiel ein Politiker sein, der sein Amt verloren hat, oder jemand, der unter einer kaputten Beziehung oder an den Folgen einer Trennung leidet und so tut, als ob nichts wäre. Mit aufgesetzter Fröhlichkeit oder blindem Aktivismus wird inneres Elend vor der Welt – und vor dem oder der Betreffenden selbst – verborgen. Ich stelle die ausgewählte Person vor mein inneres Auge und betrachte sie aufmerksam. Welche Gefühle bewegen mich dabei? Mitgefühl? Ungeduld? Oder eine Mischung aus beidem? Vielleicht verspüre ich den Wunsch, dieser Person zu helfen, damit sie die Realität sowie die sich bietenden Handlungsalternativen zur Kenntnis nimmt. Ich lasse diesen Wunsch los und schaue einfach nur weiter hin.

Dann versuche ich, mich in die Person hineinzuversetzen. Was geht in ihr vor? Ist sie wirklich blind, oder tut sie nur so? Welche Gründe hat sie für ihr Verdrängen? Wie fühlt sich ein geistiges Muster an, das zu solchen Hilfsmitteln greift? Welche Grundstimmung kann ich er-

spüren? Ich bleibe eine Weile dabei und richte meine inneren Anten-
nen möglichst sensibel auf diese Erscheinungsform, bis ich glaube, sie
gut verstanden zu haben, sie nach- oder mitempfinden zu können, bis
sie mir vielleicht sogar nachvollziehbar und plausibel erscheint. Trotz-
dem frage ich mich: Macht ein solches Verhalten in bestimmten Situa-
tionen Sinn? Eignet es sich als Dauerlösung?

In einem weiteren Schritt versuche ich nun, mich an eine oder mehre-
re Situationen in meinem Leben zu erinnern, wo ich selbst mich so
verhalten habe. Das gelingt vielleicht nicht gleich. Aber ich nehme
mir Zeit und erlaube den Erinnerungen aufzusteigen, bis diejenige
sich anbietet, die zu dieser Fragestellung passt. Ich bemühe mich, sie so
deutlich wie möglich zu reaktivieren. Nun betrachte ich mich selbst in
dieser vergangenen Situation ebenso eingehend wie vorher die andere
Person. Was fühle ich dabei? Wie waren meine Gefühle damals? Wie
sind sie heute in der Rückschau?

Nach einiger Zeit kehre ich zurück in die Gegenwart und beende die
Übung mit der Betrachtung des Atemflusses.

Das ist eine Übung, die vielen Menschen zunächst eher schwer
fällt. Verdrängen? Wir? Gibt's ja gar nicht! Zugleich mit den unangenehmen Inhalten verdrängen wir auch die Tatsache des Ver-
drängens. Außerdem stellen wir einen deutlichen Unterschied, ja,
geradezu eine Spannung fest zwischen unserer Einschätzung einer
anderen Person und unserer eigenen. Als Außenstehende zu sehen,
dass jemand das Offensichtliche nicht wahrhaben will, macht uns
ungeduldig und regelrecht kribbelig. Wir würden den Betreffenden am liebsten schütteln: »Siehst du denn nicht …?« Es sei denn,
wir selbst sind diejenigen, die da gerade, aus welchem Grund auch
immer, einer fälligen Einsicht ausweichen.
    Dann allerdings stehen eher Verständnis, Rechtfertigung und
Selbstverteidigung im Vordergrund: »Ja, aber ich konnte damals
nicht anders, weil …« Was uns infolge der Distanz bei fremden

Personen leichter gelingt, nämlich Problemursache und Lösungswege zu sehen, fällt uns wegen der starken Identifizierung mit uns selbst eher schwer. Erst wenn sich durch zunehmenden Zeitabstand die Distanz automatisch vergrößert, wird unsere Beobachtung wieder schärfer. Wichtig ist hier, dass wir nicht nur verstehen, sondern auch fühlen: Das Nicht-Hinschauen hat einen Grund, nämlich die Angst, dass durch Hinschauen das Leiden noch schlimmer wird. Hierzu eine vielleicht aufschlussreiche Ergänzung zu der vorangegangenen Übung.

Ich kehre kurz in die innere Haltung der meditativen Übung zurück und überprüfe nun, ob es stimmt, dass das Leiden durch Hinschauen noch verschlimmert wird. Zu diesem Zweck begebe ich mich noch einmal in die Vergangenheit und identifiziere mich mit der Person, die ich war, als ich eine leidvolle Situation nicht wahrhaben wollte. Sobald ich mich eingefühlt habe, verändere ich in der Vorstellung mein damaliges Verhalten und male mir einen anderen Verlauf aus: Ich entschließe mich ganz plötzlich, die Situation, das Problem, meine eigene Rolle und die anderer direkt und ohne Verschleierung wahrzunehmen. Was fühle ich dabei? Ist es nicht im ersten Moment, als würde man mir ein Messer ins Herz stoßen? Ich halte den Schmerz aus. Sonst tue ich nichts, nur wahrnehmen und in der Wahrnehmung bleiben, ohne Bewertung und ohne Gegenwehr. Wie geht es dann weiter? Wie verändern sich die Gefühle? Ich gehe einen Schritt weiter und lasse ein neues Szenario aus meiner veränderten Haltung entstehen. Wie sieht es aus? Ich bleibe eine Zeit lang bei diesen Fantasien, bis die Aufmerksamkeit nachlässt, und kehre dann zum gegenwärtigen Moment und zum Atem zurück.

Der schlimmste Fall, der eintreten kann, ist meistens weniger schlimm als die Angst davor. Sie lässt uns erstarren, macht uns schwach, blind und hilflos. Unser Leben lang versuchen wir, unser Umfeld nach unseren Wünschen zu formen und zu kontrollieren, und wenn das im Ernstfall nicht möglich ist, bricht Panik aus. Zu entdecken, dass das meist gar nicht nötig ist, hat etwas Befreiendes. Alles kontrollieren zu wollen und dafür Kämpfe und Konflikte auszutragen strapaziert uns und kostet viel Energie. Auch das Baden in Selbstmitleid kostet uns letztlich nur Kraft. Wenn wir aber bereit sind, klar und unbestechlich unsere eigene Situation und ihre bestimmenden Parameter unter die Lupe zu nehmen, müssen wir uns zwar von Zeit zu Zeit auch dem Schmerz stellen, aber wir fühlen uns stärker und lebendiger als zuvor. Der Schmerz kann grausam sein, aber er bringt uns normalerweise nicht um. Schlimmer und schädlicher als das konkrete Leiden ist die Erstarrung, die uns befällt, weil wir es um keinen Preis zur Kenntnis nehmen wollen. Das Ich will sich durch Abwehr und Verweigerung stabilisieren, aber dadurch verlängert es nur das Leiden und übersieht verfügbare Hilfsmittel. Es ist ein wesentlicher Schritt, sich das bewusst zu machen und die Abwehr aufzugeben. Dann tun sich Lösungen auf, die wir vorher nicht gesehen haben.

Selbstverständlich gilt das auch für Verdrängungsleistungen in der spirituellen Praxis. Wir stehen hier vor dem besonderen Problem, dass einerseits die angewandten Methoden zur Überwindung von Hindernissen und Schwierigkeiten dienen sollen, andererseits bringen wir eben diese inneren Hindernisse und Schwierigkeiten in die Praxis mit hinein und vermindern dadurch ihre Wirksamkeit. Das kann zu einem energetischen Patt führen. Deshalb ist für Praktizierende das unbestechliche Hinschauen besonders schwierig, aber auch besonders wichtig. Sie werden feststellen: Die Verdrängung kann manchmal sogar durch den Einsatz von Dharma-Mitteln noch verstärkt werden, vor allem dann, wenn Hindernisse in der Praxis ein Teil des Problems sind. Versagen, Schuldgefühle dem Lehrer gegenüber, Gesichtsverlust in der Szene, das alles kann zu einer leidvollen Mischung werden und ehrliche Reflexion verhindern. Hier gilt umso mehr: Das Erkennen dieser Verschanzung, das Loslassen eines künstlich aufrechterhaltenen Bildes, das Aufgeben falscher Ansprüche, das Anerkennen dessen, was *ist*, auch wenn es erst einmal Schmerz bedeutet, wird zu einem enormen Zufluss an Energie führen und kann den Durchgang zu einer ganz neuen Ebene und Qualität der spirituellen Erfahrung bilden.

Zum Abschluss dieses ersten Schrittes auf dem Weg noch ein Vorschlag zur Kontemplation. Die nachstehenden sechs Arten des Leidens sind dem tibetisch-buddhistischen Stufenweg (Lamrim) entnommen. Es handelt sich dabei um eine strukturierte Zusammenfassung der Kernpunkte des Mahayana-Buddhismus, die von Praktizierenden als Überblick und Leitfaden sehr geschätzt wird. Setzen Sie sich einfach hin, offen und aufnahmebereit, lassen Sie Satz für Satz auf sich einwirken und achten Sie auf die Reaktionen, die dadurch in Ihrem Geist hervorgerufen werden.

Meditative Übung: Die sechs Arten des Leidens

Es gibt keine Sicherheit. Von keinem der Faktoren, auf denen unsere Stabilität und Fortdauer basiert, wissen wir, ob er uns auch morgen noch zur Verfügung steht.

Es gibt keine dauerhafte Befriedigung. Momentane Befriedigungen lassen sich weder verlängern noch festhalten. Der Versuch endet, spätestens beim dritten Stück Torte, in Leiden. Selbst vorübergehende Befriedigung ist etwas, was wir immer wieder aufs Neue mühsam erjagen müssen.

Der Körper muss immer wieder aufgegeben werden. Die physische Form, mit der wir in der Welt in Erscheinung treten, ist das, womit wir uns am stärksten identifizieren und worum wir am meisten besorgt sind. Dennoch müssen wir hilflos mit ansehen, wie er von Jahr zu Jahr altert und dem Tod entgegengeht.

Man muss immer wieder geboren werden. Diese für westliche Menschen zunächst eher angenehme, weil (vermeintlich) daseinsverlän-

gernde Vorstellung erweist sich als Horrortrip, wenn wir uns unser Hineingeworfensein in endlose Zeiträume vergegenwärtigen: Überlegen wir uns nur, was ein Lebewesen, das in verschiedenen Inkarnationen die letzten tausend Jahre europäischer Geschichte durchlebte, alles mitgemacht hat. Wir haben auch in Zukunft kaum Kontrolle über unsere Geburten. Es gibt vorläufig weder eine Fernbedienung noch einen Ausschaltknopf.

__Immer wieder wandeln sich hohe in niedrige Zustände.__ Wenn wir in einem wohlhabenden Land unter gesicherten Verhältnissen leben, erliegen wir leicht dem Wahn, es müsse immer so weitergehen. Das ist ein Irrtum. Unsere Großeltern oder Urgroßeltern könnten uns sicher aus ihrem Leben einiges dazu erzählen.

__Es gibt keinen Freund über den Tod hinaus.__ Für die meisten Menschen unerträglich ist die Einsicht in das letztendliche Alleinsein eines jeden Wesens. Allein werden wir geboren, allein sterben wir. Wie weit Erfahrungen wirklich mit anderen geteilt werden können, bleibt fraglich. Unser Bemühen, in Beziehungen und Gruppen Geborgenheit zu finden, kann das Leiden des Alleinseins zwar vorübergehend abmildern, aber nicht wirklich aufheben.

Sämtliche Schwierigkeiten und Krisen, denen wir in unserem Leben ausgesetzt sind, haben auf die eine oder andere Art mit diesen sechs Arten des Leidens zu tun. Es gibt keinen Menschen, keine Existenz, die davon verschont bleibt. Wenn wir leidvolle Erfahrungen machen, ist das also nicht unser privates Schicksal oder gar Versagen, sondern ein unausweichlicher Bestandteil des Lebens. Betrachtungen wie diese sollen keineswegs Deprimiertheit und Resignation erzeugen, sondern uns in Bewegung setzen und zu neuen Fragen führen: Wie können wir durch tieferes Verständnis zu einer sinnvollen Haltung angesichts des unvermeidlichen Leidens finden? Wie könnte eine solche Haltung aussehen? Sie besteht sicher nicht darin, dass wir den Schmerz mit Gewalt suchen.

Ausweichen ist logisch und sinnvoll, wenn eine echte Chance auf Erfolg besteht. Selbstpeinigung aus Prinzip hat schon der Buddha als destruktiv abgelehnt; schließlich zielt ja seine Lehre auf die *Beendigung* des Leidens. Wenn wir aber erkennen müssen, dass es unter den derzeit gegebenen Umständen kein Ausweichen gibt, dann nützt uns am meisten eine wache, entschlossene Haltung: Augen auf und durch!

ZWEITER SCHRITT: WIE REAGIERE ICH? REFLEXHAFTE, GEWOHNHEITSMÄSSIGE REAKTIONEN DURCHSCHAUEN

Der erste unserer fünf Schritte erforderte einen klaren Blick auf Schwierigkeiten und Probleme, und das hat natürlich Auswirkungen auf den zweiten Schritt: die Frage nach unseren gewohnheitsmäßigen Reaktionen. Wir wollen uns zunächst ganz allgemein ansehen, wovon unsere Reaktionen gesteuert werden. Danach fragen wir uns, ob und wie wir sie im Sinne des bisher Gelesenen und Geübten beeinflussen können. Doch bevor wir überlegen, *wie* wir reagieren, müssen wir ein bisschen darüber nachdenken, *wer* da eigentlich reagiert, und das führt uns mitten ins Zentrum der buddhistischen Lehre.

Kleiner Exkurs über das Ich

Gemäß buddhistischer Darlegung ist das, was wir Person nennen, keine fest gefügte Entität, sondern ein Zusammenwirken von Prozessen. Der Punkt, in dem sich der Buddhismus vom Hinduismus und anderen Religionen am deutlichsten unterscheidet, ist die Lehre vom Nicht-Ich. Was verstehen wir darunter? Ganz sicher nicht, dass wir eigentlich gar nicht vorhanden sind! Wenn ich sage: »Ich gehe jetzt spazieren«, dann ist das eine Aussage, die in einem bestimmten Kontext gültig ist. Das Wort Ich wird dabei ohne besondere Betonung, sozusagen als Arbeitsbegriff, verwendet. Im Vordergrund steht die Tätigkeit, der Vorgang. Ganz anders hören sich folgende Äußerungen an: »Das lasse ich mir nicht gefallen!« – »Ich muss diesen Trottel vor mir unbedingt überholen!« – »Ich kann ohne dich nicht leben!« Wir spüren da eine besondere Zuspitzung, eine Dringlichkeit, und dahinter scheint eine sehr feste, greifbare Instanz zu stehen, die unser Verhalten steuert und bestimmte Forderungen an die Umwelt stellt: das Ich. »Wo ist eigentlich dieses Ich zu finden?«, fragte der Buddha. Wir sagen: *mein* Körper, *mein* Geist, ja sogar *mein* Ego oder *mein* Ich – aber wer ist es, der da »mein« sagt?

Die erstaunlichste Tatsache, die der Buddha in seinen Meditationen festgestellt hat, ist die, dass sämtliche Lebewesen ein »Ich-Programm« in sich tragen, ohne dass ein solches Ich definitiv an irgendetwas festgemacht werden kann. Je genauer ich hinschaue, desto mehr löst sich alles in Zusammenhänge und Prozesse auf. Fast jeder wird spontan sagen: »Natürlich gibt es ein Ich, es besteht im Zusammenwirken von Körper und Geist.« Tja, wo im Körper, wo im Geist? Welche körperlichen und geistigen Elemente oder Faktoren müssen vorhanden sein, damit ihr Zusammenwirken ein Ich ergeben kann? Und was passiert mit diesem Ich, wenn sich die Faktoren dauernd ändern, wie wir es ja schon mehrmals festgestellt haben? Von der Erfahrung des Wandels und der Unbeständigkeit führt ein direkter Weg zum Nicht-Ich. Zur Schulung der jungen Mönche in Tibet gehörte es, dass sie sich nach den Belehrungen zu diesem Thema in Felsenhöhlen zurückzogen und tage- und wochenlang versuchten, angesichts der vielfältigen Manifestationen körperlicher und geistiger Vorgänge ihrem ultimativen Ich auf die Spur zu kommen … – leider immer ohne Erfolg. Vielleicht gelingt es uns? Versuchen wir es mit einer Betrachtung über einen Auszug aus der 22. Lehrrede des Buddha, wie sie in der Mittleren Sammlung des Palikanon niedergelegt ist, zitiert in der Übersetzung von Kurt Schmidt:

Meditative Übung:
Auf der Suche nach dem Ich

»*Was meint ihr, meine Bhikkhus (Mönche), ist die Körperlichkeit beständig oder unbeständig?*«

»*Unbeständig.*«

»*Was unbeständig ist, ist das unbefriedigend oder beglückend?*«

»*Unbefriedigend.*«

»*Was aber unbeständig, unbefriedigend und veränderlich ist, kann man das so betrachten: Dies ist mein, ich bin dies, dies ist mein Ich?*«

»*Nein, Herr!*«

»*Was meint ihr, ist die Empfindung, die Wahrnehmung, sind die unbewussten Tätigkeiten, ist das Bewusstsein beständig oder unbeständig?*«

»*Unbeständig.*«

»*Was unbeständig ist, ist das unbefriedigend oder beglückend?*«

»*Unbefriedigend.*«

»*Was aber unbeständig, unbefriedigend und veränderlich ist, kann man das so betrachten: Dies ist mein, ich bin dies, dies ist mein Ich?*«

»*Nein, Herr!*«

»*Darum, meine Bhikkhus: Alles, was es an Körperlichkeit, Empfindung, Wahrnehmung, unbewussten Tätigkeiten und Bewusstsein in*

Vergangenheit, Zukunft und Gegenwart gibt, mag es im Innern oder außerhalb sein, mag es grob oder fein, niedrig oder erhaben, fern oder nah sein, alles das müsst ihr, wie es wirklich ist, wenn ihr es richtig verstanden habt, so betrachten: Dies ist nicht mein, ich bin dies nicht, dies ist nicht mein Ich.» – Ein belehrter Edeljünger, der das einsieht, wendet sich von Körperlichkeit, Empfindung, Wahrnehmung, unbewussten Tätigkeiten und Bewusstsein ab. Indem er sich abwendet, verlangt er nicht mehr danach. Verlangt er nicht mehr danach, dann wird er frei; ist er frei geworden, so wird er sich der Befreiung bewusst.«

Der Buddha fordert also seine Mönche auf, das Ich, die Person, die gewöhnlich als feste Einheit betrachtet wird, unter fünf Aspekten auf die Solidität ihrer Existenz zu prüfen:

1.) Zuerst werden die **physischen Bestandteile** erwähnt, hier als Körperlichkeit, in anderen Übersetzungen auch als Form oder sogar Form-*Erfahrung* bezeichnet. Das deutet darauf hin, dass damit mehr gemeint ist als der bloße Körper. Es geht um die materiellen Grundlagen, die dazu notwendig sind, dass unsere Sinne uns selbst in einer physischen Welt ausmachen können.

Warum so kompliziert? Das konventionelle Denken möchte einfach sagen: Körper. Körper ist ein fest umrissenes, eindeutig zu definierendes Objekt, mit dem wir uns identifizieren können: *mein* Körper. Die Lehre des Buddha will uns jedoch gerade von dieser verfestigenden Wahrnehmungsweise weglocken. Damit wir Körper sagen können, sind viele bedingende Faktoren notwendig: nicht nur Fleisch und Knochen, Haut und Haare, sondern auch Luft und Licht, Raum und Körperwahrnehmung, um nur einige zu nennen. Um sich diese Zusammenhänge auch sprachlich zu verdeutlichen und die üblichen Denkgewohnheiten in Frage zu stellen, ist es besser, von Körperlichkeit oder sogar Form-Erfahrung zu sprechen.

Nur dieser erste Aspekt bezieht sich auf materielle Erscheinungen, die vier anderen beschreiben die Funktionen des Geistes.

2.) Die **Empfindung**, oft auch als Gefühl bezeichnet, nicht zu verwechseln mit dem, was wir uns gewöhnlich unter Emotionen oder Gefühlen vorstellen. Es handelt sich dabei um die erste und schnellste Reaktion unseres Geistes auf jeden neuen Reiz, der in unseren Wahrnehmungsbereich kommt. Bevor wir näher untersuchen, was das Wahrgenommene eigentlich für ein Ding oder Wesen ist, findet bereits eine blitzschnelle, meist unbewusste Vorsortierung statt: angenehm, unangenehm oder neutral, und zwar – natürlich – in Bezug auf uns selbst, auf unsere Sicherheit und Fortdauer.

3.) Die Wahrnehmung, oft auch **Unterscheidung** genannt, setzt unmittelbar darauf ein und veranlasst uns, das Ding oder Wesen mit anderen, die wir vorher gesehen haben, zu vergleichen, es zu identifizieren und zu benennen. Es nimmt nun Profil und Gestalt an und verfügt für uns über bestimmte Eigenschaften.

4.) Die oben genannten unbewussten Tätigkeiten gehören zu den wenigen Begriffen, mit deren Übersetzung durch Kurt Schmidt ich nicht einverstanden bin. Oft wird diese vierte Persönlichkeitskomponente auch mit »**Gestaltungskräfte**« oder »karmisches Gestalten« ins Deutsche übertragen. Gemeint sind damit keineswegs nur *unbewusste* Regungen, sondern *alle* heilsamen und unheilsamen, emotional oder intellektuell geprägten Regungen des Geistes, die auf die vorangegangenen Faktoren folgen – sozusagen der ganze Rest: zum Beispiel Erinnerung, Konzentration, Streben, Vertrauen, Gleichmut und Friedfertigkeit, aber auch Anhaftung, Ärger, Zweifel, Zorn, Neid, Geiz, Täuschung und Heuchelei und so weiter, all die Faktoren und Konzeptbildungen, die den Film in unserem Kopf speisen und die Welt für uns so entstehen lassen, wie wir sie erfahren.

5.) **Bewusstsein** heißt die fünfte Komponente bei den meisten Übersetzern. Paul Debes spricht jedoch in seinem wunderbaren, sehr zu empfehlenden Buch »Meisterung der Existenz« in diesem Zusammenhang von einem *programmierten* Geschehen. Unter Bewusstsein allein stellen wir uns bestenfalls eine Art Hintergrund zu geistigen Vorgängen vor. Das kann leicht so missverstanden werden, als gäbe es vielleicht doch so etwas wie einen Ort, sozusagen als Wohnsitz für ein Ich oder eine Seele. Auch von Buddhisten wird Bewusstsein häufig als etwas Statisches, konkret Vorhandenes angesehen und damit auf subtile Weise dem Strom der sich ständig wandelnden Prozesse entzogen. Das kann schnell wieder zur Objekt-Verfestigung führen. Um das zu vermeiden, ist es hilfreich, sich diese fünfte Komponente als unaufhörlich stattfindende Abfolge von Bewusstwerdungsmomenten vorstellen, zwar jeweils durch einen Reiz ausgelöst, aber keineswegs mit beliebigem, chaotischem Verlauf, sondern einer gewissen Dynamik oder Gesetzmäßigkeit – eben einem Programm – folgend. Zweck des Programms ist es, ein Ich zu behaupten, und Ziel des Programms ist es, den Fortbestand dieses Ich zu sichern. Gespeist wird es »seit anfangloser Zeit« von der Dynamik aller Handlungen, die im Laufe unserer Existenzen diesem Ziel dienten. Zum Glück ist das Programm aber nicht lückenlos und allesbeherrschend. Wie alles andere, unterliegt es dem Wandel und der Veränderung, der Code kann daher »geknackt« werden. Durch seine eigene Erfahrung hat der Buddha bewiesen, dass das möglich ist, und er lehrte den Weg zur Befreiung für alle Wesen, deren Augen, wie er sagte, nur mit wenig Staub bedeckt sind. Ganz leicht ist das allerdings nicht. Da unser geistiges Kontinuum mit dem Programm seit so langer Zeit so innig verbunden ist, *sehen* wir nicht, was sich da abspielt. Stattdessen *identifizieren* wir uns mit den programmierten Vorgängen, obwohl uns das immer wieder in leidvolle Situationen führt, und sorgen so für kontinuierliche Fortschreibung der vertrauten Muster. Das ist einer der Gründe, warum in der buddhistischen Praxis ständig zum Hinschauen aufgefordert wird: Achtsamkeit, Bewusstheit, Gewahrsein, Betrachtung, Untersuchung, Einsicht, Erkenntnis sind die Begriffe, um die es am Anfang, in der Mitte und am Ende geht. Nur eine Haltung, die auf Wachheit oder Erwachen abzielt, kann zur Beendigung des Leidens führen.

Eine leise Ahnung von der Zusammengesetztheit und Prozesshaftigkeit des Ich oder der Person hilft uns sehr, wenn wir uns unter dem Blickwinkel des spirituellen Weges mit der Frage konfrontieren, *wie* wir reagieren, wenn wir in leidvolle, unangenehme, schwierige Situationen geraten, die sich möglicherweise sogar zu Krisen verdichten. Die fünf Persönlichkeitskomponenten sind ja nicht etwas, was sich nur gelegentlich manifestiert, sondern sie machen ständig unser ganzes Sein und Erleben aus.

Ununterbrochen tasten unsere Sensoren die äußere und innere Landschaft ab. Verdichtet sich ein – tatsächlich oder auch nur scheinbar – unangenehmer oder bedrohlicher Eindruck, dann reagieren wir spontan mit einer entsprechenden Negativ-Bewertung, die dazu führt, dass wir das, was ihn auslöste, ablehnen. Das führt zu Konsequenzen in unserem Denken (»Unsympathischer Typ!«) wie auch im Reden (»Ich glaube, wir haben ein Kommunikationsproblem«) und im Handeln (»… und deshalb stimme ich hiermit dagegen, ihm dieses Amt zu übertragen«). Da die gleichen Ereignisketten ja auch bei den anderen stattfinden, ergeben sich daraus die unendlichen karmischen Verflechtungen, aus denen unser Leben besteht. Die Schiene, auf der sich eine ablehnende Haltung vom Ersteindruck bis zur ausgeführten Handlung entfaltet, wird im Buddhismus als *Hass* bezeichnet. Die besitzergreifende Haltung, die durch einen angenehmen, reizvollen Ersteindruck ausgelöst wird, heißt *Gier*. Und alles, was wir nicht sehen und erkennen, was uns nicht direkt tangiert und wofür wir uns deshalb nur wenig interessieren, rangiert unter *Verblendung* oder *Unwissenheit*. Alle diese Haltungen sind auf den Drang nach Ich-Stabilisierung zurückzuführen. Wir stellen also in unserer Wahrnehmung und unseren Reaktionen das eigene Ich über alles andere in der Welt. Da das mit einer Verengung des Blickwinkels einhergeht und ein extremes Ungleichgewicht zum Ausdruck bringt, führt es meist zu leidvollen Erfahrungen. Wir schaden uns und anderen, deshalb werden Gier, Hass und Verblendung auch geistige Gifte genannt.

Diese Zusammenhänge, so komplex sie auf den ersten Blick wirken, können Sie in Ihrem täglichen Leben relativ leicht nachvollziehen. Anhand der nächsten beiden Übungen können Sie sich ein Bild davon machen. Der alltägliche Ärger ist ein Beispiel aus dem Bereich *Hass*, und die Betrachtung des inneren Mangels hat mit dem Bereich *Gier* zu tun. In ähnlicher Weise können Sie selbst zahlreiche weitere Beispiele aus dem täglichen Leben für meditative Übungen heranziehen.

Beginnen wir ohne Umschweife mit einer Übung, um uns die Zusammenhänge zu verdeutlichen.

Beispiel 1: Ärger

Meditative Übung: Alltagsärger

Ich setze mich aufrecht hin, lenke meine Aufmerksamkeit auf mein momentanes Befinden und konzentriere mich dann auf den Atem. Dieses Mal achte ich besonders darauf, wie sich in der entspannten, meditativen Situation der Atem von selbst verändert, ohne dass ich darauf Einfluss nehme. Er wird tiefer und ruhiger.

Dann richte ich meinen Geist auf den Ablauf des gestrigen Tages. Ich erinnere mich an die kleineren und größeren Ärgernisse, die mir begegnet sind, ausgelöst durch Objekte, Situationen, andere Menschen oder mich selbst. Ich greife zwei oder drei heraus, etwa aus dem Straßenverkehr oder aus Beruf, Partnerschaft, Familie. Ich nehme meine eigene Reaktion deutlich zur Kenntnis und bleibe kurz dabei. Vielleicht war es ein ein gereizter Wortwechsel, vielleicht auch nur ein Stirnrunzeln. Ich versuche mich möglichst deutlich zu erinnern. Wie sah mein Gesicht dabei aus? Wie klang meine Stimme? Welche Körperhaltung nahm ich ein?

Nun verlagere ich meine Aufmerksamkeit mehr und mehr nach innen und verfolge meinen Ärger zurück bis zum eigenen Ich. Zunächst war da der äußere Anlass, er wurde von mir wahrgenommen, blitzschnell als Unbequemlichkeit und Bedrohung erkannt. Ärger schoss hoch, darauf folgten meine inneren Kommentare und Bewertungen und schließlich die Reaktion. Ich nehme mir genügend Zeit für jedes dieser Glieder meiner Reaktionskette. Vor allem betrachte ich meine Empfindungen dabei. Wie fühlte ich mich? Woher kam der Ärger? Was führte letztlich zu der Negativbewertung? Was befürchte ich? Unter welchem Druck stehe ich? Was bedroht mich?

Wenn ich von dem Ablauf der Situation und meinem Verhalten ein klares Bild gewonnen habe, kehre ich zurück zum Atem und zum gegenwärtigen Befinden und beende dann die Übung.

Es empfiehlt sich, diese Untersuchung nicht nur an einem, sondern an zwei oder drei Beispielen durchzuführen und sich jedes Mal genügend Zeit zu nehmen, bis man beim eigenen Ich angelangt ist. Wo liegen bei den einzelnen Erfahrungen die Unterschiede, wo die Gemeinsamkeiten? Welches Muster enthüllt sich? Gibt es so etwas wie eine latente Bereitschaft zum Ärger? Wovon hängt sie ab? Wie wirkt sich Ärger aus – auf die äußere Situation und auf unser inneres Klima? Wie beeinflusst er unsere Handlungen? Wir können die Antworten, die auf diese Fragen aus unserem Bewusstsein aufsteigen, für sich selbst sprechen lassen.

Diejenigen, die glauben, dass ein Leben ohne Ärger überhaupt nicht vorstellbar ist, werden diese Übung vielleicht als müßige Spielerei empfinden. Aber das trifft nicht zu. Experimentieren Sie ein wenig damit, Sie werden überrascht sein. Ärger ist genauso eine Gewohnheit (oder ein Geistesgift) wie alle anderen. Er lässt sich vermindern und letztlich sogar besiegen.

Der gewohnte Alltagsärger bietet uns ausgezeichnete Gelegenheiten, unsere Reaktionen kennen zu lernen. Wenn wir sie nutzen, erfahren wir viel über uns selbst, und nicht nur das: Wir werden dann auch feststellen, dass diese Einsichten sich auf die Reaktionen selbst auswirken. Es ist unmöglich, Erfahrungen über geistige Gifte und ihre Wurzeln zu sammeln und dann trotzdem weiterzuleben wie bisher. Manchmal kommt die Einsicht mit Verzögerung, aber besser spät als nie ...

Erinnerung. Neulich auf dem Postamt. Geduldig hatte ich gewartet, bis ich an die Reihe kam, um mein Paket aufzugeben. Es handelte sich um eine gut verpackte Gymnastikmatte, 72 Zentimeter lang, 16 Zentimeter im Durchmesser und nur 480 Gramm schwer, die ich einem Freund schicken wollte. Sie hatte im Laden knapp 20 Mark gekostet. »Oh«, meinte die Schalterbeamtin, »mit diesen Abmessungen können wir das nicht als normales Paket befördern. Sie müssten es als Stückgut aufgeben, aber das wird ziemlich teuer.« »Wie teuer?« fragte ich mühsam beherrscht. »Moment, ich schau in die Tabelle ... ah ja: vierundvierzig Mark achtzig.« – »Vielen Dank, auf Wiedersehen«, presste ich zwischen den Zähnen hervor, ergriff mein Paket und verließ zornerfüllt die Lokalität.

Erst später war ich in der Lage, die Situation in Ruhe zu betrachten und den Ärger bis zu mir selbst zurückzuverfolgen. Da war dieses lästige Paket, das ich nicht loswerden konnte (es steht immer noch in meinem Arbeitszimmer herum), da war die Deutsche Post mit ihren verstaubten Vorschriften und ihrem miesen Service – und da war vor allem ich selbst mit meiner Bereitschaft, wegen unbedeutender Kleinigkeiten mir selbst und anderen die gute Laune zu verderben. Ich schaute eine ganze Weile auf dieses Muster, und es wurde nicht besser. Bis ich endlich bei mir selbst ankam: Ich *will*, dass alles so läuft, wie *ich* mir das vorstelle. Ist das eigentlich realistisch? Warum glaube ich, dass meine Vorstellungen so viel wichtiger sind als die der anderen? Und vor allem:

Wieso diese emotionale Reaktion, wenn meine Ansprüche einmal nicht erfüllt werden? Immerhin: Ich hatte meine Zunge im Zaum gehalten; verglichen mit früher war das schon ein Fortschritt. Ich widerstand nun auch der Versuchung, mich selbst zu verurteilen wegen meines Mangels an vorbildlicher Abgeklärtheit. Stattdessen akzeptierte ich das Erlebnis als Lernaufgabe und meditierte in den folgenden Tagen mehrmals über mein *Sein* in der Welt: über den Platz, den ich einnehme, über den Raum, den ich anderen zugestehen kann, über die Berührungen, Verflechtungen und unweigerlichen Interessenkonflikte, die sich aus dem Miteinander ergeben. Irgendwann spürte ich, dass die Aufgabe gelöst war. Und das bestätigte sich tatsächlich beim nächsten ähnlichen Erlebnis. Der alltägliche Ärger hat sich zwar noch nicht völlig verflüchtigt, aber er ist im Ernstfall nicht mehr Alleinherrscher im Geist. Es gibt andere Kräfte, die wirksam werden: Ruhe, Abstand, Einsicht. Die Erfahrung, die daraus resultiert, überrascht nicht: Probleme und Konflikte lassen sich wesentlich leichter lösen und beeinträchtigen die Stimmung viel weniger.

Beispiel 2: Mangel

Vom frühen Morgen an, wenn wir nach der dringend benötigten Tasse Kaffee greifen, bis zum späten Abend, wenn wir vor dem Fernseher einschlafen und uns die Fernbedienung aus der Hand fällt, ist unser Tagesablauf eine Folge von Greifakten. Da wir dabei nicht auf den Vorgang achten, sondern nur auf die ständig wechselnden Objekte, wird uns das nicht bewusst. Wir merken auch nicht, wie notwendig es zur Aufrechterhaltung unseres Wohlbefindens und unserer Stabilität ist, dass es ständig Dinge gibt, die wir uns nehmen können. Nur wenn unser Greifen einmal ins Leere geht, spüren wir je nach Bedeutung des gewünschten Gegenstands einen kleineren oder größeren Schock. Dieser lässt sich jedoch meist durch eine blitzschnelle Ersatzhandlung abfangen. Wenn die Freundin telefonisch nicht erreichbar ist, dann essen wir halt einen Schokoriegel. Was geschieht jedoch, wenn wir diesen Automatismus einmal unterbrechen, auf die Befriedigung verzichten und schauen, was passiert? Wir stellen dann fest, dass hinter dem Greifen ein gewisser Druck steckt, ausgelöst durch ein Gefühl des Mangels. Das fühlt sich sehr unangenehm an, wie ein blinder Fleck, ein nagender Schmerz, ein dunkles Loch in unserem Inneren. Um uns davon abzulenken und es möglichst nicht ins Bewusstsein dringen zu lassen, setzen wir alles ein: Kontakte, Zerstreuungen, Betäubung, Geschäftigkeit, Konsum jeder Art. Sehr geschickt halten wir vor uns selbst die Fiktion aufrecht, dass es sich dabei nicht um ein Müssen, sondern um ein spontanes, lebensfrohes Wollen handelt. Erst wenn aus irgendeinem Grund der Nachschub stockt und der Mangel spürbar wird, tauchen Entsetzen und Panik auf. Dann besteht allerdings die Gefahr, dass wir uns mit diesen Gefühlen der Abwehr identifizieren, tief in sie hineingehen und den Schrecken dadurch noch verschlimmern. Entsprechend groß ist der Drang, der Qual zu entkommen und blindlings nach jedem sich bietenden Ersatzobjekt zu greifen. Wenn wir dieses ermüdende Geschehen längere Zeit betrachten, erscheint es uns wie ein Rad, das sich dreht und dreht – ohne Ende.

In einer entsprechenden, selbst konzipierten Übung können Sie diese Gesetzmäßigkeit anhand von Begebenheiten aus Ihrem Leben nachvollziehen. Sie werden sich fragen, wo nun hier die Lernaufgabe steckt. Was kann man tun angesichts dieser tief eingefahrenen Zwänge? Es ist offensichtlich, dass wir das Greifen nicht abschalten, die Panik angesichts des Mangels nicht wegzaubern können. Sind wir also ohnmächtig?

Zwischen Verdrängung und dem Hineinfallen in den Schmerz gibt es noch einen dritten, einen mittleren Weg. Kehren wir noch einmal zurück zur Konfrontation mit dem eigenen Verlangen und setzen die Situation in einer Übung fort.

Meditative Übung:
Den Mangel sehen

Ich lenke die Aufmerksamkeit auf meine gegenwärtige Situation und betrachte meinen Atem. Dabei achte ich besonders darauf, wie stark nach dem Ausatmen der Drang ist einzuatmen. Die Stärke dieses Verlangens wahrzunehmen ist eine gute Einstimmung für die folgende Betrachtung.

Nun vergegenwärtige ich mir eine Situation aus meinem Leben, in der ich nach etwas greife, was mir viel bedeutet, etwa dem gewohnten Kontakt zu einer geliebten Person. Ich stelle mir vor, dass mir diese Möglichkeit wider Erwarten nicht zur Verfügung steht, etwa weil dieser Mensch sich mir verweigert oder weil ich ihn gerade nicht erreichen kann. In dem Moment, in dem mir das bewusst wird, halte ich inne und fühle die Frustration und den Mangel. Fast gleichzeitig melden sich Schmerz und Abwehr, der Geist formuliert hektisch Ersatzvorschläge, aber ich beachte sie nicht und identifiziere mich nicht damit. Ich bleibe bei der Betrachtung des Mangels, ohne innere Stellungnahme, ohne Bewertung, ohne Gegenreaktion. Das ist nicht sehr einfach, aber ich lasse mich durch nichts ablenken. Vielleicht erscheint es mir einen Moment lang so, als sei diese Wahrnehmung unerträglich. Aber ich bleibe eine Zeit lang dabei, ganz ruhig und aufmerksam, und beobachte, wie sich meine Gefühle verändern.

Schließlich kehre ich zurück zum Atem und zur gegenwärtigen Situation und beende damit die Übung.

Auch hier zeigt sich: Durch das bloße, unvoreingenommene Hinschauen löst sich der Krampf, wenn auch nur sehr allmählich und sicher nicht gleich beim ersten Mal. Die größte Herausforderung liegt aber darin, sich ein Herz zu fassen und wirklich hinzuschauen. Da hilft nur geduldiges Training, bis das von Angst überwältigte Bewusstsein aufhört, sich in wilde Fantasien darüber zu verlieren, was alles infolge des Mangels an Schrecklichem passieren könnte und was dagegen zu tun ist.

Die meisten Menschen haben irgendwann in ihrem Leben erfahren, wie das ist, wenn man von einem geliebten Partner verraten, verlassen, aufgegeben wird. Je stärker man sich über die Zweisamkeit definiert hat, desto unmöglicher erscheint es einem, als Einzelperson weiterzuleben. Man/frau kommt sich vor wie amputiert. Alles im Geist sträubt sich gegen die neue Situation, es scheint nur verzweifelte Ablehnung zu geben. Aber wie sieht es ein Jahr später aus? In der Regel hat sich dann gezeigt, dass es sehr wohl möglich war, als Einzelperson weiterzuleben, dass der Schmerz nachließ und sogar kleine, bescheidene Freuden sich allmählich wieder einstellten. Ich will hier nicht darauf verweisen, dass Zeit Wunden heilt, obwohl der Volksmund mit seinen Weisheiten meistens Recht hat. Meine Empfehlung ist: *In* der Situation des Verlustes und Mangels, wenn der Schmerz noch ganz frisch ist, hinschauen: nicht auf den verlorenen Partner, die Partnerin, auch nicht auf die vermeintlich trostlose Zukunft, sondern auf den Schmerz selbst – und weiteratmen. Hinschauen, nicht hadern, nicht ablenken, sich nicht abwenden. Offen bleiben für die leidvolle Erfahrung. In dieser Situation *wird sich etwas verwandeln.*

Wenn Sie Verhaltensmuster auf sanfte Weise verändern wollen, können Sie an verschiedenen Punkten ansetzen: Sie können schnelle, eingefahrene Reaktionen verlangsamen. Wenn das nicht gleich gelingt, dann haben Sie die Möglichkeit, nachträglich das Erlebte durchzudenken und aufzuarbeiten und so die über lange Zeit eingeübten, teilweise unbewussten Interpretationsmuster zu verändern. Unbewusst sind sie nur, solange Sie nicht darauf trainiert sind, sie anzuschauen und ihnen hinterherzuspüren. Wenn Sie das jedoch tun und Ihre Beobachtung durch Übung immer mehr verfeinern, dann blättern sie sich regelrecht auf.

Wer bin ich eigentlich?

I'm on the inside outside, I see things upside down,
I come from over in there, I live in mirror town.

Was die irische Folk-Sängerin Geraldine MacGowan in ihrem wunderbaren Lied *Mirror Town* besingt, ähnelt ein wenig der erstaunlichen Erfahrung eines Menschen, der die scheinbar von außen auf ihn zukommenden Eindrücke erstmals mit seiner Innenwelt zusammenbringt. Die Welt ist unser Spiegel, und wir gestalten sie.

In dem Maß, wie wir die sich ineinander webenden Prozesse sehen, lockert sich die leidvolle Wahrnehmung der Getrenntheit und Isolation. Mehr und mehr geht uns auf, dass wir das Geflecht aus Eindrücken, Konzepten, Gefühlen und gewohnheitsmäßigen Reaktionen immer ganz selbstverständlich als die einzig mögliche Wirklichkeit ansahen. Wir hielten unser Bild von uns selbst, von den anderen, von der Welt für zuverlässig und realistisch. Mein Lehrer Dagyab Kyabgön Rinpoche spricht hier geradezu von einer »zweiten Ebene der Wirklichkeit«. Zum Beispiel die Menschen in unserer Umgebung: Selten oder nie haben wir überprüft, was wir in unserem inneren Film aus ihnen machen. Umgekehrt genauso.

Meditative Übung: Selbstbespiegelung

Ich lenke meine Aufmerksamkeit auf die gegenwärtige Situation und konzentriere mich auf den Rhythmus des Atems, der leicht und ohne Druck in meinen Körper eingeht und ihn wieder verlässt.

Dann vergegenwärtige ich mir kurz das Bild, das ich von mir selbst habe. Gewissermaßen aus der Vogelperspektive oder von außen sehe ich mich in meiner körperlichen Erscheinung, in meinen verschiede-

nen Rollen und Facetten, und ich mache mir klar, wie ich wahr-
scheinlich auf andere wirke – und wie ich gern wirken möchte.

Dann versuche ich, mich in eine andere Person, die mich gut kennt
und gern mag, zu versetzen. Ich betrachte mich durch ihre Augen.
Wie sehe ich aus? Welche Eigenschaften fallen an mir auf? Wie würde
ich mit ihren Gedanken und Worten meine Person beschreiben? Ich
bleibe eine Weile bei dieser Vorstellung.

Und nun projiziere ich mich in einen Menschen hinein, der mich
nicht leiden kann. Wie sieht er mich? Wie denkt, fühlt, redet er über
mich? Was für ein Bild entsteht da? Wie real ist es? Worauf gründet es
sich? Hat es etwas mit mir zu tun? Ich nehme mir Zeit für den Blick
in diesen Spiegel.

Dann beende ich diese Fantasiereise und kehre zurück zu mir selbst.
Wie fühlen ich mich? Genauso wie vorher oder anders? Wie »berech-
tigt« oder »unberechtigt« sind alle diese Bilder? Wie real sind sie? Wie
kommen sie zustande? Was lerne ich daraus? Ich lasse die Übung in al-
ler Ruhe ausklingen und beende sie mit einer kurzen Atembetrach-
tung.

Sich durch die Augen eines Feindes zu betrachten ist nicht sehr
angenehm. Aber es kann uns eine Menge Informationen über uns
selbst liefern, an die wir sonst kaum herankommen. Wir sehen einerseits, wie verzerrt wir wahrgenommen werden, und andererseits, dass vielleicht doch ein unangenehmes Körnchen Wahrheit
in dieser Wahrnehmung steckt, dass man uns tatsächlich auch so
sehen kann – und sei es nur durch unglückliche Verkettung verschiedener Umstände. Wenn uns diese Einsicht genügend nachdenklich gestimmt hat, dann empfiehlt es sich, die gleiche Übung
mit umgekehrtem Vorzeichen zu wiederholen: Schauen wir uns
einen Menschen, gegen den wir etwas haben, mit unseren eigenen Augen an und beziehen dabei die Erkenntnisse mit ein, die

wir aus der vorangegangenen Übung gewonnen haben. Das relativiert vieles! Wir können so lernen, allzu verhärtete Positionen bei uns selbst in Frage zu stellen, dadurch unseren scheinbaren Gegnern anders, offener begegnen, und allein das bringt neue Impulse in verfahrene Situationen. Nur durch die Veränderung unserer Wahrnehmung, unseres Denkens bekommt alles ein anderes Gesicht. Wenn wir uns später mit dem tibetisch-buddhistischen Geistestraining beschäftigen, werden wir sehen, dass man diese Methode bis zur Perfektion entwickeln kann.

Erinnerung. Eine Freundin hatte zusammen mit ihrem Mann jahrelang in unserem Zentrum Kurse besucht und Dharma praktiziert. Dann wurde der Mann schwer krank und beging Selbstmord. Wir alle waren sehr erschüttert, als wir das erfuhren. Einige schrieben ihr und wollten gern mit ihr in Kontakt bleiben, aber wahrscheinlich war es nicht genug, wie das so ist, wenn der eigene Alltag sich immer wieder in den Vordergrund drängt. Dann traf einer der langjährigen Zentrumsleute sie auf einer großen Veranstaltung und begrüßte sie mit den Worten: »Hallo, wie geht's dir denn? Ich habe in den letzten Monaten jeden Tag an dich gedacht!« – »Wer's glaubt«, antwortete sie knapp, drehte sich um und verschwand in der Menge. Kurz danach trat sie aus dem Verein aus mit der Begründung, sie habe in der schwierigen Zeit nicht genug Betreuung erfahren. Die traurige Pointe aber ist: Der Freund hatte es ernst gemeint. Die ganze Zeit über hatte er jeden Abend Gebete für sie gesprochen. Es stimmte also tatsächlich, dass er täglich an sie gedacht hatte. Allerdings machte er sich nun Vorwürfe, dass er das ihr gegenüber nicht deutlich genug zu erkennen gegeben hatte. Die Situation war dennoch völlig offen. Eine einzige Rückfrage von ihrer Seite her oder auch nur ein Moment des Abwartens hätte genügt für eine erklärende Bemerkung, die ihr vielleicht das bittere Gefühl genommen und die Kommunikation wieder in Fluss gebracht hätte.

Starke Emotionen sind oft schlechte Ratgeber. Sie verengen unseren Blickwinkel und können uns dazu verleiten, aus der Fülle der Möglichkeiten vorschnell eine auszuwählen, die nicht die beste sein muss. Natürlich können zugeschlagene Türen auch wieder geöffnet werden, aber zunächst einmal entsteht Leiden für alle Beteiligten.

Die Veränderung von Denk- und Verhaltensmustern

Eine sehr interessante Erfahrung, die ich im Rahmen der Zentrumsarbeit machte, war folgende: Verschiedentlich geäußerten Wünschen der Mitglieder folgend nahmen wir vor einigen Jahren ein Seminar zum »Umgang mit negativen Gefühlen« in unser Programm auf. Dieses Angebot wurde allseits begrüßt, und eine Menge Leute sagten mir, sie hätten auf so etwas schon lange gewartet und würden auf jeden Fall daran teilnehmen. Dann kam der Termin heran, und das Seminar fiel aus Mangel an Beteiligung aus. Nun, das konnte Zufall oder Pech sein. Einige Interessent/innen riefen danach an oder schrieben, wie sehr sie es bedauerten, dass das Seminar nicht stattgefunden habe, sie wären außerordentlich daran interessiert gewesen und hätten zu gern daran teilgenommen, nur leider ging es gerade an diesem Wochenende nicht. Wir versuchten es also erneut und boten das Seminar im nächsten Jahr noch einmal an. Wiederum begeisterte Zustimmung! Als es so weit war, fiel das Seminar wieder mangels Beteiligung aus. Hinterher kamen erneut Beteuerungen tiefsten Bedauerns, verbunden mit der Aufforderung, es doch noch einmal mit einem neuen Termin zu versuchen. Das ließen wir dann aber doch bleiben.

Was lernen wir daraus? Es drängt sich die Vermutung auf, dass der Blick auf die eigenen negativen Emotionen und Reaktionen im wahrsten Sinne des Wortes eine zweischneidige Sache ist. Einerseits fasziniert es uns, dass der Buddhismus uns ermutigt, unheilsame Geistesregungen nicht einfach zu verteufeln oder zu unterdrücken, sondern uns mit ihnen zu beschäftigen. Andererseits haben wir eine gewisse, oft uneingestandene Scheu, uns diese Regungen wirklich näher anzusehen. Allzu nahe rücken wir dabei unserem Ego, allzu bedrohlich ist die Aussicht, sich mit Angst und Schmerz und unseren eigenen Gewohnheitsmustern auseinander setzen zu müssen. Nichts kostet mehr Kraft und Mut als der Übergang von der Verdrängung zum Hinschauen. Nichts ist so schlimm wie die Angst vor der Angst. Deshalb ist allen, die sich an die Sache heranwagen möchten, zu empfehlen: Trauen Sie sich ruhig, aber gehen Sie dabei behutsam mit sich um, und überfordern Sie sich nicht! Auch das Hinschauen kann man ganz allmählich, in verträglichen Dosen, lernen. Mit selbstverordneter Blindheit sollte man sich jedoch auf die Dauer nicht zufrieden geben, sondern – in bester buddhistischer Manier – den mittleren Weg zwischen dem Ignorieren und dem leidbringenden, unreflektieren Ausleben anstreben: Betrachten, verstehen und schließlich aus der *Einsicht* heraus verändern.

Das führt uns zurück zu unserem Hauptthema, der Bewältigung besonders leidvoller Situationen. Wie steht es mit den Reaktionsmustern, die in Krisenzeiten aktiviert werden? Höchstwahrscheinlich verhalten wir uns ähnlich wie bei anderen unangenehmen Erlebnissen. Wenn der Schicksalsschlag mehr oder weniger plötzlich kommt, ist die Reaktion heftig und emotional. »Warum gerade ich?« ist die Frage, die sich die meisten Menschen zuallererst stellen. Abwehr, blinder Widerstand, Kampf ums Überleben aus purem Selbsterhaltungstrieb sind die gewohnten, nur zu verständlichen ersten Regungen. Wenn die Bedrohung länger bestehen bleibt, folgen Verzweiflung, Depression, vielleicht Resignation.

Welche Hilfestellungen oder Alternativen eröffnen sich nun, wenn jemand bereit ist, auch dramatische Erfahrungen als Stationen auf dem spirituellen Weg anzunehmen? Gibt es vernünftige Empfehlungen, auch für Menschen ohne Vorkenntnisse und langjährige Erfahrung? Das hängt von verschiedenen Faktoren ab, unter anderem von einer grundlegenden Offenheit und einem gewissen Vertrauensvorschuss, aber auch von kompetenter Unterstützung und dem richtigen Wort zur richtigen Zeit.

Erinnerung. Eine ältere Dame erschien beim wöchentlichen Treffen unserer buddhistischen Gruppe in Nürnberg. Sie folgte anfangs den Gesprächen über den Stufenweg mit leicht abwesendem Blick und ergriff die erste Gelegenheit, um davon zu sprechen, dass sie kurz vorher ihren einzigen Sohn verloren habe, der an Krebs gestorben war. Es war offensichtlich, dass sie von dem Geschehen noch völlig traumatisiert war und von nichts anderem reden konnte. Wir hörten ihr eine Weile schweigend zu und zeigten ihr unser Mitgefühl. Natürlich stand die Frage im Raum, warum sie ausgerechnet zu den Buddhisten gekommen sei und was wir für sie tun könnten. Es stellte sich heraus, dass es – nach einem ganzen Leben, das sie als Mitglied der christlichen Kirche verbracht hatte – ein einziger Aspekt der buddhistischen Lehre war, an den sie sich nun in ihrer Verzweiflung klammerte: die Reinkarnation. »Lebt mein Sohn noch irgendwo, irgendwie weiter?«, war die Frage, um die es ihr allein ging. Und wenn er weiterlebte, ob man dann nicht irgendwie mit ihm in Kontakt treten könne? Keine Chance, mit ihr in dieser Situation darüber zu reden, was man im buddhistischen Sinne unter Reinkarnation versteht und was nicht. Keine Chance auch, eine Brücke zu ihr und ihrem Leid herzustellen. Die Einladung zu einem persönlichen Gespräch außerhalb der Gruppe nahm sie kaum wahr. Sie hatte in diesem Moment nur ein Thema, nur eine Frage, verlangte nur nach einer einzigen Antwort. Als diese nicht in der erhofften Weise kam, verließ sie das Treffen, bestellte ein Taxi und fuhr davon. Wir hörten nie wieder von ihr.

Im Ernstfall zu beobachten, *wie* wir reagieren, *während* wir reagieren, überfordert die meisten von uns. Leichter fällt es uns, unsere Reaktionen rückblickend zu überprüfen. Eine gute Möglichkeit, verändernd einzugreifen, haben wir da, wo die spontane, stark emotional gefärbte Erstreaktion abklingt beziehungsweise in eine Art Normalverhalten übergeht. Hier können wir mit einem inneren Dialog, mit ein paar Zwischenfragen an uns selbst dem Gewohnten einen neuen Verlauf geben:

- Was heißt »Warum gerade ich?« – Bleiben denn die anderen Menschen von Kummer und Leid verschont? Bin ich die/der Einzige, der/dem es so geht?
- Hat diese Erfahrung etwas mit mir zu tun? Oder kommt sie mir vor wie von einem blinden Schicksal verhängt? Was hat sie mit meinem ganzen Existenzmuster zu tun? Liegt irgendein Körnchen Sinn darin?
- Was kann ich tun in dieser Lage? Gibt es außer völliger Abwehr oder dem Untergehen in der Verzweiflung noch einen anderen Weg?
- Mit wem kann ich über meinen Schmerz reden? Bin ich bereit zu reden, oder kapsle ich mich ab? Nehme ich Gesprächsangebote von Freunden wahr, nehme ich sie an?
- Was bedeutet der heutige Tag für mich? Wie fühle ich mich jetzt? Wie ist meine Körperwahrnehmung? Was hat mir die Gegenwart zu sagen?

Keine dieser Fragen ist auf den ersten Blick als Ausdruck buddhistischer Praxis zu erkennen, und doch ist es so. Insbesondere die letzte Frage nach der Wahrnehmung des gegenwärtigen Moments ist von größerer Bedeutung, als es vielleicht zunächst scheint. Gerade in Zeiten äußerster psychischer Beanspruchung neigen wir dazu, uns selbst, die Gegenwart, unsere Umgebung kaum mehr zur Kenntnis zu nehmen. Wie ein Mühlrad, das sich nicht abstellen lässt, geht uns das Schreckliche mit all seinen Nuancen und Konsequenzen durch den Kopf – der berühmte Tunnelblick. Wir befinden uns mit dem größten Teil unserer Aufmerksamkeit entweder in der Vergangenheit oder in der Zukunft; unsere Energien sind in Vorstellungen und Bildern gebunden, über die wir keine Macht haben. Im gegenwärtigen Moment jedoch liegt die Chance, diesem Kreislauf zu entrinnen – nicht in der Form weltbewegender Erfahrungen, sondern in der bewussten, heilsamen Wahrnehmung des Alltäglichen: Da sind Menschen, vertraute Umgebungen, das Gefühl unseres müden Körpers unter der Bettdecke, Kindergeschrei auf der Straße, der Geruch von frisch gebrautem Kaffee. Mehr ist vorerst nicht nötig. Erinnern Sie sich an unsere Meditation über die Bardo-Momente: Wenn wir innehalten, haben wir uns ein Stück Freiraum erobert, in dem Heilung möglich ist. In dem Maß, wie wir unsere innere Balance zurückgewinnen, können wir uns dem dritten Schritt zuwenden, dem Untersuchen und Erkennen der Gesamtsituation.

DRITTER SCHRITT: WAS GESCHIEHT?
DAS NETZ DER BEDINGTHEIT
ERKENNEN

Solange wir in unseren gewohnten Reaktions- und Verhaltensmustern gefangen sind, ist unser Blickwinkel für die Realität stark eingeengt. Darum wollen wir uns nun damit befassen, wie die Welt aussieht, wenn wir unseren Blickwinkel ganz bewusst erweitern. Einige bereits bekannte Begriffe werden Ihnen dabei wieder begegnen: Ich und Nicht-Ich, Handlungen und ihre Resultate, also Karma, und die Verbundenheit aller Lebewesen. Nun geht es darum, aus diesen Bestandteilen ein lebendiges, überzeugendes, nachprüfbares Gesamtbild zu gewinnen. Dieses Bild enthält neben den leidvollen Aspekten, die wir zu unserem Thema gemacht haben, eine große Auswahl an Veränderungsmöglichkeiten und Chancen, die es zu entdecken gilt.

Die Bedingungen des Daseinskreislaufs

In der buddhistischen Tradition wird unsere Situation als leidvoller Daseinskreislauf (Sanskrit: Samsara) bezeichnet. Die geistigen und körperlichen Bestandteile unserer Person scheinen mit der Außenwelt zu interagieren. Reize werden aufgenommen und handelnd beantwortet, und das scheint von einem Ich gesteuert zu sein (während sich in Wirklichkeit gerade daraus das Ich konstituiert). Dieses Geschehen ist mit dem Freisetzen von gerichteter Energie verbunden. Seine Dynamik hat die Tendenz, sich fortzusetzen, über die Grenzen von Leben und Tod hinaus.

Im schier endlosen Kreislauf der Existenzen werden unendlich viele leidvolle und freudvolle Erfahrungen gemacht. Alles Vertraute wandelt sich und wird immer wieder in Frage gestellt – nur eines nicht: das Festhalten am Ich-Programm. Die angenommene Seinsweise – Ich getrennt von der Welt – wird weitergetragen und blindlings verteidigt. Diese Grundeinstellung sorgt dafür, dass sich das Riesenrad von Samsara weiterdreht; es dreht sich tatsächlich im Kreis, mal auf und mal ab, und da wir es ständig mit unserer Energie antreiben, hört es nie von selbst auf. Es ist, als ob die Schauspieler auf einer Bühne unter einem Zauberbann dazu verurteilt wären, in ihren künstlichen Rollenidentitäten zu verharren und weiterzuagieren, ohne dass jemals einer auf die Idee käme, das Licht auszuschalten und »Feierabend!« zu rufen. Wer hat die Macht, einen solchen Zauberbann zu verhängen?

Es sind letztlich die großen Fragen der Menschheit, um die es hier geht: Woher kommt das alles? Worauf zielt es ab? Welchen Sinn hat es? Es gibt darauf viele verschiedene Antworten, aber sie alle haben nur Gültigkeit innerhalb bestimmter Erklärungsmodelle. Wir hätten natürlich gern eine universell gültige, von keiner Religion oder Gruppe zu vereinnahmende Antwort. Aber wie könnte diese Antwort schon lauten, da sie doch zwangsläufig, um verständlich zu sein, im Rahmen unserer gewohnten Konzepte und unseres beschränkten Weltbilds formuliert sein müsste? Erklärungen, die sich in Worten ausdrücken lassen, können nie ganz befriedigend sein. Sollen wir also aufhören zu fragen? Keineswegs! Wichtiger als die schnellen Antworten sind die Fragen selbst. Sie öffnen das Bewusstsein für ein neues Verständnis und lösen Prozesse aus, die durch Meditation unterstützt werden können. Suchende, die nach einer längeren Phase des Forschens zurückblicken und untersuchen, wie und wodurch sich ihre *Fragen* verändert haben, sind meist sehr erstaunt und bewegt. Selbst wenn sie kaum in der Lage sind, es in Worte zu fassen, ist es doch offensichtlich, dass ein Zuwachs an Erkenntnis stattgefunden hat.

Der Buddha hat immer dann die Beantwortung von Fragen verweigert, wenn er sah, dass der/dem Fragenden verbale Erklärungen nicht weiterhelfen würden. Für ihn diente die Lehre ausschließlich der Befreiung, sie war nie Selbstzweck. Mit Fragen danach, wann oder wie oder warum der Existenzenkreislauf entstanden sei, hielt er sich nicht auf. Stattdessen lud er seine Schüler/innen ein, ihn *jetzt* zu durchschauen und dadurch zu überwinden. Nur wer die Bedingungszusammenhänge völlig erkennt, kann sich frei entscheiden, ob er das Spiel so fortsetzen oder die Spielregeln ändern möchte.

Der Buddha wies immer wieder darauf hin, dass es lediglich eine geistige Gewohnheit ist, von einem festgelegten Ich und unveränderlichen Objekten auszugehen. Man könnte ihm entgegenhalten: »Aber es *ist* doch so! Ich bin von Dingen umgeben, auf die ich keinen Einfluss habe, aber sie umso mehr auf mich. Und ich bewege mich doch offensichtlich durch die Welt hindurch und lebe mein Leben.«

Wir sehen das so, weil wir glauben, dass es so ist. Indem wir unsere Welt erfahren, gestalten wir sie – und uns. Erfahrung *an sich* ist das Einzige, worauf wir dabei zurückgreifen können; alles Weitere wird interpretierend daraus gemacht, sowohl individuell wie auch kollektiv. Interessant sind in diesem Zusammenhang die Forschungen der neueren Naturwissenschaften, die die bisher gültigen Konzepte über das objektive Vorhandensein von Materie und Realität in Frage stellen. Die Arbeiten des Physikers Fritjof Capra *(Das Tao der Physik)*, des Biologen Francisco Varela *(Der Baum der Erkenntnis, Der Mittlere Weg der Erkenntnis)* und des Psychologen und Kommunikationsforschers Paul Watzlawick *(Wie wirklich ist die Wirklichkeit?)* seien hier nur als Beispiele herausgegriffen. Sie wurden Weltbestseller, und manche ihrer Grundgedanken sind aus buddhistischen Quellen geschöpft.

Im Buddhismus werden wir eingeladen, uns über das objektive Vorhandensein der Erscheinungen Gedanken zu machen, und zwar, indem wir von uns selbst, von unseren direkten Erfahrungen ausgehen. Sie enthüllen bei näherem Hinsehen, wie Realität im Zusammenwirken von Prozessen besteht, die sich nachvollziehen und beschreiben lassen, ohne dass dabei ein einziges Mal das Wort Ich oder Person verwendet werden muss. Was wir Wirklichkeit, Person, Leben nennen, sind bei Lichte besehen lediglich bedingte Prozesse, die immer wieder zu neuen Prozessen führen. Die grundlegende, leidbringende Unwissenheit, das Festhalten am ichbezogenen Denken, kann durch das Verinnerlichen dieser Einsicht allmählich aufgelöst werden.

Wir können dieses dynamische Geschehen in unterschiedlichen Sequenzen betrachten. Ich bevorzuge eine Beschreibung anhand von zwölf Gliedern. Sie setzt an bei dem, was uns alle betrifft: beim Altern und Sterben.

● **Altern und Sterben**

Mit zwei Worten wird festgestellt, was die Realität unseres Lebens ausmacht und was uns letztlich droht. Dem Altern ist jedes Wesen vom Moment seiner Geburt an unterworfen, das Sterben bleibt niemandem erspart. Wenn wir genauer hinschauen, dann müssen wir sogar zugeben, dass Sterben auf subtile Weise unser ganzes Leben begleitet: Wie viele Körperzellen haben wir heute noch gemeinsam mit dem Kind, das wir einmal waren?

Was den Buddha so stark beschäftigte, dass er seine vorgezeichnete Bahn verließ, um sich der spirituellen Suche zu widmen, waren seine bohrenden Fragen nach der Unausweichlichkeit von Alter, Krankheit und Tod: Kann man ein Leben, das ständig vom Vergehen bedroht ist, als glücklich bezeichnen? Ist es nicht ständig auf eine subtile Art vom Leiden durchdrungen? Warum ist das so? Woher kommt es? Muss das so sein, oder gibt es einen Ausweg aus dieser leidvollen Begrenztheit? Nachdem er sich einmal entschlossen hatte, nicht länger weg-, sondern hinzuschauen, ließen ihn diese Fragen nicht mehr los. Zunächst stellte er fest: Altern und Sterben gibt es, solange es Geburt gibt. Ohne Geburt gäbe es weder Altern noch Sterben.

● **Geburt**

Genau wie das Sterben auf subtile Art im Leben allgegenwärtig ist, kann auch Geburt mehr bedeuten als nur den Lebensbeginn.

>*Und was, Mönche, ist die Geburt? Der Wesen in dieser oder jener Lebensklasse Geburt, Geborenwerden, Keimung, Empfängnis, das Erscheinen der Gruppen, das Ergreifen der Sinnengebiete: Das nennt man, Mönche, Geburt.*
>(Samyutta Nikaya 1.c. nach Grimm)

Es handelt sich demnach weniger um ein Ereignis, als um einen Prozess – wieder die typisch buddhistische Betrachtungsweise. Im Laufe dieses Prozesses baut sich gemäß der karmischen Programmierung eine psycho-physischen Struktur auf und tritt als Lebewesen in Erscheinung. Ich verwende absichtlich den etwas gespreizten Ausdruck psycho-physische Struktur an Stelle von »Körper und Geist«, weil Letzteres allzu begrenzte Vorstellungen hervorruft. Unsere Person hängt von physischen Gegebenheiten ab, und zwar sowohl von denen unseres »eigenen« Körpers wie auch von denen unserer Umgebung – denken wir nur an das

Atmen. Ähnlich ist es mit unseren psychischen Vorgängen, die nicht getrennt von denen der anderen Lebewesen funktionieren können.

Diese Betrachtungsweise ist zunächst ungewohnt. Üblicherweise sehen wir ein Ich in einer scheinbar vom Rest der Welt getrennten Existenz. Diese aus Körper, Geist und Benennung zusammengesetzte Person verteidigen wir, solange wir können – im Leben und Sterben. Und nur weil das so ist, gibt es für uns überhaupt so etwas wie Leben und Sterben. Der Satz »*Ich* werde sterben« verliert seinen Schrecken, wenn der Klammergriff nach dem Ich durch Erkenntnis gelöst wird.

● **Werden**

Die Vorgänge des Geborenwerdens, Alterns, Sterbens und wiederum Geborenwerdens laufen nicht chaotisch, beliebig oder zufällig ab. Sie können auch nicht einfach gestoppt werden. Sie sind Ausdruck einer umfassenden Dynamik, die sich unserer Wahrnehmung lediglich in den Momentaufnahmen des Erscheinens, Bestehens und Vergehens präsentiert.

Bei der Betrachtung des Werdens wird erstmals unmissverständlich deutlich, dass diese Erklärungen des Buddha nicht von monokausalen, linearen Zusammenhängen handeln, sondern dass *Bedingtheit* etwas ganz anderes meint: ein ganzes Netzwerk von Faktoren, deren Zusammenwirken dazu führt, dass Erscheinungen in der gewohnten Weise von uns erfahren werden. Wir denken natürlich in Begriffen von »Ich hier« und »das Objekt da drüben«, jedoch bestehen sowohl das Ich wie auch die Objekte tatsächlich aus nichts anderem als diesem Zusammenwirken. Auch die genaueste Analyse kann nichts anderes zutage fördern als dieses Zusammenwirken – keine Substanz, keine Dinghaftigkeit, kein ewiges Bestehen. Man nennt sie deshalb leer von Eigenexistenz. *Leer* heißt nicht, dass nichts vorhanden ist, sondern nur, dass sämtliche Erscheinungen, voneinander abhängig, in ihrem Zusammenwirken existieren, sozusagen als Netzwerk. Die Faktoren, die dieses Netzwerk bilden, sind beispielsweise Ursachen, Bedingungen, Bestandteile bis hin zu den kleinsten Teilchen, und es braucht dazu auch ein wahrnehmendes und benennendes Bewusstsein.

Der Punkt Werden eignet sich hervorragend für die meditative Betrachtung, gerade weil er sich dem intellektuellen Zugriff immer ein Stück weit entzieht.

Meditative Übung: Der Ozean des Werdens

Ich lenke meine Aufmerksamkeit auf die gegenwärtige Situation und mein körperliches und geistiges Befinden. Dann betrachte ich den Fluss des Atems und denke daran, wie viele Prozesse auf der Ebene der kleinsten Teilchen geordnet zusammenwirken müssen, damit es zum Vorgang des Atmens kommt.

Dann vergegenwärtige ich mir den Ausschnitt der Realität, den mir meine Sinnesorgane und mein Bewusstsein gerade jetzt in diesem Moment liefern. Ich bleibe ein paar Minuten dabei und mache mir bewusst, dass sich auch dort, wo gerade gar nichts zu passieren scheint, in jedem Augenblick subtile Veränderungen ereignen. Die Szenerie ist ständig in Bewegung, auch wenn ich gewohnt bin, sie wahrzunehmen, als sei sie starr und stabil.

Nun verfolge ich mit meiner Aufmerksamkeit diese kleinen und kleinsten Veränderungen, seien sie optischer, akustischer oder anderer Natur, bis sich nach einiger Zeit ein Gefühl von Transparenz und unterschwelliger Dynamik einstellt.

Sobald ich das Netzwerk der Wirklichkeit in Bewegung sehe, fange ich an zu untersuchen, was die Erscheinungen eines Moments mit denen, die im darauf folgenden Moment in leicht veränderter Form auftreten, verbindet. Was kann es sein? Die veränderte Wirklichkeit im Moment B ist nicht mehr die gleiche wie im Moment A; sie ist aber auch nicht so getrennt von ihr, dass es zu einem Bruch käme. Was sich in jedem Moment ereignet, ist neu, aber es scheint einer Gesetzmäßigkeit zu folgen. Es kann und wird sehr wahrscheinlich auch im nächsten Moment nicht irgendetwas Verrücktes passieren, es wird keine Kuh durchs Zimmer fliegen. Da ist Bewegung und Veränderung, teilweise frei und doch geordnet. Ich bleibe eine Zeit lang bei dieser Betrachtung.

Zum Abschluss stelle ich mir vor, dass das, was als veränderte oder neue Erscheinung in jedem Moment nachrückt, einfach ein Ausdruck des ununterbrochenen gigantischen Potenzials an vorher geschaffenen Möglichkeiten ist, das der Buddha »Werden« nennt. Durch das Guckloch des Jetzt schaue ich auf dieses Potenzial, auf diesen Ozean und nehme immer den einen Ausschnitt wahr, der sich mir gerade in diesem Augenblick präsentiert: als Entstehen, Bestehen, Vergehen, das ununterbrochen ineinander übergeht.

Wenn ich das Werden lange genug beobachtet habe, beende ich die Übung, indem ich zum Atem und zum gegenwärtigen Moment zurückkehre.

Übungen wie diese führen zu einer leichten Ausweitung des Bewusstseins. Falls Ihnen das zu sehr den Boden unter den Füßen wegzieht, können Sie jederzeit zur gewohnten Wahrnehmung zurückkehren, zu der Person, als die Sie es ja bisher in diesem kosmischen Tanz recht gut verstanden, Ihre individuelle Existenz zu organisieren. Die Beschreibung der Bedingungszusammenhänge dient zwar dazu, das Bewusstsein zu verändern, aber ganz behutsam, Schritt für Schritt.

● Greifen

Greifen heißt, mit einer ganz bestimmten Zielsetzung auf die Welt Einfluss nehmen, nämlich, um unsere Gefühle zu befriedigen. Unser ziel- und objektgerichtetes Handeln löst Prozesse aus, setzt Kräfte frei, aus denen sich das Werden speist. Die Schubkraft des Greifens projiziert diese Energie in eine Richtung. Wenn wir greifen, dann greifen wir gleichzeitig in das Gewebe der Realität ein und gestalten sie mittels unserer Impulse ein Stück weit neu. Wir lösen damit direkt Veränderungen aus und setzen gleichzeitig auf einer subtileren Ebene das Werden fort. Ohne die vielfältigen Akte des Greifens gäbe es kein Werden.

Auf die Welt, sagt der Buddha, kann man weder den Begriff Sein noch Nicht-Sein anwenden. Sie besteht im Erleben. Zur Weltfortsetzung/Ichfortsetzung, das für die Fortschreibung des Erlebens sorgt, ist Energie notwendig. Die Akte des Greifens liefern diese Energie in ununterbrochener Folge.

● Durst

Greifen ist bedingt durch Durst, Begehren, Drang oder Spannung. So nennen wir die Intention, das gerichtete Wollen, das entsteht, wenn das Ich auf einen Reiz trifft. Dieser Durst richtet sich ausdrücklich und bewusst in eine bestimmte Richtung, auf ein Objekt oder Ziel, und er ist immer mit einer bestimmten Erwartung verbunden. Diese Erwartung kann sowohl mit einem positiven wie auch mit einem negativen Vorzeichen versehen sein. Sie kann sich also darauf beziehen, dass wir etwas bekommen oder festhalten (Gier) oder dass etwas aufhört oder verschwindet (Ablehnung). In beiden Fällen ist der Drang derselbe. Ohne ihn gäbe es kein Greifen.

● Empfindung

Dem Entstehen von Durst oder Drang muss etwas vorangegangen sein: eine positive oder negative Bewertung, die bewirkt, dass die Spannung sich aufbaut, die sich dann im Greifen entlädt. Diese Bewertung braucht gar nicht besonders differenziert zu sein. Wir kommen mit drei Kategorien aus: angenehm, unangenehm oder neutral. Ohne diese Empfindung, die wir täglich Tausende von Malen spüren, gäbe es keinen Drang zum Greifen.

● Berührung, Kontakt

Es ist klar, dass auch der Bewertung etwas vorangegangen sein muss, nämlich ein Kontakt. Ein Wahrnehmungsakt muss erfolgt, ein Reiz muss verarbeitet worden sein. Dieser kann scheinbar von außen kommen und durch Sehen, Hören, Riechen, Schmecken, Tasten aufgenommen werden, oder er kommt scheinbar von innen und manifestiert sich im Denken, Erinnern, Vorstellen und anderen geistigen Aktivitäten. Diese Berührung ereignet sich nicht zufällig oder beliebig, sondern sie ist das Ergebnis einer ständig auf die Aufnahme neuer Reize ausgerichteten Grundhaltung. Man könnte sogar von Sucht sprechen. Bleiben die äußeren Reize eine Zeit lang aus, fangen wir an, innere Bilder und Abläufe zu halluzinieren. Auf jeden Fall muss sich dauernd etwas tun, sonst bekommen wir Probleme mit der Aufrechterhaltung unserer psychischen Stabilität. (Erst durch meditative Schulung lernen wir ruhigere Phasen zunächst ohne Angst auszuhalten, dann dankbar zu nutzen.) Ohne Kontakte mit Sinnesreizen gäbe es keine wertende Empfindung.

● (sechs) Sinneskräfte, Sinnesgebiete

Unsere auf die Aufnahme von Reizen ausgerichtete Grundhaltung ist eine Auswirkung des Vorhandenseins und Zusammenwirkens

von organischen und geistigen Gegebenheiten: Auge und Seh-
drang, Ohr und Hördrang, Nase und Riechdrang, Zunge und
Schmeckdrang, Haut und Tastdrang, Geist und Denkdrang.
Drang heißt, es handelt sich nicht nur um ein Seh*vermögen*, sondern um ein Sehen*wollen*, ja sogar *-müssen*. Ohne diese Voraussetzungen käme es gar nicht zum wirklichen Kontakt mit Sinnesreizen.

● **psycho-physische Struktur**

In direktem Zusammenhang mit den sechs Sinnesgebieten wird
deutlich, dass eine psycho-physische Struktur die Voraussetzung
für all diese Vorgänge ist. Es muss sowohl Erfassbares wie auch ein
Erfassenwollen vorhanden sein. Wäre das nicht der Fall, könnten
wir nicht von den sechs Sinnesgebieten und ihrem Verarbeitungs-
druck sprechen. Wer oder was steuert nun das alles?

● **[programmiertes] Bewusstsein**

Wie bereits erwähnt, stehen sich geistige und materielle Faktoren
nicht beziehungslos und statisch gegenüber. Eine Kraft, eine Dynamik ist wirksam, die genau diese Struktur benötigt und hervor-
bringt, um bestimmte Erfahrungen zu ermöglichen. Die meisten
Übersetzer verwenden für diesen Faktor das Wort Bewusstsein,
meist in Verbindung mit einem Beiwort. Eine meiner Meinung
nach geniale Lösung stammt von Paul Debes in seinem Buch
Meisterung der Existenz durch die Lehre des Buddha: Er spricht von
einem Programm.

Bewusstsein existiert nicht freischwebend im Raum, sondern es
ist immer nur zu definieren als *sich einer Sache bewusst sein*, also in
Bezug auf Inhalte oder wahrgenommene Objekte. Das, womit Bewusstsein umgeht, sind die unendlich variierten Ausprägungen
der psycho-physischen Struktur. Das, was die Daten, die die psycho-physische Struktur liefert, verarbeitet, was Schlüsse zieht und

Folgerungen in die Wege leitet, ist das Bewusstsein. Die beiden Glieder hängen also gegenseitig voneinander ab.

Wir befinden uns offenbar in einer Schleife, und hier könnten wir eigentlich aufhören. Tatsächlich hört die Aufzählung der Glieder des Bedingten Entstehens in manchen Lehrreden hier auf. Der Schlüssel zum Verständnis und zur Beendigung des Leidens liegt ja letzten Endes in der Funktionsweise des Bewusstseins: Manipuliert es die Daten der psycho-physischen Struktur so, dass ein Ich behauptet und verteidigt wird, ergeben sich daraus alle Konsequenzen bis hin zum Altern und Sterben. Kann man es jedoch dahin bringen, dieses Programm abzubrechen, wird Befreiung erlangt.

Wenn wir wollen, können wir jedoch die Funktionsweise des Programms noch zwei Schritte weiter zurückverfolgen. Wer hat das Programm geschrieben? Woher bezieht es seine Logik?

● **Aktivitäten**

Das Programm geht aus den Aktivitäten hervor, die in Verfolgung der ichbezogenen Ziele durchgeführt werden. Es speist sich mit seinem gesamten programmierten Wollen einzig und allein aus dem bisher Erfahrenen und hat ausschließlich zum Ziel, als angenehm Identifiziertes zu erlangen, Unangenehmes zu vermeiden und so die Fortsetzung der Ich-Illusion sicherzustellen. Diese Dynamik setzt sich sogar bei Wegfall der psycho-physischen Basis (Tod) fort und sorgt für das Annehmen einer neuen Basis (Wiedergeburt), es werden unter ihrer Regie erneut die körperlichen und geistigen Persönlichkeitsfaktoren herausgebildet. Das Programm ist auf unendliche Rekursion angelegt, das heißt, es kann nicht von sich aus zum Stillstand kommen.

Die willentlichen, ichbezogenen, gestaltenden Aktivitäten gehören den Kategorien heilsam (angenehme Resultate hervorbringend), unheilsam (leidvolle Resultate hervorbringend) und neutral an.

Und fragen wir uns nun zuletzt noch, warum wir ununterbrochen nach dem gleichen Schema handeln und dadurch das Samsara-Programm fortsetzen, dann landen wir bei der Wurzel all unserer Probleme: grundlegender, tief eingewurzelter Unwissenheit.

- **Unwissenheit**

Grundlegende Unwissenheit besteht darin, nicht zu realisieren, dass das Leben im Daseinskreislauf letztlich leidvoll ist und dass man selbst diesen Kreislauf durch sein Handeln in Gang hält. Es fehlt die Erkenntnis, dass es einen Zustand der Befreiung von diesen Fesseln gibt und einen Weg dorthin. Sie erkennen sicherlich in dieser Beschreibung die Vier Edlen Wahrheiten wieder. Wer diese Zusammenhänge noch nicht kennt, der wird seine gewohnte Situation einfach immer weiter fortsetzen – mal ein bisschen glücklicher, mal ein bisschen unglücklicher, man wurstelt sich durch, so gut es geht. Das Lebensrad dreht sich immer weiter, solange wir es nicht grundsätzlich in Frage stellen. Wenn wir das Bedingte Entstehen erkennen, können wir das Programm stoppen. Das ist die gute Nachricht.

Und nun die schlechte: Unwissenheit kann vom Praktizierenden nicht durch einen willentlichen geistigen Akt erkannt und beendet werden, denn sowohl der Beobachter wie auch das Beobachtungsobjekt *sind* Unwissenheit. Unwissenheit besteht vor allem darin, dass sie sich selbst erhält. Sie führt zu Leiden und *ist* Leiden. Jeder beabsichtigte Versuch wird allein schon dadurch, dass er zwangsläufig unser Denken durchläuft, Teil des rekursiven, sich selbst erhaltenden Programms. Es ist, als hätten wir einen Computervirus eingefangen. Während wir noch glauben, dass wir am PC sinnvolle Arbeit leisten, dient bereits, ohne dass wir es wissen und wollen, jeder Programmaufruf, jede Funktion, jeder Tastendruck der weiteren Verbreitung des Virus. Gibt es also keinen Ausweg? Doch.

Der Ausweg besteht in einem Veränderungsprozess in jenen tiefen Schichten des Bewusstseins, die vom programmierten Denken nicht erreicht und verwaltet werden. Man/frau benötigt dazu sehr viel Zeit (in Existenzen gerechnet) oder einen Bezugspunkt auf der anderen Seite. Deshalb entscheiden sich viele Menschen dafür, dem Weg zu folgen, den einer weist, der sich von der Unwissenheit befreit hat: ein Erwachter oder Buddha. Die bereits erwähnten Vier Edlen Wahrheiten vom Leiden, seiner Entstehung, seiner Beendigung und dem Weg dorthin dienen diesem Zweck. Deshalb kann man mit Fug und Recht die Darlegungen zur Bedingtheit und die Vier Edlen Wahrheiten als das Herz des Buddhismus bezeichnen.

Unwissenheit gibt es, solange es Geburt, Altern und Sterben gibt. Ohne Geburt, Altern und Sterben keine Unwissenheit. Und damit schließt sich der Kreis.

Eine aufschlussreiche Übung besteht darin, sich eine beliebige Situation vorzunehmen und sie im Licht dieser Erklärungen auf ihre Bedingtheit zu untersuchen. Wir können das anhand einer Übung ausprobieren. Sie ähnelt der vorangegangenen, ist aber stärker auf unsere persönliche Erfahrung ausgerichtet, die gewissermaßen den Mittelpunkt des Geschehens bildet.

Meditative Übung:
Das Netzwerk der Bedingtheit

Ich beginne die Übung mit einer kurzen Atembetrachtung und der Vergegenwärtigung der momentanen Situation.

Dann greife ich aus den Situationen des gestrigen Tages eine beliebige heraus und rufe sie mir möglichst deutlich in Erinnerung. Es kann sich dabei um eine ganz banale Szene handeln oder auch um eine dramatische. Ich betrachte mich selbst, die Umgebung und eventuell weitere beteiligte Personen.

Nun schalte ich auf »Weitwinkel« und löse die Szenerie in ihre sinn-
lichen und geistigen Bestandteile auf. Sehen: Leute, Objekte, Farben,
Formen, Bewegungen. Hören: gesprochene Wörter und Sätze, Hinter-
grundgeräusche, Tastaturgeklapper und andere Klänge. Riechen: die
spezifische Raumluft beispielsweise eines Büros oder das Mosaik von
Gerüchen auf einer belebten Straße. Schmecken: vielleicht das Aroma
von Darjeeling-Tee oder den bitteren Geschmack von Angst und Zorn.
Fühlen: die Verspannung meiner Rückenmuskeln oder den warmen
Frühlingswind auf meiner Haut. Denken: inwieweit die Situation
mich selbst betrifft und wie ich richtig darauf reagiere.

Ich lasse mir Zeit und mache mir ganz deutlich, wie sich das Mosaik
der erinnerten Momentaufnahme aus zahlreichen Einzelelementen
zusammensetzt. Dabei vermeide ich nach Möglichkeit die gewohnte
Wahrnehmung, die die verschiedenen Reize zu festen Objekten gerin-
nen lässt, und sehe mir nur die Muster an. Ist es denkbar, dass irgend-
eines der vorhandenen Elemente fehlt? Warum erscheint es mir so
selbstverständlich, dass der Teppich aus Farben, Formen und Klängen,
die ineinanderwirken, keine Löcher hat? Es sind immer genau so vie-
le Elemente vorhanden, dass sich die Wirklichkeit genau in diesem
Moment lückenlos präsentiert, keines zu viel, keines zu wenig. Was
würde passieren, wenn eine Lücke entstände? Was würde das für die
Gesamtsituation bedeuten? Ich lasse mich nicht von intellektuellen
Einwänden ablenken, sondern beobachte meine Gefühle.

Nachdem ich mich mit dieser Betrachtung ein paar Minuten beschäf-
tigt habe, füge ich noch den Faktor Zeit hinzu. Ich erlebe in der Erin-
nerung, wie die einzelnen Farben und Formen, Gerüche, Klänge und
Geschmackseindrücke sich wandeln, wie sie entstehen und bereits im
Entstehen wieder zu vergehen beginnen. Es gibt keinen einzigen Au-
genblick, in dem etwas statisch einfach nur »ist«. Während die einen
Eindrücke noch manifest sind, verändern sich andere bereits. Das
ganze Bild ist ständig unmerklich in Bewegung. Ich konzentriere
mich eine Zeit lang auf die gröberen und subtileren Veränderungen

der Situation, bis mein gewohntes Gefühl von Festgefügtheit ins Wanken kommt, und bleibe dabei, solange mir die Übung angenehm ist.

Schließlich lenke ich meine Aufmerksamkeit noch auf das Zusammentreffen von physischen Faktoren mit meinem Apparat der Sinneswahrnehmung und dem verarbeitenden Bewusstsein. Wie drei Stäbe, die ein Indianerzelt halten, stützen sich diese Glieder gegenseitig und machen im Zusammenwirken die Realität aus. Ich spüre dem nach und versuche mir vorzustellen, dass einer der drei Stäbe fehlt. Bliebe die Außenwelt unverändert bestehen, wenn kein einziges Lebewesen da wäre, um sie wahrzunehmen und zu interpretieren? Wenn ich ehrlich bin: Ich weiß es nicht. Ich habe zwar bisher immer daran geglaubt, dass die Außenwelt unabhängig existiert, aber im Grunde weiß ich darüber nur das, was meine Sinnesorgane mir mitteilen und mein Bewusstsein interpretiert. Wenn eines dieser Glieder fehlt, was bleibt dann von der Welt – von meiner Welt – übrig? Ich bleibe auch bei diesen Betrachtungen eine Weile, verzichte aber darauf, die Resultate in verbale Konzepte zu fassen.

Dann kehre ich zurück zum Atem und zur gegenwärtigen Situation und beende damit die Übung.

Vielleicht machen Ihnen solche Übungen Spaß, und Sie genießen die kleine Veränderung oder Ausweitung im eigenen Geist, die durch sie hervorgerufen wird. Vielleicht irritiert Sie aber auch die vorübergehende Entfernung von der gewohnten Sichtweise. Zwingen Sie sich zu nichts! Die buddhistischen Erklärungen und Methoden dienen nicht dazu, uns das Vertraute wegzunehmen, sondern, uns etwas Neues zu schenken: Einsicht, Erkenntnis, einen erweiterten Bezugsrahmen. Wenn wir das wertschätzen, können wir großen Nutzen daraus ziehen. Maßgebend ist und bleibt jedoch immer unser eigenes Empfinden für das, was für uns im Moment wichtig und hilfreich ist.

Erinnerung. Die Erklärungen zum Bedingten Entstehen anhand der Zwölf Glieder waren für mich der schwierigste Punkt der buddhistischen Überlieferung. Noch Jahre, nachdem mein Lehrer mich beauftragt hatte, in Vorträgen und Seminaren die Grundlagen des Dharma zu vermitteln, habe ich mich bei diesem Thema immer verweigert und den Zuhörer/innen wahrheitsgemäß gesagt, dass mein Verständnis für eine halbwegs vernünftige Erläuterung nicht ausreiche. Es dauerte lange, bis ich begriff, wo das Problem lag: Ich hatte hartnäckig versucht, die Darlegungen rein intellektuell zu verstehen. Das brachte zwar genügend Inspiration, um die weitere Beschäftigung damit lohnend erscheinen zu lassen, aber letztlich war es, als liefe ich gegen eine Wand. Das änderte sich erst, als ich die Zwölf Glieder zum Retreat-Thema machte. In der Meditation wurde deutlich, dass es nicht darum geht, die Erklärungen in den geistigen Schubladen zu verstauen, sondern darum, durch sie den eigenen Geist, das Denken selbst verwandeln zu lassen. Dann können Konzepte aufweichen, und eine neue Sichtweise entsteht. Eine bahnbrechende Erfahrung war für mich ein Retreat, in dem ich mich zusammen mit einer Gruppe von zwölf Leuten zwei Wochen lang Punkt für Punkt, vorwärts und rückwärts, durch dieses Thema hindurchgearbeitet habe. Danach stellten wir gemeinsam fest, dass es noch nicht im entferntesten ausgelotet war, dass aber die intensive Beschäftigung damit das Haften an starren Konzepten etwas gelockert hatte. Wir hatten erstmals einen Blick auf die Wirklichkeit hinter den Beschreibungen getan, und unsere Wertschätzung für Buddhas befreiende Lehre stieg dadurch noch einmal erheblich.

Rückwirkungen auf das Hier und Jetzt

Wir sind nun, ausgehend von unserer persönlichen Situation, tief in den Buddhismus eingedrungen und bei seinem Herzstück, der Lehre von der Bedingtheit und vom Nicht-Ich, angekommen. Wir haben erfahren, dass es sich mit dem, was wir gewöhnlich Person oder Ich nennen, anders verhält als gedacht: Die Lebewesen existieren zwar – sonst könnten sie ja nicht handeln und karmische Resultate erfahren –, aber nicht in einer fest gefügten, unveränderlichen, vom Rest der Welt isolierten, scheinbar objektiven Weise, sondern als ein sich ständig verändernder Prozess, beeinflusst von diversen Faktoren. Alles, worüber wir letzten Endes wirklich verfügen, ist *Erfahrung*. Wir wissen nichts über uns selbst und die Welt als das, was unser eigener Wahrnehmungsapparat uns liefert und was das Bewusstsein daraus macht. Das sind die Primärdaten, und es gibt in jedem Zeitalter einen kollektiven Konsens zu ihrer Deutung. Ob die Beschreibung der Welt ptolemäisch, aristotelisch oder cartesianisch ist, ob wir an die Naturwissenschaften glauben oder an das Dogma der katholischen Kirche, ob wir Außen- und Innenwelt als getrennt oder ungetrennt ansehen, ob wir die Erde vornehmlich in politische Blöcke, geistige Sphären oder geografische Regionen einteilen, ob sie uns als Chaos oder Reich Gottes erscheint, ob eher materiell, ideell oder virtuell – es sind alles nur Beschreibungen und Modelle.

Wir haben zwei Möglichkeiten: Entweder wir übernehmen das kollektiv abgesegnete Welterklärungsmodell und fügen unsere Existenz in diese Struktur ein. Das verleiht zumindest eine gewisse Sicherheit. Oder wir streben nach einer Erkenntnis außerhalb dieser Grenzen und Konditionierungen, und dann haben wir nichts, woran wir uns halten können, als unsere persönliche Erfahrung. Darum gehen sowohl der Buddhismus wie auch andere Lehren, die auf befreiende Erkenntnis und Überwindung der »Ich-und-die-Welt-Konzepte« abzielen, vor allem so vor, dass sie die Übenden ermuntern, ihr primäres Wahrnehmungsfeld zum Gegenstand intensiver Betrachtung zu machen und dabei das Gedankenkarussell und die überkommenen Interpretationsmuster vorübergehend auszuschalten. Alle Übungen, die der Buddhismus und andere Lehren zur Schulung von geistiger Stille und einsgerichteter Konzentration, Achtsamkeit und reinem Gewahrsein empfehlen, zielen darauf ab. Sobald wir vom reinen Betrachten wieder ins Denken, Argumentieren und Interpretieren zurückfallen, gehören wir wieder der gewohnten Welt und ihren Bindungen. Mit etwas Übung in der Meditation können Sie die Unterschiede dieser verschiedenen Seinsweisen gut nachempfinden.

Das Bewusstsein, von Natur aus klar, erfasssend und unbegrenzt, ist uns nur zu einem kleinen Teil vertraut, nämlich in den Bezirken, die vom konzepthaften Denken eingegrenzt und programmiert sind. Sie verhalten sich zum gesamten Potenzial wie eine kleine Insel zum großen Ozean. Nicht umsonst wird daher die Arbeit mit dem eigenen Geist oft mit den Metaphern einer Entdeckungsreise oder Schatzsuche beschrieben.

Auch zum Thema Reinkarnation haben uns die bisherigen Übungen einige Hinweise geliefert. Dass es so etwas gibt wie eine Existenzenkette, wird ja von vielen Menschen akzeptiert. Aber dann erhebt sich oft die Frage, was es denn eigentlich ist, das sich reinkarniert, wenn es doch kein Ich im üblichen Sinne gibt. Auch hier helfen die Erklärungen zur Bedingtheit weiter: Genauso wie es bei uns selbst zwischen gestern, heute und morgen keine fest gefügte, starre Identität gibt, sondern nur eine Fortsetzung des Zusammenwirkens körperlicher und geistiger Faktoren, gesteuert vom Bewusstseinsprogramm, genauso verhält es sich zwischen einer Existenz und der nächsten: Reinkarnation heißt nicht, dass ein starres, unveränderliches, aus sich selbst heraus existierendes Ich sich in einen neuen Körper kleidet, sondern dass Prozesse aufgrund der ihnen innewohnenden Dynamik fortwirken.

Somit beschenkt uns das Nachdenken über die Bedingtheit auch mit einem erweiterten Verständnis unseres Agierens *in der Zeit*. Im I. Teil machten wir uns in der Übung »Handlungen formen Persönlichkeit« Gedanken darüber, wie unser derzeitiger Zustand mit den Erfahrungen und Prägungen, die aus vorangegangenen Handlungen resultieren, in Verbindung steht. Diese Übung können wir nun, wenn wir wollen, in abgewandelter Form und mit erweitertem Bezugsrahmen wiederholen.

Meditative Übung: Existenzenkette

Ich setze mich aufrecht hin, richte meine Aufmerksamkeit auf mich selbst und den Atem und vergegenwärtige mir, dass es seit dem ersten Atemzug bei meiner Geburt eine ununterbrochene Kontinuität des Atmens gab, obwohl jeder Einzelne dieser Millionen von Atemzüge für sich genommen einzig und unwiederholbar war.

Ich konzentriere mich nun auf diejenigen Ursachen und Bedingungen für mein derzeitiges »Sosein«, die mit der zeitlichen Abfolge zu tun haben. Was ich heute bin, ist nicht das Gleiche, aber auch nicht etwas völlig anderes als das, was ich gestern war. Was ich gestern war, war nicht das Gleiche, aber auch nicht etwas völlig anderes als das, was ich vor zehn Jahren war. Was ich in diesem Leben Ich nenne, ist nicht das Gleiche, aber auch nicht etwas völlig anderes als das, was ich in einem vorangegangenen Leben Ich nannte. In dieser Weise verfolge ich eine vorgestellte Kette von Inkarnationen zurück, bis sie sich im Nebel der Vergangenheit verlieren. Ich vermeide jedoch dabei die irreführende Frage nach dem Anfang.

Dann projiziere ich die gedachte Kette von Inkarnationen in die Zukunft: Was ich heute bin, ist nicht das Gleiche, aber auch nicht etwas völlig anderes als das, was ich morgen sein werde. Was ich morgen bin, ist nicht das Gleiche, aber auch nicht etwas völlig anderes als das, was ich im nächsten Leben Ich nennen werde, und so weiter ... Planeten, Sonnensysteme, Welten entstehen und vergehen, aber die energetische Dynamik, die all diese physikalischen Prozesse in Gang setzt, geht niemals verloren.

Zum Schluss kehre ich zurück zu meiner gegenwärtigen Erscheinung, nehme mich sehr bewusst wahr als den gerade eben jetzt sich ereignenden Punkt auf einer unendlich langen Linie und fühle mich mit allen anderen Punkten verbunden. Dann beende ich die Übung mit einer kurzen Atembetrachtung.

In ähnlicher Weise können wir uns auch auf den Aspekt der Bedingtheiten in der räumlichen Ausdehnung konzentrieren. Sie können, wenn Sie das möchten, eine Übung dazu selbst konzipieren. Zu den Faktoren, die es möglich machen, dass dieses Ich, diese Person gerade jetzt in dieser Weise in Erscheinung tritt, gehören beispielsweise die Elemente oder physischen Bestandteile, die den Boden unter unseren Füßen bilden, die Luft, die wir atmen, die Temperatur, die wir zum Leben benötigen. Damit wir uns sozial definieren können, müssen andere Lebewesen vorhanden sein, mit denen wir uns in einem Beziehungsgeflecht finden. Jedes der Rollenbilder, die zu den Bestandteilen unserer Person gehören, setzt eine Reihe von Faktoren und Bedingungen voraus; je genauer wir hinschauen und je feiner wir unterscheiden, desto mehr finden wir heraus.

Zum Schluss ergibt sich ein Konglomerat von äußeren und inneren Bestandteilen, von körperlichen und geistigen Faktoren, von Potenzialen und Hindernissen, von mitgebrachten Mustern, karmischen Bezügen und Aufgabenstellungen, das in seiner Dynamik regelrecht zu pulsieren scheint. Das gilt sowohl für die Betrachtung einzelner Personen wie auch für ihre Verflechtung: Menschen, Tiere, Pflanzen, Landschaften, Raum, alles existiert im Zustand der Bedingtheit und wechselseitigen Beeinflussung.

Unsere eigene Existenz mit all ihren Erfahrungen ist nur ein Ausschnitt, der nicht aus dem Gesamtgeschehen herausgelöst werden kann. Sie stellt die Basis für alle weiterführenden Entwicklungen dar. Wir könnten dieses Übungsfeld als Selbst-Bewusstwerdung im eigentlichen Sinne bezeichnen und dabei das Verständnis zugrunde legen, das wir über das (Nicht-)Selbst oder (Nicht-)Ich gewonnen haben.

Zurückkehrend zu unserem Hauptthema müssen wir nun fragen: Haben diese Erkenntnisse einen realen und greifbaren Einfluss auf die Betrachtung und Bewertung von Schwierigkeiten und Krisen? Es könnte der Eindruck entstanden sein, dass wir unser Thema ein bisschen aus den Augen verloren haben. Doch tatsächlich haben sich durch das Umschalten auf den Weitwinkel nur die Größenverhältnisse verändert. Hier wird sehr deutlich, warum es kaum möglich ist, sich in einer akuten Krisensituation auf solche Überlegungen einzulassen: Der Blickwinkel ist dann durch die dramatischen Ereignisse so eingeengt, dass wir Alternativen kaum zulassen können. Wenn wir aber in ruhigen Zeiten Veränderungen der Sichtweise einüben, dann können wir tatsächlich darauf zurückgreifen, wenn es heiß hergeht. Es kann uns dann trotz Schmerz und Verunsicherung gelingen, die eigenen Denk- und Verhaltensmuster zu dem Geschehen in Beziehung setzen und Zusammenhänge zu entdecken. Irgendwann tun sich dann neue Ausblicke auf, und wir sind über den Berg.

Im nun folgenden vierten und fünften Schritt geht es um Transzendierung und Transformation. Alles, was Sie dazu lesen werden, ist zwar weiterhin auch als Heilmittel bei Krisen und Problemen gedacht, aber nicht nur. Wir werden uns sporadisch nach wie vor mit der Bewältigung von Krisen beschäftigen, aber dieses Thema hat, für sich allein betrachtet, nicht mehr den Stellenwert wie zu Beginn. Die zentrale Frage gilt nun den Entfaltungsmöglichkeiten des Menschen in einem ganz umfassenden Sinn.

VIERTER SCHRITT: WAS IST MÖGLICH?
ÜBER SICH SELBST HINAUSWACHSEN

Es ist Zeit, über die Liebe zu sprechen. Sie haben sich vielleicht schon gewundert, dass von ihr bisher kaum die Rede war. Schließlich hat sie in fast allen Religionen eine herausragende Bedeutung, der Buddhismus macht da keine Ausnahme. Zahlreiche Meditationsanleitungen in allen Traditionen haben die Entwicklung eines offenen Herzens zum Ziel, von *metta* (Pali: liebevolle Güte) bis *bodhicitta* (Sanskrit: Erleuchtungsstreben zum Wohl aller Lebewesen) ist alles vertreten und wird intensiv geübt.

Allerdings ist das Thema zweischneidig. Die langjährige Erfahrung in der Begleitung Praktizierender hat mich gelehrt: Der Versuch, sich anderen mit viel Engagement zuzuwenden, kann ins Auge gehen, solange wir nicht wenigstens halbwegs mit uns selbst im Reinen sind und gelernt haben, unsere innere Landschaft aufmerksam zu betrachten und unsere Bedürfnisse und Grenzen zu akzeptieren. Bei keinem anderen Thema kann sich so leicht Selbstentfremdung einschleichen. Das geschieht, wenn wir ins Müssen und Sollen verfallen und unsere eigenen Defizite auf andere projizieren, statt die tatsächlichen Gefühle wahrzunehmen. Ein sensibles Herangehen ist daher hier besonders ratsam.

Andererseits ist die Chance, Liebe zu entwickeln und allmählich wachsen zu lassen, verlockend wie nichts sonst auf der Welt – verheißt sie doch nichts weniger als die Überwindung der Getrenntheit! Doch zunächst ist es vielleicht sinnvoll, sich zu fragen, was mit dem Wort Liebe eigentlich gemeint ist, denn es wird offensichtlich in Hollywoodfilmen mit einer anderen Bedeutung ausgesprochen als von Mutter Teresa. Da spannt sich ein gewaltiger Bogen. Hier geht es um Leidenschaft und erotische Anziehung, um Anhaftung und Besitzanspruch, um Geben und Nehmen auf eine sehr personenbezogene Art – dort finden wir die uneigennützige, bedingungslose Liebe der Heiligen, die frei ist vom Greifen nach Menschen oder Objekten. Im ersten Fall ist Liebe ein drangvolles, auf die Erfüllung von Wünschen ausgerichtetes Gefühl, das kommt und geht, im Letzteren eine unerschütterliche Seinsweise, die im eigenen Herzen wurzelt und nicht mehr von äußeren Faktoren abhängt. Irgendwo dazwischen: Mutterliebe, Vaterlandsliebe, Freundschaft, Liebe zur Kunst, ein Herz für Tiere, Fankult um Popstars, soziales Engagement und so weiter, *ad infinitum*.

Der Begriff ist also stark polarisiert. Reine und unreine Liebe, Gier und hingebungsvolles Sich-Verströmen, Geschichten von unglücklichen Egoisten und weit fortgeschrittenen Gutmenschen spuken in unseren Köpfen herum. Was geschieht daher fast zwangsläufig, wenn wir uns mit Liebe im spirituellen Sinne zu beschäftigen beginnen? Wir spalten unser Empfinden. Einerseits wissen wir sehr wohl, dass wir ganz personenbezogen lieben und auch Liebe *bekommen* möchten und an den Menschen, die uns nahe stehen, mit Inbrunst haften; aber eigentlich darf das nicht sein. Andererseits ist von uneigennütziger Liebe zu allen Wesen durchaus nichts zu spüren, und wir fühlen uns deshalb schuldig. Können wir uns das alles ehrlich eingestehen, ist schon viel gewonnen, denn das kann als Ausgangspunkt für weitere Entwicklungen dienen. Wenn nicht, liefern wir vielleicht eine angestrengte Imitation selbstloser Liebe ab, an der unser Herz keinen Anteil hat. Nur zu versuchen, es *richtig* zu machen, kann nicht der Weg sein.

Was können Sie also tun angesichts dieser heiklen Thematik? Meine Empfehlung: Vergessen Sie das Ganze! Machen Sie sich mit einem entschlossenen Ruck frei von all den Beschreibungen, Wertungen, religiösen Vorschriften und Ermahnungen, und bleiben Sie ganz bei dem, was in Ihnen wirklich lebendig ist. Als Hilfestellung dazu kann eine Übung zur Betrachtung des Herzens dienen. Das Wort Herz bezeichnet übrigens hier und im Folgenden nicht das physische Organ auf der linken Körperseite, sondern das Herz-Zentrum (Chakra), das ungefähr auf gleicher Höhe zu suchen ist, aber genau in der Mitte, auf dem Energiekanal, der senkrecht durch den Körper verläuft. Mit ein wenig Übung können Sie Ihr Herz-Zentrum schon nach kurzer Zeit deutlich spüren.

Meditative Übung: Herzenswärme (I)

Ich setze mich aufrecht hin, hole meine Aufmerksamkeit zu mir zurück und betrachte den Fluss meines Atems. Ich stelle mir vor, dass der Atemstrom in den Körper hinein und durch das Herz hindurchgeht wie eine ganz zarte, federleichte Berührung.

Nun gehe ich in Gedanken durch die letzten Tage und versuche, mich an eine Situation zu erinnern, in der mein Herz angesprochen wurde – sei es durch eine unerwartete kleine Freundlichkeit oder durch die Beobachtung spielender Kinder oder irgendeinen anderen Anlass. Ich nehme mir genügend Zeit, um mir diese Begebenheit klar vor Augen zu führen. Was empfand ich dabei? Wie fühlte sich das an? War es angenehm oder unangenehm? Gab es einen körperlichen Ausdruck, und wenn ja, welchen? Blieb davon eine Spur zurück, oder war kurz danach alles vergessen?

Wie geht es mir jetzt, wo ich daran zurückdenke? Fällt es mir leicht oder schwer, die Empfindung wieder zu beleben? Sind solche Momente in meinem Leben häufig oder eher selten? Gibt es in mir dazu eine Bereitschaft, oder erlebe ich es eher widerwillig und wie überrumpelt? Ich bleibe bei diesen Betrachtungen, solange ich möchte, und kehre dann zum Atem und in den gegenwärtigen Moment zurück.

Diese Übung, so einfach sie ist, gibt uns wertvolle Aufschlüsse über unsere Haltung der Welt gegenüber. Vielleicht gehören Sie eher zu den vernunftbetonten Tatsachenmenschen, denen jeder Gefühlsausdruck riskant erscheint? Schrecklich, wenn jemand sehen würde, dass Ihnen die Tränen in die Augen treten! Oder Sie finden sich bei den emotional Geprägten wieder, die sich bereitwillig den Wogen des Gefühls anvertrauen, auch auf die Gefahr hin, gelegentlich kurz unterzugehen und nach Luft schnappen zu müssen. Wie auch immer: Sie werden feststellen, dass so etwas wie spontane Herzenswärme Bestandteil Ihres Lebens ist. Manchmal tritt sie stärker in Erscheinung, ausgelöst durch bestimmte Erlebnisse, aber im Grunde ist sie immer da. Wenn Menschen sich, beispielsweise in schwierigen Lebensphasen, über längere Zeit davon abgeschnitten fühlen, kommt es ihnen so vor, als wären sie gar nicht mehr richtig lebendig. Schauen Sie ruhig etwas genauer hin: Lebensqualität, Lebensfreude und Erfüllung haben ganz direkt etwas mit der Erfahrung der Herzenswärme zu tun.

Eine weitere sehr nützliche Übung, die Sie selbst ausgestalten können, ist das Erspüren der Herzenswärme in ganz gewöhnlichen Situationen, in denen sie nicht besonders aktiviert wurde, also etwa am Arbeitsplatz, beim Hausputz, beim Einkaufen oder in der U-Bahn. Vielleicht dauert es ein wenig, bis Sie sie deutlich wahrnehmen können, aber das macht nichts. Es lohnt sich, vor allem, wenn sie darauf achten, mit welchen Augen Sie anschließend Ihre Mitmenschen und die Umgebung anschauen.

Wenn wir Liebe im spirituellen Sinne verstehen und entwickeln möchten, tun wir gut daran, zunächst nicht vom Kopf, sondern lieber vom Herzen auszugehen und ganz konsequent nur bei dem zu bleiben, was wir tatsächlich in uns vorfinden. Es ist unnötig und sinnlos, irgendwelche Empfindungen künstlich zu erzeugen und mit Gewalt aus uns herauszupressen.

Der Umgang mit anderen

In einer dicht besiedelten Großstadt ist es nicht sehr einfach, jeden Menschen als eine einmalige, unersetzliche Kostbarkeit anzusehen. Wahrscheinlicher ist eher, dass uns die Massen einen gelinden Horror einjagen. Je dichter wir uns »auf der Pelle« sitzen, desto leichter gehen wir uns auf die Nerven. Gerade in unserer Zeit scheinen Wertschätzung, Respekt oder auch nur Toleranz keinen großen Kurswert mehr zu haben. In den Medien ist es angesagt, Menschen in ihren Schwächen vorzuführen und lächerlich zu machen, gar nicht zu reden von den allgegenwärtigen Gewaltdarstellungen. Sicher ist das nicht die ganze Wahrheit, aber doch ein nicht zu übersehendes Stück von ihr. Schlechte Voraussetzungen für die Liebe!

Dennoch: Das Zusammenleben mit anderen bestimmt unser Leben. Von den sechs Milliarden Menschen auf diesem Planeten würde heute niemand existieren, wenn es nicht auch andere gäbe. Das ist eine Tatsache, der man in einer stillen Stunden ruhig mal ein wenig nachsinnen kann. Wenn wir als deutsche Touristen im Ausland andere Deutsche sehen, stöhnen wir insgeheim auf: Muss das sein?! Wie wäre wohl unsere Reaktion, wenn wir uns tagelang in der menschenleeren Pampa verirrt hätten und dann auf einen Trupp der geschmähten deutschen Touristen stießen? Aber genau das ist in gewisser Weise unsere Lage. Dass wir andere nicht nur großmütig ertragen müssen, sondern zum Leben notwendig brauchen, machen wir uns jedoch nicht bewusst.

Dementsprechend achtlos gegen wir oft miteinander um. Es sind ja genug Leute da. Wenn ich die meisten davon blöd finde – na und? Ein paar Vernünftige werden schon dabei sein, natürlich solche wie ich … – Es ist erschreckend, wenn man die Ohren aufmacht und sich umhört, wie weit verbreitet ein solches Denken ist. Können Sie Spuren davon auch bei sich selbst entdecken?

Der nächste Schritt wäre nun der Appell: Lasst uns doch alle etwas netter zueinander sein! Aber von bloßen Appellen halte ich nicht viel. Ihre Wirkungslosigkeit ist seit Jahrtausenden erwiesen. Ich würde stattdessen vorschlagen, dass wir die letzte Übung noch einmal wiederholen, nun aber nicht unserer eigenen Herzenswärme nachspüren, sondern der der anderen.

Meditative Übung: Herzenswärme (II)

Ich setze mich aufrecht hin, kehre mit meiner Aufmerksamkeit zu mir selbst zurück und achte auf meinen Atem. Genauso wie mein Weiterleben von der Kontinuität des Atmens abhängt, ist es auch bei allen anderen Menschen.

Dann gehe ich in Gedanken die letzten Tage durch und versuche mich an eine Situation zu erinnern, wo ich bei einem anderen Menschen einen Moment der Herzensöffnung und Wärme erkennen konnte. Vielleicht handelte es sich nur um eine kleine, unerwartete Freundlichkeit, die jemand einem anderen erwies: Tür aufhalten, Vortritt lassen, liebenswürdig Auskunft geben. Ich bleibe eine Weile dabei und hole mir die Erinnerung so klar wie möglich ins Bewusstsein. Wie sahen die Beteiligten – Geber und Nehmer – dabei aus? Wie wirkten ihre Körperhaltung, der Gesichtsausdruck, die Augen? Was veränderte sich atmosphärisch? Und wie erging es mir selbst dabei? Was empfand ich dem Geber, dem Nehmer gegenüber? Waren noch andere Personen beteiligt? Wie war ihre Reaktion?

Nun verlasse ich die erinnerte Situation und frage mich ganz allgemein, wie häufig es vorkommt, dass ich solche Beobachtungen mache. Täglich? Oder eher selten? Bin ich darauf gefasst oder eher überrascht, wenn Menschen grundlos freundlich zueinander sind? Wie sehen meine Erwartungen aus? Ich bleibe eine Zeit lang dabei und beende dann die Übung, indem ich zum Atem und zum gegenwärtigen Moment zurückkehre.

Was wir von den Menschen erwarten und wie wir sie, diesen Erwartungen gemäß, wahrnehmen, hängt zum großen Teil von unserer inneren Einstellung ab. Wenn wir uns hauptsächlich von Idioten umgeben glauben, werden wir jede Dummheit durch ein Vergrößerungsglas ansehen und unsere Vorurteile dadurch bestätigt finden. Ein Teufelskreis. So zu leben, macht keinen Spaß. Aber vielleicht blicken wir irgendwann doch mal in den Spiegel und fragen uns, wie ein Mensch, der ein solches Denken kultiviert und ausstrahlt, wohl auf andere wirken mag. Sympathisch? Welche Art von Echo wird da zu erwarten sein? Gedanken verändern die Atmosphäre, sie teilen sich nonverbal mit.

Kehren wir noch einmal zurück zu der Herzenswärme, die wir an anderen beobachteten. Es dürfte unstrittig sein, dass Menschen in Augenblicken der Offenheit sympathischer wirken als sonst. Niemand kann sich dem entziehen. Woher kommt das? Sie wirken dann näher und zugänglicher, weniger gepanzert, weniger bedrohlich. Es ist leichter, eine Brücke zu schlagen. Das Gemeinsame, allgemein Menschliche tritt kurz in den Vordergrund, wo sonst nur die Personenmaske zu sehen ist. Solange wir weit voneinander entfernt sind, stimmen wir vielleicht dem Satz zu: Der Mensch ist des Menschen Wolf. Stellt man aber bei sich selbst und bei anderen das Vorhandensein von *Herz* fest, wodurch echter Kontakt möglich wird, dann fühlt sich das eher an wie: Wir sitzen alle in einem Boot.

Alle Lebewesen wollen glücklich sein, kein Lebewesen will leiden. Das ist ein buddhistischer Kernsatz, den der Dalai Lama häufig in seinen Vorträgen zitiert. Wenn sie nur wüssten, wie man es anstellt, Glück zu erlangen und Leiden zu vermeiden! Jeder Mensch (und jedes Tier) hat dazu bestimmte Vorstellungen und setzt sie im Rahmen seiner Möglichkeiten in die Tat um. Diese Vorstellungen sind aber kontaminiert von der grundlegenden Unwissenheit über die tatsächliche Seinsweise und infolgedessen auch von Gier und Hass. Menschen jagen nach dem Glück, indem sie andere übervorteilen, ausbeuten, besitzen, missachten oder ignorieren, je nachdem, wovon sie sich am meisten versprechen. Dauerhaftes Glück und Frieden können so nicht erlangt werden. Aber da wir das nicht glauben, probieren wir es wieder und wieder, auf hunderttausend verschiedene Arten. Es kann lange dauern, bis uns dämmert, dass die Voraussetzungen für echtes Glück und bleibende Zufriedenheit nicht außen, sondern in uns liegen. In den Weltreligionen wird das zwar immer wieder betont, aber viele Menschen halten es irrtümlicherweise für sentimentales Gefasel.

Wir können die Geschichte der Menschheit seit ihren Anfängen studieren und ebenso die gegenwärtigen Verhältnisse auf unserem Planeten: Alles, was wir sehen, ist ein fieberhaftes Jagen nach Glück, sind unendliche Versuche, dem Leiden zu entkommen, sich durch feste Bollwerke dagegen abzusichern – ein unendliches, erschöpfendes, nie zum Ziel führendes Strampeln. Und wir selbst mittendrin. Wir müssten ein Herz aus Stein haben, um nicht im Verlauf einer solchen Betrachtung zu spüren, wie sich in uns etwas öffnet, wie Verhärtungen aufweichen und Mauern zerbröckeln. Es gibt keine andere Antwort auf all dieses Bemühen als den aus tiefstem Herzen kommenden, den gesamten Raum ausfüllenden Wunsch: Mögen doch alle irgendwann ihr Ziel erreichen, mögen sie Frieden und Sicherheit erlangen, mögen sie frei und wahrhaft glücklich sein! Das ist Liebe.

Unermessliche Ausstrahlung

Wenn ein Anfang gemacht ist, wenn wir fühlen, dass – jenseits aller intellektuellen Konzepte und Widerstände – ein Strom von Zuneigung und Mitgefühl spontan und unaufhaltsam in uns zu fließen beginnt, dann erst ist es sinnvoll, die Entwicklung von immer tieferer Liebe zum Gegenstand spiritueller Praxis zu machen. Druck und Zwang und Pflichtgefühl haben dann keine Chance mehr. Inspiration und Erfahrung sind – wie immer, so auch hier – die einzig tragfähigen Fundamente unseres Übens.

Im Alltag lässt sich liebevolle Güte üben, indem man gezielt Versuche mit der ganz normalen Freundlichkeit anstellt, unauffällig und ohne Pose. Wenn Sie zum Beispiel im Supermarkt mit einem voll gepackten Einkaufswagen vor der Kasse anstehen und den Platz hinter Ihnen jemand einnimmt, der nur eine Tüte in der Hand hat: Lassen Sie ihn vor. Ein freundlicher Blick, ein Lächeln, ein Dankeschön, und die Welt sieht etwas heller aus. Oder nehmen Sie sich vor, besonders darauf zu achten, Freundlichkeiten bei anderen wahrzunehmen und sich darüber zu freuen. Es gibt zahllose Gelegenheiten, und diese kleinen Übungen sind nicht besonders schwierig. Wir denken nur meistens nicht dran, weil wir zu sehr mit dem Film in unserem Kopf beschäftigt sind, um dem Herzen eine Chance zu geben.

Ergänzend dazu kann die Öffnung des Herzens auch auf dem Meditationskissen geübt werden. Dazu eignet sich hervorragend eine Übung, die der Buddha seinen Mönchen und Nonnen vor 2 500 Jahren gab und die bis heute nichts von ihrer Wirkung ein-

gebüßt hat: die Meditation über die so genannten Vier Unermesslichen Ausstrahlungen, nämlich *Liebe, Mitleid, Mitfreude* und
Gleichmut. Mit ihnen können wir nichts falsch machen. Sie bringen uns auf heilsame Art mit unserem Fühlen in Kontakt und
führen zur Verminderung des Leidens. Durch sie wird die Welt
tatsächlich ein besserer Ort, und wir selbst sammeln durch ihre
Kultivierung Kraft für alle anderen Formen der spirituellen Praxis.

- Unter *Liebe* oder *liebevoller Güte* verstehen wir den Wunsch,
  dass Wesen glücklich sein mögen, und zwar dauerhaft. Letztendlich ist das nur durch innere Entfaltung möglich, aber
  bereits auf dem Weg dorthin gibt es viel Gutes, was wir anderen
  wünschen können. Der Wunsch ist am Anfang nur ein Gedanke oder eine Spur von Herzenswärme, wird dann im Verlauf
  der Übung immer stärker und weitet sich aus, bis er unser
  ganzes Bewusstsein durchdringt. Wir können ihn zu Beginn
  wie einen Lichtstrahl auf einzelne Menschen richten, die uns
  nahe stehen, und dann rundherum immer mehr und mehr
  Lebewesen – auch Tiere und unsichtbare Wesen – einbeziehen,
  bis schließlich keines mehr ausgeschlossen ist. Natürlich gehören auch wir selbst zu den Lebewesen und wünschen auch für
  uns alles Gute. Vielen Menschen fällt gerade dieser Teil der
  Übung schwer. Aber es ist von größter Bedeutung für die
  gesamte geistige Entwicklung, dass wir lernen, ohne Über- oder
  Untertreibung mit uns selbst liebevoll umzugehen. Eine Liebe,
  die frei ist von Anhaftung, Greifen und Besitzenwollen, öffnet
  das Herz und lässt *Mitgefühl* entstehen. Diese Fähigkeit des
  Mitempfindens richtet sich sowohl auf das Leiden (*Mitleid*)
  wie auch auf die Freuden (*Mitfreude*) der Lebewesen. Die beiden Haltungen unterscheiden sich etwas voneinander und werden deshalb nacheinander, jede für sich, geübt.

- Zunächst strahlen wir den Wunsch aus, dass die Wesen frei sein
  mögen vom Leiden und den Ursachen des Leidens – eine tief-

sinnige Betrachtung. Wenn wir uns in dieser Weise in aktivem *Mitleid* üben, dann gilt es, sich den Leiden der Wesen mitfühlend zuzuwenden, ohne uns davon herunterziehen zu lassen. Das ist am Anfang gar nicht so leicht; man muss schon sehr achtsam mit sich selbst sein, um das richtige Maß zu finden. Mitleid im buddhistischen Sinne hat wenig mit Sentimentalität und Krokodilstränen zu tun, dafür umso mehr mit realistischer Einschätzung der Lage, Tatkraft und der Bereitschaft, in bestmöglicher Weise zu helfen. Wer vor lauter Mitleid nicht mehr handlungsfähig wäre, würde damit nur zusätzliches Leid in die Welt bringen, statt es zu lindern. Das ist nicht der Sinn der Übung.

- Die nächste der vier Ausstrahlungen, *Mitfreude*, ist ein wahres Zaubermittel zur Stimmungsaufhellung. Wenn wir diese Übung zum ersten Mal durchführen, wird uns schlagartig bewusst, wie sehr wir daran gewöhnt sind, an unserer Umwelt und bei den Mitmenschen immer nur die ärgerlichen, störenden, negativen Seiten wahrzunehmen. Jetzt machen wir genau das Gegenteil. Wenn wir uns entsprechend sensibilisieren, werden wir erstaunlich viele Anlässe zur Mitfreude finden und dadurch lernen, den anderen – ohne Neid! – alles Positive von Herzen zu gönnen. In der Überlieferung heißt es, Mitfreude sei selbst eine außerordentlich positive Aktivität; man sammle durch sie genauso viel religiöses Verdienst an wie die eigentlich Agierenden durch ihre heilsamen Handlungen – und das, während man sich bequem im Sessel zurücklehnt, wie mein Lehrer immer schmunzelnd sagt. Durch die einfache Praxis der Mitfreude steigt die Wertschätzung anderer, und wir gewinnen ein wesentlich freundlicheres Bild von der Welt.

- Wir haben uns und unsere Mitmenschen nun schon eine ganze Weile betrachtet und das Streben nach Glück und Leidfreiheit in dem unendlichen Auf und Ab von Samsara mit ihnen geteilt.

Daraus ergibt sich nun fast zwangsläufig die vierte Ausstrahlung: *Gleichmut*, nicht zu verwechseln mit Gleichgültigkeit. Gleichmut ist der unerschütterliche, gelassene, von Liebe, Mitleid und Mitfreude gefärbte Geisteszustand, der nicht mehr zu verwirren oder aus der Ruhe zu bringen ist und gerade deshalb *angemessene* Anteilnahme und Zuwendung erlaubt. Die Meditation über Gleichmut kann bis zur tiefsten Versenkungsstufe führen und ist, so die Überlieferung, derjenige Zustand, der bei gewöhnlichen Menschen der Erfahrung eines Buddha am Nächsten kommt.

Pragmatische Ethik

Das Annehmen einer liebevollen Verbindung mit allem, was lebt, ist eine gute Voraussetzung für das bewusste Praktizieren eines ethischen Verhaltens. Die buddhistische Ethik orientiert sich an dem Leitgedanken: *Keinem Lebewesen Schaden zufügen.* Diesen Gedanken können wir ohne weiteres als Richtschnur unseres Handelns akzeptieren, wenn wir tief empfinden, wie sehnlich alle Wesen Glück erlangen und Leiden vermeiden wollen. Das rückt die Perspektiven zurecht. Wir selbst nehmen im Gesamtgefüge zwar ebenfalls einen angemessenen Platz ein, aber wir verlangen nicht mehr, dass sich die ganze Welt um uns drehen sollte.

Beim Einüben eines ethischen Verhaltens wird dem/der Praktizierenden die Verantwortung nicht abgenommen. Es gibt zwar Empfehlungen und Regeln (betreffend den Verzicht auf Töten, Stehlen, Lügen, sexuellen Missbrauch und Drogenkonsum), aber maßgebend ist die eigene Einsicht. Kein buddhistischer Katechismus geleitet uns mit definitiven Vorschriften durch alle Lebenslagen. Wir müssen selbst herausfinden, welches Verhalten im jeweiligen Einzelfall Schaden vermeidet oder wie wir, in Umkehrung der obigen Regeln, Leben schützen, Besitz verantwortungsbewusst verwalten, aufrichtig und sinnvoll kommunizieren, in der Beziehung zum Partner/der Partnerin Liebe, Achtung und Unterstützung walten lassen und stets einen klaren Geist bewahren. Das Verhalten, für das wir uns entscheiden, wird sich in dem Maß verändern, wie sich das Verständnis vertieft. Die Lehre kann dabei Hinweise und Hilfestellung geben. Doch steht niemand mit erhobenem Zeigefinger hinter uns.

Ethisches Verhalten trägt seinen Lohn in sich, es verändert vom ersten Versuch an unser Leben in positiver Weise. Gleichzeitig ist es aber auch unverzichtbares Fundament einer vertieften Praxis der Meditation und Erkenntnis, denn ein Leben in bewusst geübter ethischer Verantwortung löst Verstrickungen und Konflikte und schafft Raum im Geist. Ich nenne die buddhistische Empfehlung zum ethischen Verhalten gern *pragmatisch*, weil wir sie nicht dem Buddha, einer Gottheit oder einem universellen Gesetz zuliebe üben, sondern als Ausdruck unseres Strebens nach innerer Entfaltung und einem besseren Zusammenleben mit anderen.

Die Verbindung mit allem, was lebt

»Die Lebewesen sind wichtiger als die Buddhas.« Dieser erstaunliche Satz aus der buddhistischen Überlieferung enthält eine tiefe Weisheit. Die Begründung dafür lautet: Kein Buddha in Vergangenheit, Gegenwart oder Zukunft konnte oder kann die Erleuchtung erlangen, ohne sich den Lebewesen liebevoll und mitfühlend zuzuwenden. In unseren Worten könnten wir sagen: Die Lehre kennen zu lernen und ihr zu folgen, ist zwar Voraussetzung für die innere Entfaltung, aber genauso wichtig ist es, sich auf die Welt und das Leben einzulassen. Wenn es uns nicht gelingt, unser Herz zu öffnen, führen alle Meditationskunststückchen letztlich zu nichts.

Wie sieht es mit Ihrer Verbindung zu den Lebewesen aus? Die meisten Menschen haben genug damit zu tun, drei oder vier Leute zu lieben, von Grenzenlosigkeit keine Spur! Ein schönes Thema für eine kleine Übung.

Meditative Übung:
Die Verbindung mit allem, was lebt

Ich richte meine Aufmerksamkeit auf mich selbst, wie ich da auf dem Kissen, Stuhl oder Sofa sitze. Ich nehme mich ganz bewusst als Einzelwesen wahr, und während ich meinen Atem betrachte, mache ich mir klar, dass mich jeder Atemzug mit dem Luftvorrat im mich umgebenden Raum verbindet.

Dann spüre ich den offensichtlichen Verbindungen zu den Menschen und Tieren in meiner unmittelbaren Umgebung nach. Was verbindet sie mit mir, was verbindet mich mit ihnen? Ich spüre dem emotionalen Band und der greifbaren Beziehung des alltäglichen Gebens und Nehmens nach. Das Band kann beglückend oder problematisch (oder beides zugleich) sein.

Nun weite ich den Blickwinkel aus und nehme meine Familie und meinen Bekanntenkreis dazu. Ich fühle deutlich die verschiedenen Verbindungen, die unter anderem von gemeinsamen Aufgaben oder Interessen bestimmt sind. Bald sehe ich mich im Zentrum eines Geflechts von Beziehungen. Ich empfinde sie vielleicht wie ein Netz, das mich teils trägt, teils gefangen hält. Impulse und Aktivitäten, Forderungen und Wünsche gehen hin und her, immer ist etwas los. Freunde und Feinde, sie alle verlangen ihren Anteil an Beachtung. Ich betrachte diese Bilder und Empfindungen eine Zeit lang.

Anschließend wende ich mich denen zu, die zwar irgendwie zu meiner Umgebung gehören, mit denen ich aber nicht persönlich bekannt bin: Passanten und Autofahrer, Müllmänner, Polizistinnen, herrenlose Katzen, Kinder auf dem Spielplatz, die Mieter in der Wohnung nebenan. Wenn plötzlich keiner von ihnen mehr da wäre, wäre das sehr seltsam. Sie bilden die Folie für meine Alltagsnormalität. Umgekehrt ich auch für sie. Was verbindet uns? Teilweise sind die Verbindungen greifbar: Der Müllmann bekommt seinen Lohn, weil Leute

219

wie ich da sind, die Abfall produzieren. Teilweise sind die Verbindungen jedoch verborgen. Immerhin leben wir im gleichen Ort und teilen eine kleine Welt. Wir haben gemeinsam Anteil an dem sozialen Organismus, zu dem wir gehören. Ich spüre dem eine Weile nach.

Nun gehe ich über die Grenze meiner bekannten Umgebung hinaus und beziehe alle Wesen mit ein, die gegenwärtig zusammen mit mir in dieser Welt inkarniert sind. Irgendetwas verbindet uns karmisch, sonst würden wir nicht gemeinsam diesen Planeten bevölkern, wie unterschiedlich unsere Existenzen ansonsten auch sein mögen. Kann ich es empfinden? Worte wie Gemeinschaft, Volk, Menschheit werden besonders von Politikern gern gebraucht. Warum? Sind sie nur Konzepte im Kopf? Bedeuten sie mir etwas? Ich nehme mir Zeit für diese Betrachtungen, bevor ich zu mir selbst zurückkehre und die Übung mit einer kurzen Atembetrachtung beende.

Oft schon beim ersten Mal, sonst nach einigen Wiederholungen, führt diese Übung zu der Feststellung: Die Verbindung aller Lebewesen ist nicht nur eine Vorstellung, sie ist real erfahrbar. Es stimmt zwar einerseits, dass wir als Individuum immer allein sind, aber es ist andererseits ebenso wahr, dass es so etwas wie Alleinsein letztlich gar nicht gibt, außer in unserer Überzeugung.

Erinnern wir uns: Alle diese Lebewesen wollen glücklich sein, kein einziges will freiwillig leiden – genau wie wir. Dieser Gedanke, der uns zuvor schon bewegte, gewinnt noch einmal eine ganz andere Dimension, wenn wir in die Betrachtung mit einbeziehen, dass alle Wesen auf eine unbeschreibbare Weise ganz real miteinander verbunden sind.

Erinnerung. *Ein Samstag im Juli, strahlendes Sommerwetter. Mein Mann und ich befanden uns mit einer kleinen Gruppe von Leuten, die wir nie zuvor gesehen hatten, in der geräumigen Praxis eines Nürnberger Psychotherapeuten. Wir wollten uns ein Wochenende lang*

220

mit Familienaufstellungen nach Hellinger beschäftigen, einer Therapiemethode, die mein Interesse geweckt hatte, obwohl ich mich sonst vom Psycho-Betrieb eher fern halte. Ich hatte nur eine vage Vorstellung von dem, was uns konkret erwartete, hatte mich auch absichtlich vorher nicht ins Thema eingelesen, wollte mich einfach überraschen lassen. Manfred, der Therapeut, führte uns kurz in die Methode ein und begann dann mit einer Meditation zur Einstimmung. Aus den anschließenden Gesprächsrunden ergab sich zwanglos die Reihenfolge, in der wir nacheinander Konstellationen aus unserer Familiengeschichte aufstellten, wobei die Gruppenmitglieder stellvertretend für die jeweiligen Personen standen. Bald fand auch ich mich aufgestellt, und zwar für die Mutter eines Teilnehmers. Ich hatte von dieser Frau nie zuvor gehört und kannte nicht einmal ihren Namen. Da stand ich nun und fühlte nach ein, zwei Minuten, wie sich mein Körpergefühl, meine Gefühle und Gedanken veränderten. Da ich mich freiwillig für dieses Spiel zur Verfügung gestellt hatte und mit meiner eigenen Person innerlich zurückgetreten war, löste das keine Angst aus. Ich begann zu sprechen und mich zu bewegen wie diese unbekannte Mutter. Die Tochter reagierte entsprechend, die Familiensituation war plötzlich real. Den anderen Gruppenmitgliedern ging es wie mir. Wir übernahmen immer wieder andere Rollen, und dabei flossen uns Informationen aus Kanälen außerhalb der verbalen Kommunikation zu. Es entstand ein »Feld des Wissens«, an dem alle teilhatten. Verstrickungen konnten aufgedeckt und Weichenstellungen verändert werden. Zwischen den fremden Menschen, die da zu einer Gruppe zusammengewürfelt worden waren, entstand eine Atmosphäre von Vertrauen und tiefer Dankbarkeit. Bei einem späteren Treffen berichteten die meisten von Verhaltensänderungen derjenigen Familienmitglieder, die bei den Aufstellungen vertreten worden waren. Es schien, als wären Informationen auf unbeschreibbare Weise auch zurückgeflossen. Ich berichtete später einem tibetischen Lehrer von diesen Erfahrungen, und er nickte, als ich sagte: »In all den Jahren der Dharmapraxis war immer die Rede von der Verbindung aller Lebewesen, aber ich habe sie nie zuvor so real erlebt wie an diesem Wochenende.«

Wie immer wir das auch nennen wollen, ob »kollektiv unbewusst« oder »transpersonal« – es gibt eine reale Verbindung zwischen allem, was lebt. Hier scheint sich auch ein viel versprechender Punkt der Begegnung zwischen neuerer Psychologie und den spirituellen Traditionen abzuzeichnen.

Was bedeutet das nun konkret, und wie wirkt es auf uns als Einzelmenschen zurück? Das Glück oder Leiden eines jeden Lebewesens ist Bestandteil der vernetzten Erfahrungen aller. Ob eine schöne Brasilianerin die Wahl zur Miss Universum gewinnt oder in Afrika ein Kind verhungert, sämtliche großen und kleinen Freuden und Leiden sind im gleichen Moment Teil des universellen Erfahrungspools, an dem wir alle Anteil haben. Gewöhnlich blenden wir dieses Wissen aus, um uns abzugrenzen und zu schützen, aber das ist nicht die endgültige Lösung. Es gibt ein Stadium auf dem Weg der inneren Entfaltung, da ist der oder die Übende bereit und fähig, das eigene Bewusstsein für das gesamte Netz des Lebens zu öffnen und es in die Praxis mit aufzunehmen. Das individuelle Muster wird dadurch nicht ausgelöscht, aber es tritt zurück. Das kann nur funktionieren, wenn der Vorgang ohne Angst erlebt wird. Was sich dann einstellt ist eine Erfahrung grenzenloser Liebe, unbeschreiblicher Glückseligkeit und vollkommener Hingabe an das Leben selbst in allen seinen Formen. Ein Wesen, das diese Öffnung in sich vollzogen hat, ist auf dem Weg zur Buddhaschaft und wird in der buddhistischen Überlieferung *Bodhisattva* (Sanskrit: Erleuchtungswesen) genannt. Ein Bodhisattva fühlt sich als Diener aller Lebewesen und ist gleichzeitig völlig frei. Er setzt seine spirituelle Praxis fort, deren Intensität sich durch die umfassende Motivation vervielfacht, und gewinnt immer mehr Stärke durch die aktive Übung von Liebe und Mitgefühl und immer mehr Weisheit durch die Betrachtung des Bedingten Entstehens, die zur Erkenntnis der tatsächlichen Natur der Realität, nämlich der Leerheit von Eigenexistenz, führt. Damit reinigt er schließlich die letzten Spuren der Unwissenheit in seinem

Bewusstsein – das Einzige, was ihn vom Zustand eines Buddha trennte. Er ist am Ziel.

Klingt das alles wie ein schönes Märchen? Sie fragen sich vielleicht, ob es heutzutage überhaupt Menschen gibt, die einen solchen Weg gehen wollen und können. Das können wir dahingestellt sein lassen, denn die Suche nach solchen Helden würde sehr wahrscheinlich nur zu wilden Projektionen auf alle Lehrenden und angeblich Fortgeschrittenen führen. Der Wunsch, einen Bodhisattva zu treffen und sich in seiner Ausstrahlung zu baden, ist verständlich. Doch das Ideal des Bodhisattva hat vor allen Dingen einen Wert als Inspiration für unser *eigenes* Bewusstsein.

Das soll beileibe nicht heißen, dass sich nun jede/r Praktizierende verpflichtet fühlen sollte, schnellstmöglich diesen Zustand anzustreben. Dass solche Zwänge nur zu Blockaden führen, haben wir bereits gesehen. Es genügt erst einmal völlig, dieses strahlende Bild zu sehen, sich daran zu freuen, es wertzuschätzen und sich davon anziehen zu lassen. Wenn es uns wirklich etwas bedeutet, wird es in den tieferen Schichten unseres Bewusstseins seine Wirkung entfalten – ohne jeden Druck.

Erinnerung. Es war bei einem Vortrag, den ich vor einigen Jahren in Karlsruhe hielt und an den sich eine sehr lebhafte Frage- und Antwortstunde anschloss. Als wir das Zeitlimit erreicht hatten, nahm ich noch eine letzte Frage an. Es meldete sich eine junge Frau in der äußersten Ecke rechts hinten. »Sie haben gesagt, im Buddhismus geht es darum, das Leiden zu überwinden und das letztendliche Glück der Befreiung zu erlangen; aber außerdem haben Sie auch gesagt, man würde sich auf dem Weg so entwickeln, dass man nicht mehr nach Glück für sich selber strebt, sondern vor allem den anderen helfen will. Einerseits will ich also glücklich werden, und andererseits soll ich zugunsten der anderen auf mein persönliches Glück verzichten. Wie geht das denn zusammen?« Noch bevor mein Hirn sich einschaltete, um eine lange Erklärung zu formulieren, gab mein Herz schon die Antwort – in der kürzest möglichen Form: »Nur so!«

Wenn Sie gern einen kleinen Vorgeschmack auf den Bodhisattva-Zustand erleben möchten, können Sie es mit der folgenden Übung versuchen. Sie basiert auf der traditionellen Empfehlung an Praktizierende, in ihrer Vorstellung ruhig schon einmal spätere Realisierungen vorwegzunehmen, um daraus Inspiration und Vertrauen in den Weg zu ziehen und um zu sehen, wie sie sich dabei fühlen. Obwohl das vorläufig nur ein Akt der Fantasie ist, sind doch das Herz und die feineren Schichten des Bewusstseins hinreichend mit einbezogen, um der Vorstellung einen authentischen Geschmack zu verleihen.

Die Übung verläuft in vier Stufen und besteht darin, dass wir uns nacheinander – etwa je fünf Minuten lang – vorstellen, wir wären a) ein Mensch, der sich überhaupt nicht um spirituelle Belange kümmert, b) ein/e Praktizierende/r im Anfangsstadium, c) ein Bodhisattva der ersten Stufen, d) ein Bodhisattva am Ende des Weges, kurz vor dem Erreichen der Buddhaschaft. In jeder dieser vier Phasen richten wir unsere Aufmerksamkeit auf die Lebewesen rings umher und achten darauf, welche Gedanken und Gefühle sie in uns auslösen.

Meditative Übung: Die Vier-Stufen-Meditation

Ich richte meine Aufmerksamkeit auf mich selbst, auf die gegenwärtige Situation und konzentriere mich dann kurz auf die Betrachtung des Atems.

Dann versetze ich mich zunächst in die Lage eines Menschen, der von sich sagen würde: »Ich glaube nur, was ich sehe, alles andere ist Humbug. Materielles Wohlergehen ist mir das Wichtigste im Leben. Und was die anderen angeht: Ich wüsste nicht, warum ich mich groß um sie kümmern sollte. Ich hab genug mit mir zu tun. Jeder ist sich selbst der Nächste.« Ich stelle mir möglichst lebhaft und realistisch vor, ich wäre ein Mensch, der mit einer solchen Philosophie durchs Leben geht. Es gibt viele davon. Wie ist mein allgemeines Lebensgefühl? Wie erfahre ich mich selbst und die Welt? Wie nehme ich die Menschen wahr, die mir begegnen? Ich bleibe eine Weile dabei.

Dann stelle ich mir vor, ich wäre ein Mensch, der gerade die ersten tastenden Schritte auf dem Weg der geistigen Entfaltung macht. Einiges habe ich verstanden, anderes noch nicht. Manche Übungen probiere ich aus, und ich habe das Gefühl, dass es funktioniert. Aber dass meine Praxis besonders zuverlässig und tief gehend wäre, kann man noch nicht sagen. Es gibt jedoch kleine Erfolge und positive Veränderungen in meinem Leben, daneben jedoch auch Rückschläge und Frustrationen. Dennoch habe ich mich für den Weg der Ethik, Meditation und Erkenntnis entschieden und will auch dabei bleiben. Wie ist mein allgemeines Lebensgefühl? Wie erfahre ich mich selbst und die Welt? Wenn ich andere Menschen, die in meinen Gesichtskreis kommen, betrachte, was empfinde ich dabei? Ich nehme mir Zeit und betrachte in aller Ruhe meine Gedanken und Gefühle.

Nun tauche ich in eine ganz andere Erfahrung ein. Ich stelle mir vor, ich wäre ein Bodhisattva, ein Mensch, der sich über die engen Grenzen der gewöhnlichen Existenz hinausentwickelt hat. Auch wenn es mir unmöglich erscheint – ich tue es einfach: Ich sitze jetzt auf meinem Kissen und bin ein Bodhisattva, und zwar einer, der erst vor kurzem diesen strahlenden Bewusstseinszustand realisiert hat. Mein Geist ist auf Erleuchtung ausgerichtet, und ich fühle mich mit allen Wesen zutiefst verbunden. Liebe, Freude, vollkommene Hingabe füllen mich aus, und ich versuche, dem Leben in allen seinen Formen zu dienen. Wie ist mein allgemeines Lebensgefühl? Wie erfahre ich mich selbst und die Welt? Welche Gedanken und Gefühle löst die Wahrnehmung anderer Lebewesen in mir aus? Auch dabei bleibe ich eine Zeit lang.

Und nun zum Schluss versetze ich mich in den Zustand eines Bodhisattva der höchsten Stufe, kurz vor dem Erreichen der vollkommenen

Buddhaschaft. Ich mache mir keine Gedanken mehr über Praxis oder einzelne Aktionen, sondern wirke spontan, absichtslos und mühelos durch meine bloße, strahlende, alles in Liebe umfassende Präsenz. Wie ist die Wahrnehmung von mir selbst, von der Welt, von den Lebewesen? Ich bleibe eine Weile in diesem Zustand und kehre dann langsam und behutsam zum Ausgangspunkt, zu meiner gegenwärtigen Befindlichkeit, zurück. Mit einer kurzen Atembetrachtung beende ich die Übung.

Ich habe diese Übung mit ganz unterschiedlichen Gruppen durchgeführt, sowohl mit solchen, die mit dem Bodhisattva-Thema in der Theorie gut vertraut waren, wie auch mit solchen, die davon noch wenig Ahnung hatten. Anschließend fragte ich immer nach den Erfahrungen und vor allem nach den Unterschieden zwischen den einzelnen Stufen. Die Resultate waren stets sehr ähnlich und absolut verblüffend. Es wurde von den meisten eine deutliche Entwicklung erlebt, die sie folgendermaßen beschrieben: von der Schwere, Dunkelheit, Starre der ersten Stufe zu zunehmender Leichtigkeit, Helligkeit und Lebendigkeit; von der Zerstreutheit in tausend Einzelwahrnehmungen zu einer Einheitserfahrung; von der Anstrengung zur Mühelosigkeit und Spontaneität; von leidvollen Verstrickungen zu purer Freude; von Gedanken und Konzepten über Gefühle bis zu reinem, umfassendem Gewahrsein, das keinen Unterschied mehr macht zwischen Ich und Du, Innenwelt und Außenwelt. Das alles in zwanzig Minuten, vielfach ohne Vorbereitung und Vorkenntnisse, nur weil wir Menschen sind und ein spirituelles Potenzial in uns tragen …

Fünfter Schritt: Ausweitung des Horizonts

Erinnerung. *Vor etwa zwölf Jahren hatte ich einmal ein langes Gespräch mit meinem Lehrer, bei dem ich ihm alle meine inneren Hindernisse aufzählte. Es war eine beeindruckende Liste. All das musste im Vorfeld irgendwie gereinigt, bewältigt und überwunden werden, bevor an so etwas wie eine ernst zu nehmende Dharmapraxis überhaupt nur zu denken war. Ich hatte mir bereits einen ganzen Katalog an Gegenmitteln ausgedacht, von »etwas mehr Selbstdisziplin aufbringen« bis »lange Zeit in Retreat gehen«. Es hörte sich an wie ein lebenslängliches Programm. Rinpoche nahm es zur Kenntnis und stellte mir frei, aus dem Instrumentarium auszuwählen, was mir nützlich erschien. Aber ich merkte, dass er noch etwas sagen wollte, und schaute ihn erwartungsvoll an. Nach einer Pause meinte er: »Aber vergiss nicht: Es gibt auch noch die große Lösung.«*

Transformation ist ein Zauberwort im spirituellen Leben. Dahinter steckt die Vermutung, es gebe einen ganz anderen als den gewöhnlichen Zustand, dieser Zustand sei von Menschen zu erreichen und es gebe einen Weg dorthin, der von erfahrenen Meistern gelehrt werde. Das Streben nach diesem Ziel setzt die konventionellen Bezugs- und Wertesysteme zumindest teilweise außer Kraft und führt oft durch absichtlich herbeigeführte Grenzerfahrungen. Geburt, Tod und Wiedergeburt, Sexualität und Fruchtbarkeit spielten bereits in den antiken Mysterienreligionen eine bedeutende Rolle und sind auch heute noch wesentliche Themen, wenn es um die Aktivierung schlafender Energien zwecks Erkenntnisgewinnung geht.

Auch im Buddhismus werden Methoden zur Umwandlung geistiger Gifte in Erkenntnis gelehrt, insbesondere im tibetisch-buddhistischen Tantra. Der Grundgedanke ist: In allen Situationen und Erfahrungen kann sich weltliches, samsarisches Leiden manifestieren, und ebenso kann sich in allen Situationen und Erfahrungen Erleuchtung manifestieren. Ob das eine oder das andere, hängt vom Individuum, vom Zustand seines wahrnehmenden Bewusstseins ab. Solange wir uns im Zustand der Unwissenheit befinden, existieren Personen, Dinge und Handlungen aus sich selbst heraus und getrennt voneinander. Haben wir jedoch Einblick in die Bedingtheit aller Erscheinungen erlangt, dann scheinen sie sich in Prozesse und Gestaltungen des unendlichen Werdens zu verwandeln. In Wirklichkeit haben sich natürlich nicht die Dinge verwandelt, sondern unser Geist. Wie würde nun ein Buddha auf all diese Erscheinungsformen blicken? Was würde er sehen? Er nimmt alle Erscheinungen als Ausdrucksformen der Erleuchtung wahr, völlig rein von wertenden und festhaltenden Konzepten und frei von den Illusionen, die aus einer dualistischen Trennung zwischen Subjekt und Objekt erwachsen.

Im Tantra identifiziert sich der/die Praktizierende mit dem künftigen Buddhazustand in Gestalt einer bestimmten Meditationsgottheit. Mit dieser Methode soll das feinste Bewusstsein aktiviert und zur Erkenntnis der Bedingtheit/Leerheit gebracht werden. Dies ist jedoch nur möglich und erlaubt, wenn man von einem tantrischen Meister eine Einweihung erhalten hat, darum gibt es hier keine Übung dazu. Sie können es sich aber in etwa analog zur Vier-Stufen-Meditation vorstellen, bei der wir uns in den Zustand eines Bodhisattva versetzten.

Sämtliche Wege der geistigen Transformation sind überaus anspruchsvoll und fordern vom Praktizierenden bedingungslosen Einsatz und hohe Voraussetzungen wie etwa eine völlig uneigennützige Motivation, Furchtlosigkeit und Disziplin, Aufrichtigkeit und Durchhaltevermögen. Menschen, die ihre Fähigkeiten realistisch einschätzen und nicht nur am esoterischen Kick interessiert sind, sollten sich daher sehr eingehend fragen, ab wann es für sie sinnvoll sein könnte, sich mit diesem Thema zu befassen.

Es gibt jedoch auch außerhalb der tantrischen Techniken Ansätze, die der geistigen Transformation dienen. Sie stehen allen

Interessierten offen, sind gut nachzuvollziehen und vermitteln eine Ahnung von den tief greifenden Wandlungen, zu denen das Bewusstsein grundsätzlich fähig ist. Zu den transformierenden Übungen gehört an erster Stelle die Konfrontation mit dem Tod.

Der Tod ist mir gewiss …

Das Thema Sterben war bis vor wenigen Jahren stark tabuisiert. Erst seit kurzem zeichnet sich da eine Veränderung ab. Es ist jedoch eine Quelle der Kraft und Ermutigung, wenn wir richtig damit umgehen. Ein gutes Beispiel dazu sind Berichte über Nahtod-Erfahrungen. Wenn wir uns in den Grenzbereich des Todes begeben, ob in einer dramatischen Situation oder in der meditativen Vorstellung, gehen wir verändert und bereichert daraus hervor.

Was wir sonst geflissentlich verdrängen, wird nun zum Gegenstand intensiver Betrachtung. Das zwingt uns, der schrecklichen Wahrheit ins Auge zu sehen, dass unser Hiersein nicht von Dauer sein wird. Unser persönlicher Tod wartet auf uns. Mit jedem Tag unseres Lebens rücken wir ihm 24 Stunden näher. Es gibt keinen Aufschub. Wir werden sterben, und niemand weiß, was dann geschieht. Sicher ist nur, dass die Welt sich auch ohne uns weiterdrehen wird.

Gedankenspiel. Eine meiner bevorzugten Vorstellungen zum Thema Sterben sieht so aus: In der Stadt treffen sich zufällig zwei Bekannte, die sich lange nicht gesehen haben, und kommen ins Plaudern. Die eine der beiden fragt schließlich: »Was macht denn eigentlich die Regine? Hast du mal was von ihr gehört?« Darauf die andere: »Weißt du das denn nicht? Die ist doch gestorben, schon vor einem halben Jahr!« – »Ehrlich? Na sowas! Wie kam denn das so plötzlich?« Sie unterhalten sich kurz über diesen Todesfall (meinen Tod!), wechseln dann das Thema und beschließen, gemeinsam einen Kaffee trinken zu gehen. Das Leben geht weiter, aber ich werde nicht mehr dabei sein. Ein seltsames Gefühl …

Solche Vorstellungen sind natürlich nur denjenigen zu empfehlen, die frei von Todessehnsüchten und Selbstmordfantasien sind. Wer sich damit zum ersten Mal mit dem eigenen Sterben beschäftigt, wird sich vielleicht ziemlich unbehaglich dabei fühlen. Aber wenn wir sehen, dass sich die Angst trotz allem in Grenzen hält, können wir solche Szenen wiederholen und weiterspinnen, und dann verwandeln sich die Gefühle. In der Beschäftigung mit dem Tod stecken nicht nur Angst und Schmerz, sondern auch ein Element der Befreiung, fast so etwas wie ein spontanes Lachen. Die härteste Nuss ist die anfängliche Angst vor der Vernichtung der eigenen Person. Wenn wir aber daran denken, dass diese Person nur aus zusammenwirkenden Prozessen besteht und ohnehin jeden Augenblick ein bisschen stirbt, macht uns das Mut, uns auf das unausweichliche Lebensende einzulassen, und wir können daraus ungeahnte Einsichten, Inspiration und Kraft für die Praxis ziehen. Viele Menschen, die sich schon einmal mit der Wahrscheinlichkeit ihres demnächst bevorstehenden Todes konfrontiert sahen, sei es aufgrund von Krankheit oder anderen Bedrohungen, berichten von einer Phase gesteigerter Bewusstheit und Lebendigkeit und von einer Umwertung sämtlicher Prioritäten, nachdem der erste Schock abgeklungen war. Ich selbst habe Ähnliches erlebt, aber das eindrucksvollste Beispiel war eine sehr gute Freundin, die mit 31 Jahren an Krebs starb. Sie nutzte ihre letzte Lebensphase ganz bewusst für intensive spirituelle Praxis, und wenige Wochen vor ihrem Tod, trotz Kummer und Schmerzen, leuchtete sie geradezu von innen heraus. Sie hinterließ uns Aufzeichnungen aus ihrem Tagebuch, in denen fast nur von Liebe und Freude die Rede ist. Wir werden ihr strahlendes Lächeln nie vergessen.

Der Gedanke an den eigenen Tod hat viele verschiedene Facetten. Eine davon ist eindeutig: Befreiung von vermeintlich unzerreißbaren Fesseln. Alle Pläne, Bindungen, Verpflichtungen fallen von uns ab, und wir können diesen Moment erleben, wie jemand, der aus einem langen Schlaf aufwacht, um sich blickt und sich fragt: Was ist *jetzt* wirklich wichtig?

Radikales Bodhisattva-Geistestraining

Im 11. Jahrhundert gab es in Tibet die Schule der Kadampas. Ihre Anhänger zeichneten sich dadurch aus, dass sie den Bodhisattva-Weg als Geistestraining (tib. Lojong) mit äußerster Konsequenz und schrankenlosem Einsatz praktizierten. Das sah so aus, dass sie alles – aber auch wirklich *alles* – was ihnen das Leben an angenehmen und unangenehmen Erfahrungen brachte, zum Bestandteil der Praxis machten. Sie akzeptierten für nichts, was geschah, die gängigen Interpretationen, sondern versuchten im Licht ihrer Übungen alles neu zu verstehen und zu nutzen. Das sah beispielsweise so aus, dass sie Schwierigkeiten, Krankheiten, Anfeindungen geradezu mit Begeisterung als Möglichkeiten der Übung begrüßten; schließlich konnten sie damit negatives Karma abtragen und den eigenen Geist in Ausdauer, Geduld, Festigkeit und unzerstörbarer Liebe und Freundlichkeit üben. Angenehme Erfahrungen dagegen hatten nur Sinn als Sprungbrett für weitere Bemühungen, nicht um sich entspannt zurückzulehnen. Ihre so genannten Feinde betrachteten sie unter Praxisgesichtspunkten als wahre Freunde, weil sie ihnen so wunderbare Gelegenheiten zur Übung boten. Ihre Freunde dagegen sahen sie mit einer gewissen Vorsicht an, weil sie immer auf der Hut waren vor der Ego-Verstärkung durch Lob und Anerkennung. So kam es dazu, dass man ohne Übertreibung sagen konnte: Ein Kadampa kennt keine Schwierigkeiten und hat keine Feinde. Für ihn wandelt sich alles zum Positiven, wie schrecklich es auch immer aussehen mag, weil er alles für die innere Entfaltung zu nutzen versteht.

Was bringt es, wenn Normalsterbliche wie wir sich mit solchen außergewöhnlichen Beschreibungen befassen? Es kann sein, dass sie ein Echo auslösen und eine gewisse Experimentierfreude aktivieren. Wie wäre das, wenn Sie einmal einen Tag lang versuchen würden, *alle* Erfahrungen und Erlebnisse »in den Weg zu nehmen«? Ich kenne eine Reihe von Leuten, die genau das gelegentlich tun: einen ganz gewöhnlichen Arbeitstag als Lojong-Übungstag verbringen. Sie berichten dann immer mit strahlenden Augen von ihren Erfahrungen.

Wenn wir unsere Lebensqualität grundlegend verändern möchten, sollten wir unsere Kraft nicht an den vergeblichen Versuch verschwenden, die Welt nach unseren Wünschen umzumodeln. Aber wir selbst können uns, wenn wir es wirklich wollen, verwandeln – und zwar, dauerhaft und wirksam, im eigenen Geist, dem wichtigsten aller Schauplätze.

Leerheit

Von der Natur der Realität – Bedingtheit und gleichzeitig Leerheit – war bereits mehrfach die Rede. Leerheit bezieht sich auf sämtliche Erscheinungen, sowohl Objekte (die ohne letztendliche Eigenexistenz sind) wie auch Personen (die ohne letztendliches Ich sind). Die Annäherung an die Erkenntnis der Leerheit ist unter allen Übungen diejenige, die am stärksten und unmittelbarsten zur Bewusstseinstransformation beiträgt. Sie ist ein Gegenmittel gegen jegliches Haften an den alten Denkgewohnheiten, die von Gier, Hass und Unwissenheit geprägt sind.

Erinnerung. Als ich bereits viele Unterweisungen über die Leerheit gehört hatte, kam ich einmal an einen Punkt, wo ich nicht mehr wusste, was nun eigentlich die essenziellen Aussagen sind. Ich beschloss, meinen Lehrer zu fragen. Eine günstige Gelegenheit ergab sich wenige Tage später, als wir beim Frühstück mit ihm zusammensaßen. »Was ist denn nun eigentlich die Basis von allem, was wir wahrnehmen, die Basis der Realität?«, fragte ich ihn. Er schwieg eine Weile und meinte

dann: »Ich würde sagen: Eigenschaften und Wahrnehmung.« Nun
schwieg ich eine Weile und ließ seine Worte auf mich einwirken. Ge-
dankenverloren musterte ich die Zuckerdose vor meinem Teller. Eigen-
schaften und Wahrnehmung? Rund, weiß, hart, schimmernd … Ei-
genschaften … Porzellan, Zuckerdose, Rosenthal … Benennungen …
Wahrnehmung … Verzweifelt suchte mein Geist nach einer Träger-
substanz, auf der die Eigenschaften aufliegen – ich fand keine. Jede
scheinbar tragfähige Basis entpuppte sich bei näherem Hinsehen wie-
derum als Präsentation von bloßen Eigenschaften. Plötzlich ergriff
mich ein sehr seltsames Gefühl von Unwirklichkeit, fast eine Art Pa-
nik. »Was, das ist alles?«, rief ich erschüttert. »Das ist alles«, bestätig-
te er trocken. Ich schluckte und war für den Rest des Tages ziemlich
still. Noch heute betrachte ich diese Unterweisung in drei Worten als
die wichtigste Information zum Thema Leerheit, die ich je erhalten
habe.

Auch einem so diffizilen Thema wie der Leerheit können wir uns
annähern, indem wir auf ganz alltägliche Vorgänge zurückgreifen.
Zum Beispiel: Stau. Jeder benutzt diesen Begriff; jeder weiß, was
das ist; niemand zweifelt daran, dass es so etwas wie Stau gibt.
Und dennoch: Was *ist* es wirklich? Welches der dreitausend Autos,
die da auf der Autobahn herumstehen, hat den »zähfließenden
Verkehr« endgültig zum »Stau« werden lassen? Wann sprechen wir
von Stau? Wie und wodurch ist die »Stauheit« in den Stau gekommen? Wo fängt er an, wo hört er auf – zeitlich und räumlich?
Wenn wir eine Weile darüber nachdenken, kommen wir nicht
umhin zu erkennen, dass es ein *Etwas*, das man Stau nennen
könnte, durchaus nicht gibt. Und dennoch *erleben* wir Stau, wenn
wir drinstecken, sehr konkret und leidvoll. Und wenn wir davon
berichten, weiß jeder, wovon wir sprechen. Es gibt ihn also – und
gibt ihn doch nicht. Solche Überlegungen zu scheinbar alltäglichen Erscheinungen sind ein guter Schlüssel zum Verständnis der
bedingten, relativen Wirklichkeit, der jegliche inhärente Eigenexistenz abgeht.

Überlegungen wie diese machen unseren Geist geschmeidig, die Wahrnehmung weniger starr. Wenn wir darin einige Übung gewonnen haben, können wir sie auch in Situationen anwenden, in denen es eng oder sehr emotional wird. Die Frage, wovon das, was wir da gerade erfahren, abhängt und wer es eigentlich ist, der es erfährt, bringt sofort Entspannung in die Sache. Auch wenn es uns zunächst nicht gelingt, diese Sichtweise in kritischen Lagen direkt anzuwenden, hilft es uns schon, sie im Nachhinein hinzuzuziehen. Immer wieder über Leerheit nachzudenken und zu meditieren, schafft Freiräume und gesunde Distanzen. Alles, was uns an Krisen und Schwierigkeiten unvermeidlich trifft, nimmt damit einen sanfteren Verlauf. Jegliche Methode, die im Buddhismus gelehrt wird und mit Transformation zu tun hat, basiert auf die eine oder andere Weise auf der Erkenntnis der Leerheit.

Mandala-Erfahrung

Die gleiche Realität, die ein psychisch Kranker als Hölle erfährt und die gewöhnliche Menschen als ihr normales Umfeld betrachten, ist für einen Buddha ein von allen Illusionen, Beschränkungen und Schmerzen vollkommen gereinigter Bereich. Einer der Begriffe, mit denen solche reinen Bereiche bezeichnet werden, lautet *Mandala*. Es ist nicht irgendwo anders oder irgendwann in ferner Zukunft zu finden, sondern hier und jetzt. Weil die so genannte Wirklichkeit von ihrer eigenen Seite her leer von inhärenter Existenz ist, leistet sie einer veränderten Wahrnehmung und Erkenntnis keinen Widerstand. Das bedeutet: Wir können schon jetzt üben, in unserer begrenzten und leidvollen Realität das Mandala zu entdecken. Die Sichtweise eines Buddha steht uns zwar noch nicht zur Verfügung, wohl aber ein Potenzial in unseren tiefsten Bewusstseinsschichten, das Buddhanatur genannt wird. Durch Meditation können wir lernen, unseren Geist ganz allmählich aus den Zwängen der Konzepte-Maschinerie zu lösen. Dadurch wird unsere Wahrnehmung feiner und sensibler. Es ist, als würden wir lernen, mit dem Herzen wahrzunehmen. Wenn wir auf diese Weise unsere Aufmerksamkeit auf das richten, was um uns her geschieht, sehen wir – erst schwach und vereinzelt, dann immer klarer und stärker – Mandala-Qualität durchschimmern. Beglückende Erfahrungen dieser Art haben Rückwirkungen auf uns selbst. Eine Person, die versucht, die Welt als geordnetes, gereinigtes Mandala zu sehen (ohne dadurch für die Ecken und Kanten der konventionellen Realität blind zu werden), erlebt dies gleichzeitig als einen enormen Zuwachs von Kraft und Vertrauen in die eigene Entfaltung.

Erfahrungen sind unsere Lehrer

Der gängige Schulungsweg im Buddhismus ist die direkte Unterweisung und Betreuung von Schüler/innen durch Lehrer/innen. Nun haben ja die meisten Menschen hier im Westen keinen spirituellen Lehrer, auch versteht man darunter in den verschiedenen buddhistischen Richtungen etwas ganz Unterschiedliches: Vom spirituellen Freund und Berater über den Bodhisattva bis zum erleuchteten Guru, der mit Buddha gleichgesetzt wird, sind alle Varianten vertreten. Woran soll man sich also orientieren? Für alle, die mit einem Lehrer oder einer Lehrerin zusammenarbeiten möchten, ist es zunächst von Nutzen, sich selbst erst einmal als *Lernende* zu definieren. Belehrung anzunehmen ist in unserer Gesellschaft keineswegs selbstverständlich. Es entspricht eher den gängigen Leitbildern, immer und um jeden Preis cool und souverän und überlegen zu sein. Die Haltung des Lernens genießt demgemäß wenig Wertschätzung. Das ist bedauerlich, denn dadurch entgeht uns viel. Versuchen wir es mit einer kleinen Übung.

Meditative Übung:
Im Alltag den Lehrer treffen

Ich richte meine Aufmerksamkeit auf mein momentanes Befinden und konzentriere mich auf den Fluss meines Atems. Dabei stelle ich mir die Frage, ob ich über das Atmen schon alles weiß, was es zu wissen gibt, oder ob mir, wenn ich darauf achte, vielleicht jeder einzelne Atemzug etwas zu sagen hat.

Dann stelle ich mir vor, dass ich am nächsten Morgen die ersten ein bis zwei Stunden meines gewohnten Alltags im Zustand des spirituellen Schülers oder der Schülerin verbringe. Von dem Moment an, wo ich die Augen aufschlage, akzeptiere ich jeden und alles, was mir begegnet, als Lehrer: den Partner, die Partnerin, die Kinder, die verschüttete Milch auf dem Frühstückstisch, den Busfahrer, die Menschen auf den Straßen, die Kolleginnen und Kollegen, die Sonne hinter den Wolken, die Spatzen auf der Straße ... ich erlebe gewissermaßen den gewohnten Gang zur Arbeit wie einen Spaziergang mit meinen Lehrer/innen. Oder anders ausgedrückt: Mein Lehrer, meine Lehrerin begegnet mir in zahllosen Manifestationen. Ich frage mich nun: Was bedeuten diese Manifestationen? Worin besteht die Unterweisung? Was soll ich lernen, was verstehen?

Ich öffne mein Herz und meinen Geist für subtile Nuancen und versuche, die Essenz dessen, was da zum Ausdruck kommt, wirklich in mich aufzunehmen. Was geschieht dabei mit mir? Unterscheidet sich mein Lebensgefühl an diesem Morgen von anderen Tagen? Worin besteht der Unterschied? Ich bleibe eine Zeit lang bei diesen Betrachtungen und beschließe dann die Übung, indem ich zu mir selbst und zur Atembetrachtung zurückkehre.

Eine Variante diese Übung besteht darin, sie nicht, auf dem Stuhl oder Kissen sitzend, in der eigenen Vorstellung durchzuspielen, sondern im realen Alltag. Sie können es sich beispielsweise für einen bestimmten Morgen der nächsten Woche fest vornehmen und sich durch Vorsätze und Merkzeichen entsprechend programmieren, damit die Aufmerksamkeit nicht schon nach den ersten fünf Minuten verloren geht.

Wenn es Ihnen Freude macht, das Lernen als innere Haltung zu kultivieren, wird es Ihnen viel leichter gelingen, starre Konditionierungen im eigenen Geist aufzuweichen. Sie werden wertschätzen, was andere Ihnen zu geben haben, und wenn Sie wirklich mit einem spirituellen Lehrer im engeren Sinn in Kontakt kommen, sind Sie vor der Gefahr, übermenschliche Qualitäten auf ihn zu projizieren, relativ gut geschützt.

Der Kreis schließt sich: das kostbare Menschenleben

In der buddhistischen Überlieferung wird die Seltenheit und Einzigartigkeit unserer menschlichen Inkarnation mit eindrucksvollen Geschichten geschildert. Sie wird beispielsweise verglichen mit einer Schildkröte, die nur einmal in hundert Jahren aus dem Meer auftaucht und dann ihren Kopf genau durch einen goldenen Ring steckt. Tatsächlich sind wir uns des Wertes unseres Menschenlebens oft zu wenig bewusst. Es gibt so vieles, was uns stört, so viele Unfreiheiten und Verpflichtungen, so viele Frustrationen und Konflikte, dass wir manchmal den Blick für das Wesentliche verlieren. Dagegen hilft die Meditation über unsere kostbare Existenz. Buddhistische Lehrer empfehlen sie ausdrücklich auch als Mittel gegen depressive Verstimmungen, und damit sind wir wieder bei unserem ursprünglichen Thema der Krisenbewältigung.

Die Reflexionen zum kostbaren Menschenleben werden im tibetisch-buddhistischen Stufenweg gleich am Anfang geübt. Ich habe mich jedoch dafür entschieden, sie gerade hier, als letzte der Übungen zu präsentieren, denn für mich schließt sich damit der Kreis: Ausgehend von den leidvollen, oft unverständlichen Erfahrungen des Lebens fangen wir an, Fragen zu stellen, unsere Gewohnheiten zu überprüfen, und wir gelangen schließlich auf den Weg der inneren Entfaltung. Dort begegnen wir vielen wertvollen Erklärungen und Methoden, manche erscheinen uns leicht zugänglich, andere schwer. Das Ziel des Weges – Befreiung, Erwachen, Erleuchtung – kann uns sowohl inspirieren wie auch irritieren. Wie können wir angesichts der komplexen Zusammenhänge festen Halt und einen sicheren Stand gewinnen? Indem wir uns immer wieder auf uns selbst, auf unser gegenwärtiges Menschenleben mit all seinen wunderbaren Möglichkeiten zurückbesinnen.

Meditative Übung:
Das kostbare Menschenleben

Ich richte meine Aufmerksamkeit auf mich und betrachte meinen Atem. Ich freue mich daran, einfach nur hier zu sitzen und zu atmen.

Dann lasse ich mir durch den Kopf gehen, wie ich grundsätzlich über mein eigenes Leben denke. Was antworte ich in der Regel, wenn ich gefragt werde, wie es mir geht? »Naja, es könnte schlimmer sein, man wurstelt sich so durch«, oder wie lautet meine Standardantwort? Habe ich das Empfinden, dass ich dem Schicksal ausgeliefert, in Zwängen festgezurrt, in Routinen erstarrt bin? Oder führe ich ein glückliches, erfülltes Leben? Ist meine Existenz bewusst gestalteter Ausdruck meines Potenzials? Gehe ich mit meinen Tagen, Wochen, Jahren sorgsam um, oder schlage ich die Zeit tot und lebe nur von einem Urlaub zum nächsten? Betrachte ich es als ein Glück, dass ich gerade in dieses Leben hineingeboren wurde, oder werfe ich insgeheim meinen Eltern vor, dass sie mich in die Welt gesetzt haben, ohne mich zu fragen? Wenn ich die Wahl hätte, würde ich mich freiwillig für dieses Leben entscheiden oder alles ganz anders einrichten? Ich nehme mir genügend Zeit und versuche, meine eigene Einschätzung meines Lebens klar zu erkennen.

Nun mache ich mir gezielt noch einmal die positiven Aspekte bewusst und freue mich über sie. Anschließend wende ich mich denjenigen Aspekten zu, die mich stören. Ich fokussiere meine Aufmerksamkeit auf einen der problematischen Punkte: Unfreiheit, Einsamkeit, Einförmigkeit, oder was es auch sei. Dann frage ich mich ganz konkret: Was könnte ich jetzt sofort, heute oder spätestens morgen tun, um diese Erfahrung in etwas anderes zu verwandeln? Zum Beispiel: Ich könnte meinen verhassten Job hinschmeißen, eine sympathische Person zum Essen einladen, Nonne werden, eine Therapie anfangen, ein neues Auto kaufen, in einen Verein eintreten … – Da dies nur eine Übung und ein freies Spiel der Fantasie ist, akzeptiere ich keinerlei Einwände meiner inneren Kontrollinstanzen, kein »Ja, aber …«. Ganz gleich, wie verrückt oder bizarr meine spontanen Einfälle sind, ich spiele sie ein paar Runden lang durch, ohne sie zu stoppen. Ich gehe durch angenehme und bedrohliche Vorstellungen hindurch – es ist ja nur ein Spiel – und nehme ganz deutlich meine Gefühle, vor allem mein Lebensgefühl und mein Selbstwertgefühl, wahr.

Nun kehre ich zurück zum Atem und zum gegenwärtigen Moment und beende die Übung.

Vielleicht hatten Sie vergessen, wie es sich anfühlt, über inneren Reichtum zu verfügen und das eigene Leben aktiv selbst zu gestalten, statt sich leben zu lassen. Vielleicht gehören Sie auch zu denen, die ihr Leben als eine Abfolge von vorwiegend fremdbestimmten Ereignissen empfinden. Wenn es so ist, dann können Sie sich einen echten Gefallen tun: Üben Sie sich darin, das Leben als Potenzial zu sehen. Wir haben jeden Augenblick die Möglichkeit, uns zu entscheiden und zu handeln. Mögen die Spielräume auch klein sein – nutzen wir doch wenigstens die! Wenn wir das konsequent tun, werden wir die Erfahrung machen, dass sie sich nach und nach immer mehr ausweiten. Die Kostbarkeit der Menschenexistenz besteht vor allen Dingen darin, dass sie voller Möglichkeiten steckt. Dies zu wissen und zu erfahren ist mit

intensiver Freude verbunden. Können Sie das spüren und nachvollziehen? Grund genug, sich vorzunehmen, diese Quelle echter
Lebensqualität nie mehr zu missachten oder zu vergessen!

V.
Das letzte Wort:
Es gibt kein letztes Wort …

Wenn Sie von Anfang an bis hierher alle Kapitel durchgelesen und sich immer wieder einmal auch an den Übungen versucht haben, dann sind wir ein beachtliches Stück Weg gemeinsam gegangen. Auch ich habe, während ich das alles schrieb, vieles noch einmal durchlebt und durchlitten, habe es erneut im Licht des Dharma überprüft und mich davon verändern lassen. Für mich war das Jahr der Arbeit an diesem Buch gleichzeitig ein Jahr tief greifender Veränderungen. Ich habe mich als Teilnehmerin an einer Therapiegruppe noch einmal intensiv mit Familienstrukturen und frühkindlichen Prägungen auseinander gesetzt und nach 19 Jahren intensiver Praxis meine Anbindung an die tibetische Tradition zugunsten eines mehr gesamtbuddhistischen Ansatzes relativiert. Die damit verbundenen Prozesse wurden auch durch das Niederschreiben der Erläuterungen und Übungen beeinflusst, und sie fanden umgekehrt ihren Niederschlag im Text. Ich bin deshalb denen, die mich mit sanfter Gewalt drängten, dieses Buch zu verfassen, und auch Ihnen, meine Leserinnen und Leser, an die ich mich dabei gewendet habe, sehr dankbar. Bedingtes Entstehen hat uns für kurze (oder längere) Zeit zusammengeführt, und ich denke, wir haben unsere Zeit und Energie nicht verschwendet.

Wir haben gesehen, dass der Buddhismus zum Thema Lebenskrisen sowie zu vielen anderen Themen eine große Fülle von Erklärungen und Methoden bietet. Was nehmen Sie nun mit? Was möchten Sie behalten? Hier sind ein paar Antworten, die für mich wichtig waren. Sicher werden Sie Ihre eigenen finden.

Die Bewertung von Erfahrungen und Situationen anhand unserer gewohnten, konventionellen Maßstäbe kann niemals *»das letzte Wort«* sein. Selbst wenn diese Einsicht das einzige wäre, was wir festhalten und in unserem Alltag umsetzen könnten, hätten wir schon sehr viel bessere Karten als früher, um mit schwierigen Lebenslagen fertig zu werden. Es gibt immer ein paar Überlegungen und Fragestellungen, die geeignet sind, unseren Blickwinkel zu verändern und die Daumenschrauben des Leidens zu lockern – sei es, dass wir die Faktoren in ihrem Zusammenwirken untersuchen, sei es, dass wir uns auf eine neue Art mit den beteiligten Personen befassen, oder sei es, dass wir uns selbst in einem ganz neuen Licht wahrnehmen: Wir sind gleichzeitig mehr *und* weniger, als wir dachten. Von dem stabilen Ich, an das wir uns so selbstverständlich zu klammern gewohnt sind, ist nicht viel übrig geblieben; andererseits haben wir uns als Prozess, als Potenzial, als ein mit Buddhanatur ausgestattetes Wesen auf einem Entwicklungsweg sehen gelernt, und das ist eine Quelle der Freude und des Selbstvertrauens.

Nun können wir, wenn wir wollen, bereits eingeleitete heilsame Entwicklungen fortsetzen. Allerdings sollte niemand von uns die Kraft alter Gewohnheiten unterschätzen. Wenn wir einen Weg der positiven Veränderung und Entfaltung gehen wollen, dann benötigen wir dazu Mut und Entschlossenheit, Stärke und Geduld. Vielleicht gehören Sie zu denen, die sofort sagen: »Klar, hab ich!«, vielleicht aber auch nicht. Wie können Sie sich dann selbst helfen, diese Qualitäten zu entwickeln?

Unseren Mut stärken wir, so paradox es klingt, indem wir unserer Angst ins Auge schauen und sie annehmen. Ein latentes Gefühl der Bedrohtheit begleitete uns unser Leben lang, aber es hat uns nicht umgebracht, wir sind immer noch da – und haben sogar eine Menge gelernt. Angst hindert uns an gar nichts, solange wir uns nicht von ihr lähmen lassen. Nur die Angst vor der Angst, die uns zwingt, die Augen vor der Welt zu verschließen, ist wirklich schädlich. Mag sein, dass es uns auch hilft, uns zu vergegenwärtigen, dass kein Mensch, kein Bodhisattva und kein Buddha bisher gelebt hat und seinen Weg gegangen ist, ohne sich mit der Angst auseinander setzen zu müssen. Somit befinden wir uns in bester Gesellschaft!

Entschlossenheit ist die Qualität, die uns die einmal eingeschlagene Richtung beibehalten lässt. Das ist keineswegs selbstverständlich. In unserer Gesellschaft ist das Angebot an spirituellen, psychologischen und künstlerisch-kreativen Möglichkeiten, sich zu verwirklichen, so groß und bunt, dass das Konsumverhalten geradezu herausgefordert wird. Nun spricht ja nichts dagegen, verschiedene Ansätze miteinander zu kombinieren – zum Beispiel Körperarbeit und Meditation –, vorausgesetzt, man hat eine klare Ausrichtung und springt nicht lebenslänglich von einer Methode, einer Lehrerin, einer Tradition, einer Gruppe zur anderen. Gerade das wird einem sehr leicht gemacht. Ich kenne Frauen aus meinem Bekanntenkreis, die mir seit 20 Jahren in regelmäßigen Abständen erzählen, dass sie jetzt wirklich etwas ganz Tolles gefunden, gelesen, kennen gelernt haben, was *unheimlich* gut funktioniert und ihnen hilft, völlig neue Einsichten zu gewinnen. Nach ein paar Monaten höre ich dann nichts mehr davon. Wenn aber die betreffenden Personen von sich selbst, ihren Hoffnungen und Problemen sprechen, habe ich den Eindruck, dass sie zwar dauernd irgendwie »auf dem Weg« sind, dass sich aber Grundlegendes bisher nicht getan hat; aber das kann natürlich täuschen, vielleicht ist meine Wahrnehmung nur zu grob. Jedenfalls erlaubt uns die Entschlossenheit, Ablenkendes und Unnötiges beiseite zu lassen und uns auf das zu konzentrieren, was wir wirklich brauchen und wollen.

Stärke in sich selbst zu suchen und zu finden, ist für viele ein ungewohntes Beginnen. Ja, die Buddhas und Bodhisattvas sind stark, natürlich die Lehrer aus Asien und vielleicht noch ein paar westliche Vorbilder – *aber wir?* Zu oft erleben wir es, dass unsere Wünsche und Absichten durchkreuzt, unsere Pläne hinweggefegt werden von Kräften, die offenbar stärker sind als wir. Wenn wir so über uns denken, ist es notwendig, die eigene Kraft zu entdecken, sie bündeln und gezielt einsetzen zu lernen. Wir können damit beginnen, unsere eigene Kraft, die physische wie auch die psychische, erst einmal an kleinen Dingen zu spüren. Das Hochheben einer Tasse erfordert Kraft, ebenso das Aufstehen am Morgen. Kraft ist da, sonst wären wir tot. Das ist schon mal ein Anfang. Nun können wir uns auf die geistige Kraft konzentrieren und versuchen, sie ganz allmählich anwachsen zu lassen. Wir nehmen uns etwas vor, fassen einen Beschluss, zum Beispiel, wie wir den Sonntag verbringen möchten, und sehen zu, was passiert. Vielleicht werden sich andere Kräfte dem entgegenstellen. Wie schnell sind wir bereit, unsere ursprünglichen Absichten aufzugeben? Üben wir uns darin, freundlich und bestimmt zu sagen: »Oh, das tut mir Leid, aber für nächsten Sonntag habe ich schon andere Pläne gemacht.« Das bedeutet nicht, die eigenen Absichten mit Brachialgewalt durchzusetzen, ohne nach den berechtigten Wünschen anderer zu fragen. Vielmehr gilt es auch hier, sensibel nach dem Mittleren Weg zu forschen. Achten wir vor allem auch darauf, wie es mit unserer Selbst-Organisation und unserem Zeit-Management bestellt ist! Gehören wir zu denen, die grundsätzlich zu jedem Termin eine halbe Stunde zu spät kommen? Warum eigentlich? Nehmen wir uns stets mehr vor, als wir bewältigen können, und kalkulieren ein Drittel Ausfälle stillschweigend mit ein? Erwarten wir förmlich, dass alles Mögliche, was wir uns vornehmen, dann doch nicht klappt? Lassen wir uns in unserem Tagesablauf überwiegend von Zufällen und unvorhergesehenen Anregungen leiten? Vielleicht fühlen wir uns damit ganz wohl und hängen an einem »liebenswerten Schuss Chaos«, dann besteht natürlich keine Notwendigkeit, sich zu ändern. Aber wenn es einmal wirklich darum geht, etwas zu erreichen, dann wird es auch darum gehen, sich von Hindernissen nicht zu sehr beeinflussen zu lassen.

Meine eigenen Erfahrungen mit zielgerichteter Kraft betreffen vor allem das Thema Retreat. Früher sehnte ich mich immer nach Zeiten der Meditation in Zurückgezogenheit, doch mein Terminkalender ließ das nicht zu. Ich unternahm zwar halbherzige Anläufe, wartete aber im Grunde darauf, dass die geeignete Situation sich schon irgendwann einstellen würde. Das geschah natürlich nie. Irgendwann merkte ich es endlich. Von da ab gewöhnte ich mir an, jeden Herbst, wenn ich die Planung für das nächste Jahr mache, in meinem Kalender bestimmte Zeiträume mit einem dicken Balken zu versehen: *Retreat*. Für diese Tage oder Wochen werden keine anderen Termine eingetragen – Ende der Durchsage! Es ist unglaublich einfach – und es klappt tatsächlich. Inzwischen haben mir Freunde bestätigt, dass auch Menschen, die durch ihren Beruf in einen starren Zeitrahmen eingespannt sind, auf diese Weise zu den notwendigen Zeiten des Rückzugs kommen können, ohne dass der Familienurlaub deshalb ins Wasser fallen muss.

Wie in allen Religionen, gibt es auch im Buddhismus Hilfestellungen, um die eigene Stärke zu erproben und zu entwickeln. Wir können beispielsweise unsere Vorhaben unterstützen, indem wir für bestimmte Zeiträume Gelübde nehmen. Das funktioniert sehr gut, sowohl in der Gruppe wie auch allein. Wir können große Gelübde mit den entsprechenden Ritualen nehmen oder auch kleine Versprechen für den Alltag ganz privat für uns, vor Lehrer/innen, Dharmafreunden oder vor dem Buddha ablegen. Vorsicht ist für den Anfang lediglich geboten bei Gelübden, die sehr schwer zu halten sind oder sich über sehr lange Zeiträume erstrecken. Der Effekt ist wesentlich besser, wenn die Zeiträume überschaubar bleiben, so dass man die Erfahrungen auswerten kann und einen Vergleich hat mit der gelübdelosen Zeit. Mit solchen Übungen sollte kein Zwang oder Druck verbunden sein, denn Gelübde sind nichts anderes als Geländer für den Geist.

Freuen Sie sich auch über kleine Erfolge bei der Entwicklung von mehr innerer Stärke. Auch Mitfreude mit sich selbst ist eine heilsame Aktivität! Sie *muss* ja nicht gleich in Selbstüberschätzung und Überheblichkeit ausarten. So viel Vertrauen in Ihre Fähigkeiten dürfen Sie ruhig haben, dass Sie die schädlichen von den hilfreichen Geisteszuständen unterscheiden können. Sich auf den spirituellen Weg zu begeben ist bereits ein Zeichen von Stärke, nicht von Schwäche – und somit ein Grund zur Freude.

Und nun zuallerletzt noch ein paar Worte über die schwer zu erlangende, aber unglaublich nützliche Qualität der Geduld. Was verstehen wir darunter? Eine unerschütterliche Haltung der Freundlichkeit und inneren Ruhe, bei der das Anbranden geistiger Gifte, sowohl von außen wie auch von innen, wirkungslos bleibt, vergleichbar und oft verglichen mit einer »schimmernden Rüstung«. Das Gegenteil davon kennen wir: Jeder Wahrnehmungsreiz wird zu unserem Ich in Beziehung gesetzt, wir nehmen eine Position ein, geben eine Bewertung ab, lassen Emotionen hochkochen, mit denen wir uns alsbald identifizieren, und stürzen uns distanzlos ins Getümmel karmischer Handlungen. Wie sähe die Alternative aus? Versuchen wir uns vorzustellen, dass wir uns nicht ununterbrochen in einer Ego-Verteidigungsstellung befinden, sondern in einem anderen Seinszustand fest und dauerhaft verankert sind: Offenheit, Weite, Bewusstheit für den Gesamtzusammenhang, Liebe, Mitleid, Mitfreude, Gleichmut. Wenn nun ein Impuls von Wut oder Gier in den Bereich unserer Wahrnehmung kommt, ist das tatsächlich nichts als reine Wahrnehmung – und das kann es bleiben, ohne den Automatismus der Ich-Reaktion und der reflexhaften Erzeugung weiterer geistiger Gifte. Wenn es funktioniert, können wir die Ausstrahlung von Liebe und Gleichmut aufrechterhalten, wenn nicht, bricht sie zusammen. Das ist der Lernprozess – und der Test.

Ein schöner Traum? Nicht nur. Es ist eine wunderbare Erfahrung, an der eigenen Entfaltung zu arbeiten. Natürlich brauchen Sie auch dabei Geduld, damit Sie nicht zu schnell zu viel erwarten. Geduld ist immer bedingungslos, ganz gleich, wie viele Fehler gemacht werden. Insofern sollte aus dem spirituellen Bemühen niemals Stress entstehen. Aber überlegen Sie nur einmal: Wenn es in jedem Land, in jeder Stadt, in jedem Unternehmen, in jeder Familie ein paar Leute oder auch nur eine Person gäbe, die kraftvoll

Geduld praktiziert, wie sich die gesamte Atmosphäre verändern würde! Ein tibetisches Synonym für den Begriff Geistesgifte heißt *Kompliziertmacher*. Die Kraft der Geduld ist das beste aller Gegenmittel gegen Gezerre und Komplikationen, die aus innerer Unruhe, Rastlosigkeit und Spannung entstehen.

So hellt sich durch fortschreitende innere Entfaltung unser Geist und unser Leben immer mehr auf. Natürlich gibt es nicht nur rosige Zeiten, manchmal ist der Weg staubig und steinig. Aber damit können wir leben, wenn wir die Gewissheit erlangt haben, dass die Richtung stimmt. Zufriedene Praktizierende stellen mühelos Kontakte her, finden leicht Freunde. Das wiederum fördert die Meditation über die Verbundenheit mit allen Lebewesen. Übrigens: Kaum ein Thema kann schneller und leichter freundschaftliche Gefühle initiieren als der Austausch über vergangene Krisenzeiten!

Ich will damit kein problemfreies Dauer-Idyll beschwören. Schwierigkeiten und Krisen wird es im Leben immer wieder geben, solange die Tendenz, in überlebten Strukturen zu verharren, die sich nur durch einen dramatischen Wirbel auflösen lassen, fortbesteht. Aber wenn wir ein zuverlässiges spirituelles Fundament besitzen, dann haben solche Krisen nicht mehr die Kraft, uns völlig aus der Bahn zu werfen. Im Gegenteil: Mit den Jahren entwickeln wir genügend Sensibilität, um bereits die ersten Anzeichen sich verdichtender Schwierigkeiten zu erkennen. Mit etwas Übung setzen wir sie dann in Beziehung zu unserer Lebensphase, unserem karmischen Muster, und stellen die Frage: Was ist es, was ich jetzt lernen, verstehen, transformieren, loslassen soll? Was hindert mich? Was unterstützt mich? Wir werden uns den hinderlichen Energien nicht frontal in den Weg stellen, sondern anfangen, geschickt mit ihnen umzugehen. Von Kummer und Leid bleiben wir dabei trotz allem nicht verschont, aber ich kann aus meiner eigenen Erfahrung uneingeschränkt bestätigen, dass die Dramen einen wesentlich sanfteren Verlauf nehmen. So wie die tibetischen Kadampas, die alles akzeptierten, was kam, irgendwann keine

Feinde mehr hatten, so finden wir uns irgendwann nicht mehr in Zuständen der totalen Verwirrung, Verzweiflung und Desorientierung, sondern nehmen die Welt und das Leben mit einer positiven, vertrauensvollen Grundhaltung an.

Dank allen
Lehrerinnen und Lehrern

Es gibt viele Menschen, denen ich an dieser Stelle meinen Dank abstatten möchte: vor allen anderen meinem Lehrer Dagyab Kyabgön Rinpoche – jenseits aller Worte. Ich danke ferner meiner engagierten und kundigen Lektorin Micheline Rampe für ihre wertvollen Hinweise und ihre Ermutigung; ebenso der besonders auf dem Gebiet der Krisenintervention erfahrenen Therapeutin Andrea Roese für ihren fachlichen Rat; meinen Dharmafreund/-innen, mit denen ich seit vielen Jahren in Seminaren, Gesprächsgruppen, Meditationskreisen und Retreats zusammenarbeite – sie alle sind mir mit ihren Fragen und Antworten ebenfalls zu Lehrerinnen und Lehrern geworden; und nicht zuletzt meinem Mann Thomas Dittenhöfer, dessen liebevolle und kritische Unterstützung eines der wichtigsten Fundamente meiner Arbeit ist.

Glossar
der tibetischen, Sanskrit- und Pali-Begriffe

Sanskrit-Begriffe sind mit »skr« gekennzeichnet, Pali-Begriffe mit »pali«; auf die Wiedergabe diakritischer Zeichen wurde verzichtet. Tibetische Begriffe sind mit »tib« und ihrer Transliteration versehen. Zur Aussprache: »sh« wird wie das deutsche »sch« ausgesprochen, »ch« wie »tsch«, »j« ähnlich wie ein stimmhaftes »dsch«, Umlaute genau wie im Deutschen: ä, ö, ü.

Bardo (tib, *bar-do*)
Zwischenzustand zwischen zwei Existenzen. Im Bardo werden grob drei Phasen unterschieden: Eine, in der man noch dem vergangenen Leben zugewendet ist; eine, in der man sich der gegenwärtigen Lage bewusst wird; und eine, in der man sich bereits auf die nächste Existenz ausrichtet.

Bodhicitta (skr)
Erleuchtungsgeist. Ein Bewusstsein, das keine eigennützige Motivation mehr kennt, sondern einzig und allein von dem Streben erfüllt ist, zum Wohl aller Lebewesen die vollkommene Buddhaschaft zu erlangen.

Bodhisattva (skr)
Erleuchtungswesen. Jemand, der Bodhicitta realisiert hat und sich in den sechs Vollkommenheiten übt: Geben, ethische Disziplin, Geduld, freudige Anstrengung, einsgerichtete Meditation und Erkenntnis der Leerheit. Die Erkenntnis der Leerheit

ist noch nicht die vollkommene Erleuchtung. Sie versetzt aber den Bodhisattva in die Lage, durch kraftvolle Meditation das Bewusstsein über zehn Ebenen (Bhumis) hinweg von immer feineren karmischen Spuren zu reinigen, bis Buddhaschaft erlangt ist.

Dharma (skr)
Die Lehre [des Buddha], bestehend aus wörtlicher Überlieferung und innerer Verwirklichung. Dharma kann auch übersetzt werden mit »Religion«, »Wahrheit«, »Gesetz«.

Hinayana (skr)
Kleines Fahrzeug. Bezeichnung der Mahayana-Anhänger für die ältere Richtung des Buddhismus, die auf das Erlangen von Nirvana abzielt. Ihr Ideal ist der Mönch, der zu einem von geistigen Giften, Leiden und dem Zwang zur Wiedergeburt völlig Befreiten (Arhat) wird.

Karma (skr)
Handlung. Jede absichtsvoll ausgeübte Handlung führt zu einem Resultat, das der Handelnde im gleichen oder einem späteren Leben erfahren wird.

Lamrim (tib, *lam-rim*)
Stufenweg [zur Erleuchtung]. Basierend auf einem Wurzeltext des Reformators Atisha im 11. Jahrhundert, hat sich in Tibet die Literaturgattung und Praxis des Lamrim entwickelt, die die Praktizierenden Schritt für Schritt über grundlegende Übungen zum Bodhisattvaweg führt. Lamrim gilt als Basis für die Praxis des Tantra, kann aber auch als eigenständiger Weg aufgefasst werden.

Lojong (tib, *blo-sbyong*)
Geistestraining. Übungsweg innerhalb des Lamrim, der darauf

abzielt, alle positiven und negativen Erfahrungen des Lebens mit äußerster Konsequenz als Praxis anzunehmen.

Mahayana (skr)

Großes Fahrzeug. Buddhistische Tradition, die sich ab dem 1. Jahrhundert v. u. Z. herausbildete. Ihr Ziel ist die vollkommene Erleuchtung oder Buddhaschaft, zu erreichen über die uneingeschränkte Hingabe an das Wohl aller Lebewesen und die Erkenntnis der letztendlichen Natur der Realität (Leerheit). Die Anhänger des Mahayana orientieren sich am Bodhisattva-Ideal.

Mantra (skr)

Formel, die mit einer Meditationsgottheit oder einem spezifischen Lehrinhalt verbunden ist. Durch ihre Rezitation erinnert sich der/ die Praktizierende bestimmter Qualitäten und versucht, sie im eigenen Geist hervorzubringen.

Metta (pali)

Liebevolle Güte, die auf das Wohl der Lebewesen ausgerichtet ist. Sie ist eine der vier unermesslichen Ausstrahlungen.

Nirvana (skr)

Erlöschen. In den älteren Schulen des Buddhismus besteht das anzustrebende Ziel darin, dass die geistigen Gifte Gier, Hass und Verblendung erlöschen, ebenso das Haften an einer Ich-Vorstellung und damit der Zwang zur Wiedergeburt. Nirvana, in Worten nicht ausdrückbar, wird auch mit Begriffen wie »das Todlose«, »Befreiung«, »Frieden« beschrieben.

Samsara (skr)

Leidvoller Daseinskreislauf. Sämtliche Lebewesen, die noch nicht Befreiung erlangt haben, sind dem ständigen Zwang zur Wiedergeburt in Abhängigkeit von ihren Handlungen (Karma) unterworfen. Heilsame Handlungen führen zu günstigen Geburten (Menschen- oder Götterbereiche), unheilsame zu ungünstigen (Tier, Gespenst, Höllenwesen).

Skandha (skr)

Anhäufung. Mit diesem Begriff wies Buddha darauf hin, dass die geistigen und materiellen Komponenten, die im Zusammenwirken eine Persönlichkeit ausmachen, bereits das Ergebnis eines karmischen Erzeugens, Greifens und Festhaltens sind. Die fünf Skandhas sind: Form, Empfindung, Unterscheidung, gestaltende Impulse, Bewusstsein[sprogramm].

Tantra (skr)

Gewebe. Unter dieser Bezeichnung existieren im Hinduismus, Taoismus, Jainismus und Buddhismus meditative Techniken zur Bewusstseinstransformation, die auch Elemente altindischer Yogapraktiken und Götterkulte beinhalten. Die Entwicklung der Tantras wird von den Wissenschaftlern etwa in die Zeit ab dem 4. Jahrhundert u. Z. datiert. Sie haben besonders im tibetischen Buddhismus große Bedeutung erlangt und sind engstens mit dem Bodhisattva-Weg verbunden.

Theravada (pali)

»Lehre der Alten«. Unter den Schulen der ältesten Richtung des Buddhismus diejenige, die sich als einzige bis heute erhalten hat. Sie beruft sich im Wesentlichen auf den Palikanon.

Vajrayana (skr)

Diamantfahrzeug. Der Vajra ist ein Symbol für Unzerstörbarkeit. Unter ›Vajrayana‹ wird die spezifische Ausprägung des tibetischen Buddhismus verstanden, die aus einer Verbindung des Bodhisattva-Weges mit tantrischen Praktiken besteht.

Literatur

Ama Adhe: *Doch mein Herz lebt in Tibet.* Herder Verlag, Freiburg 1998.

Die Reden des Buddha. Längere Sammlung. Aus dem Palikanon übersetzt von Karl Eugen Neumann. Neuausgabe des Verlags Beyerlein-Steinschulte, 95236 Stammbach, 1996.

Buddhas Reden. Majjhimanikaya. Die Lehrreden der mittleren Sammlung, übersetzt von Kurt Schmidt. Werner Kristkeitz Verlag, Leimen 1989.

Die Reden des Buddha. Gruppierte Sammlung (Samyutta-Nikaya). Aus dem Palikanon übersetzt von Wilhelm Geiger, Nyanaponika Mahathera, Hellmuth Hecker. Neuausgabe des Verlags Beyerlein-Steinschulte, 95236 Stammbach, 1997.

Fritjof Capra: *Das Tao der Physik. Die Konvergenz von westlicher Wissenschaft und östlicher Philosophie.* Scherz Verlag, Bern, München, Wien 1993.

Dagyab Kyabgön Rinpoche: *Buddhismus im Westen* (Zusammenstellung von Aufsätzen). Chödzong Fürth (Bezugsadresse), 1989.

Paul Debes: *Meisterung der Existenz durch die Lehre des Buddha.* Band I und II. Buddhistisches Seminar, 95463 Bindlach (Bezugsadresse), 2. Aufl. 1997.

Jiddu Krishnamurti: *Du bist die Welt – Reden und Gespräche.* Fischer Taschenbuch Verlag, Frankfurt 1999.

Regine Leisner: *Das Denken umwandeln. Einführung in die Praxis des Mahayana-Geistestrainings (Lojong).* Chödzong Fürth (Bezugsadresse), 1994.

Humberto Maturana/Francisco J. Varela: *Der Baum der Erkenntnis. Die biologischen Wurzeln des menschlichen Erkennens.* Scherz Verlag, Bern und München 1987.

Francisco J. Varela/Evan Thompson/Eleanor Rosch: *Der Mittlere Weg der Erkenntnis. Der Brückenschlag zwischen wissenschaftlicher Theorie und menschlicher Erfahrung.* Scherz Verlag, Bern, München, Wien 1992.

Paul Watzlawick: *Wie wirklich ist die Wirklichkeit? Wahn – Täuschung – Verstehen.* Piper Verlag, München, Zürich 1996.

Alfred Weil: *Wege zur Todlosigkeit. Tod und Transzendenz in der Lehre des Buddha.* Konstanz 1993. Zu beziehen über die Geschäftsstelle der Deutschen Buddhistischen Union.

Alfred Weil (Hrsg.): *Karma.* Theseus Verlag, Berlin 1996.

W. Y. Evans-Wentz (Hrsg.): *Das Tibetanische Totenbuch oder Die Nachtod-Erfahrungen auf der Bardo-Stufe.* Walter-Verlag, Freiburg 1986.

Zur Autorin

Regine Leisner befasst sich seit 1980 intensiv mit dem Studium und der Praxis des Buddhismus. Sie war neunzehn Jahre Mitarbeiterin und Referentin eines tibetisch-buddhistischen Zentrums, zwölf Jahre Redakteurin buddhistischer Zeitschriften und hat zahlreiche Texte veröffentlicht. Seit einiger Zeit konzentriert sie sich vor allem auf Buchprojekte. Einen weiteren Schwerpunkt ihrer Arbeit bilden Lebensberatung und Praxisbegleitung sowohl für Einzelne wie auch für Gruppen, im Alltag, im Retreat – und auch im Internet (www.Regine-Leisner.de).